Daniel Siegele

Christa von Drostenburg

Daniel Siegele

Christa von Drostenburg

Die Geschichte eines Lebens mit Reichtum und Luxus - aber leider auch mit Schattenseiten...

Goldene Rakete Verlag für Belletristik

Imprint

Any brand names and product names mentioned in this book are subject to trademark, brand or patent protection and are trademarks or registered trademarks of their respective holders. The use of brand names, product names, common names, trade names, product descriptions etc. even without a particular marking in this work is in no way to be construed to mean that such names may be regarded as unrestricted in respect of trademark and brand protection legislation and could thus be used by anyone.

Cover image: www.ingimage.com

Publisher:
Goldene Rakete Verlag für Belletristik
is a trademark of
International Book Market Service Ltd., member of OmniScriptum Publishing Group
17 Meldrum Street, Beau Bassin 71504, Mauritius

Printed at: see last page
ISBN: 978-620-2-44316-6

Daniel Siegele

Christa von Drostenburg

Franks Behausung – pardon, seine „Literatenklause“ – ist von bohèmehafter Unzulänglichkeit, wie es sich für einen Ringelnatzjünger gehört! Als „Arbeitsplatz“ benutzt er einen alten IKEA-Küchentisch, auf welchem auch die bejahrte Olympiaschreibmaschine thront, die er von seinem Großvater mütterlicherseits geerbt hat. Auf dem Platz, den die Schreibmaschine noch frei läßt, türmen sich Manuskripte. Weitere – teilweise im Zorn in Fetzen gerissene – literarische Ergüsse liegen neben und unter dem Schreibtisch auf dem verschlissenen Teppich. Die verstreut im Zimmer herumliegenden Blätter lassen den ursprüngliche Text unter zahllosen hingekritzelten Korrekturen und Bemerkungen oft kaum noch erkennen. Manche Buchstaben tanzen überdies nach oben oder unten aus der Zeile, denn die Mechanik der Schreibmaschine ist schon etwas klapprig.

Neben dem „Schreibtisch“ ist Franks Dachkammer auch noch mit einem Drehstuhl, einem Bett, einem alten Schlafzimmerschrank, einer Biedermeierkommode, einem vollgestopften Bücherregal und einem kleinen Gasofen möbliert. Eine Stehlampe im 50erjahre-Design, eine rote Klemmlampe am Bett, ein auf der Kommode stehendes großes Grundig-Röhrenradio mit „magischem Auge“, eine Doppelkaffeemaschine, eine elektrische Kochplatte und diverser Krimskrams, der sich in den bisherigen 25 Lebensjahren des jungen Dichters angesammelt hat, vervollständigen die Einrichtung. Ein an diese Studentenbude angrenzendes und von ihr nur durch einen einfachen Vorhang getrenntes Kämmerchen beherbergt ein kleines, verwinkeltes Badezimmer mit einer Toilette, einem Waschbecken und einer etwas schmal geratenen Dusche.

Frank stammt ursprünglich aus Dinslaken. Er wollte im Gegensatz zu seinem Vater kein „Postbeamter im mittleren Dienst“ werden, sondern Literatur studieren. Sein Vater tat alles, um ihm dieses Studium auszureden, das ja doch nur zu einem unsteten Studentenleben und einer ungesicherten Zukunft führen würde. Frank setzte sich jedoch letztendlich gegen seinen Vater durch und begann ein Literaturstudium an der Universität in Göttingen. Franks Begeisterung für das selbstgewählte Studium verflog allerdings schon nach recht kurzer Zeit, denn er mußte bald enttäuscht feststellen, daß seine Vorstellungen bezüglich interessanter und lesenswerter Literatur von denen der Dozenten erheblich abwichen. Ringelnatz, den Frank besonders verehrte, wurde kaum erwähnt und sein Verdacht, sich gründlich verschätzt zu haben, nahm spürbar zu.

Er ging allmählich immer seltener in die Vorlesungen und verbrachte statt dessen mit einigen Gleichgesinnten ganze Nächte in Studenten- und Künstlerkneipen. Im Laufe der Zeit erwuchs in Frank schließlich der Wunsch, ein „Vollerwerbs-Schriftsteller“ zu werden. Frank lief nun oft stundenlang in Göttingen und Umgebung herum, um das Tun und Treiben der Menschen zu beobachten, wobei ihn gelegentlich Freunde und Gesinnungsgenossen begleiteten. Stets trug er ein kleines Notizbuch in der Jackentasche, worin sich während seiner Wanderungen Verse, Gedichte und kleine Skizzen sammelten.

Das Studium hatte Frank inzwischen gänzlich aufgegeben, was er seinen Eltern allerdings verschwieg, da er nicht wußte, wie er ihnen diese plötzliche Änderung seiner Zukunftspläne begreiflich machen sollte. Seinem Vater fehlte das Verständnis für die „brotlosen Künste“, wie er sie nannte, weitgehend – infolgedessen bekäme er gewiß beinahe einen Herzanfall, wenn er von Franks Plänen erführe, eine Karriere als Schriftsteller zu beginnen. Franks Mutter würde allerdings – wie schon bei allen vorhergehenden Familienstreitigkeiten – ihr Möglichstes tun, um den zeternden Vater zu beruhigen. Dieser ginge schließlich grollend in seine geliebte Eckkneipe, um dort Stammtischweisheiten über den Werteverfall in Deutschland zum besten zu geben.

Und so sitzt nun Frank, der seiner gemütvollen Mutter diese unerfreulichen Szenen auf jeden Fall ersparen möchte, gedankenversunken in seiner Dachkammer:

Auf Franks „Schreibtisch" liegt seit einigen Tagen ein angefangener Brief an seine Eltern, in welchem er ihnen nun endlich die Wahrheit über seine Zukunftspläne sagen will. Er hat in den vergangenen Monaten bereits mehrere Briefe dieser Art begonnen und nach wenigen Sätzen wieder zerrissen, weil sie entweder zu konkret oder zu beschönigend gerieten.

– einige Wochen vergehen –

Mittlerweile ist Franks pekuniäre Lage nicht mehr ganz so prekär, denn erste Erfolge erzielte er mit seiner Schriftstellerei schon. Ein örtlicher Zeitungsverlag hatte sich dazu bereit erklärt, einige der gelungeneren Gedichte und Erzählungen probeweise abzudrucken. Diese wurden von den Lesern bisher recht gut angenommen, weshalb der Verlag inzwischen jedes veröffentlichte Dichtwerk mit einer Provision honoriert.

Franks Eltern können ihrem Sohn für sein Leben in Göttingen nur eine relativ bescheidene finanzielle Unterstützung zukommen lassen – das „Zubrot", welches durch seine schriftstellerische Tätigkeit entsteht, kommt ihm deshalb als Verbesserung seines Lebensstandards sehr zupaß. Frank hat sich inzwischen unter anderem eine neue Schreibmaschine zulegen können – ein Computer wäre ihm wesentlich lieber, er würde seine finanziellen Möglichkeiten momentan jedoch um ein Vielfaches übersteigen. Mit einem Mal verspürt Frank ein Gefühl der Erschöpfung, dies ist allerdings nicht sehr verwunderlich, denn die Sonne schickt sich soeben an, hinter den Dächern der Nachbarhäuser zu verschwinden. Frank steht leise stöhnend auf und streckt seine vom langen Sitzen steif gewordenen Glieder; schließlich öffnet er das Fenster so weit es geht, um die milde Luft des außergewöhnlich warmen Herbstabends hereinzulassen.

Aus den hohen Pappeln der benachbarten Gartengrundstücke ertönt lebhaftes Vogelgezwitscher, wodurch Frank Lust auf einen gemütlichen Spaziergang durch das abendliche Göttingen bekommt. Er dreht das Radio an und hört gerade noch das Ende der Nachrichten mit der Wettervorhersage: die Nacht soll trocken und bis in den späten Abend hinein fast genauso warm wie der Tag bleiben! Frank angelt seine Birkenstocksandalen unter dem Bett hervor, wobei er durch einen Zufall die „Phantasusverse" von Arno Holz wiederfindet, ein Buch, das er schon mehrfach vergeblich in allen Ecken seiner Schriftstellerklause gesucht hatte!

Glücklich über diesen ebenso unerwarteten wie erfreulichen Fund tauscht Frank seinen barock gemusterten „Inspirationsbademantel" gegen Sandalen, Jeans und T-Shirt aus, füllt die benutzte Kaffeetasse im Waschbecken mit Wasser und sammelt dann noch einige der mißlungenen Manuskripte vom Fußboden auf, um sie beim Verlassen des Hauses in die Mülltonne zu werfen. Er öffnet noch einmal weit das Dachfenster, wobei ihm jetzt allerdings ein entgegen der Wettervorhersage leicht auffrischender Wind ins Gesicht weht und auch einige Wolken am Horizont sichtbar werden.

„So viel zum Thema Straßencafé!" geht es Frank durch den Kopf, und leise seufzend zieht er nun doch ein Paar Socken an. Nachdem er sich noch rasch ein wärmeres Sweatshirt übergestreift und die alten Manuskripte in eine Plastiktüte gestopft hat, verläßt Frank leise pfeifend seine „Literatenklause". Im Treppenhaus begegnet er seiner Vermieterin: Einer außergewöhnlich attraktiven und sehr sympathisch wirkenden Frau in den mittleren Vierzigern, die Franks Texte normalerweise vor allen Anderen zu sehen bekommt. Sie mag seinen etwas skurrilen Schreibstil und hat ihm bei kurzzeitigem Ideenmangel schon des öfteren mit originellen Einfällen wieder auf die literarischen Sprünge geholfen.

Die relativ häufigen Begegnungen, die sich naturgemäß durch den Einzug in Christas Haus ergaben, ließen zwischen ihr und Frank bald ein mehr als freundschaftliches Verhältnis entstehen. Darüber hinaus regen sich in Christas Seele seit einigen Wochen Empfindungen, welche ihr bisher noch weitgehend fremd waren, die sie nun allerdings unterbewußt dazu drängen, Frank ein wenig zu bemuttern. Frank genießt die Auswirkungen jenes an Christa neuen Wesenszuges im Stillen sehr, obwohl dieser ihrem Charakter gemäß eine zunehmend besitzergreifende Form annimmt:

So gehört es mittlerweile zu Christas Gewohnheiten, Frank bei gelegentlichem Zusammentreffen im Hausflur hin und wieder – und nötigenfalls auch unter Anwendung sanfter Gewalt – in ihre Wohnung zu befördern. Hier setzt sie Frank – welcher sich nachgewiesenermaßen sonst nur von Pulverkaffee, Kartoffelchips und Fertigsuppen ernährt – zunächst eine Tasse Bohnenkaffee und oft auch einen kleinen Imbiß vor, um ihn danach mit dem Geschick einer lebenserfahrenen, alleinstehenden Frau, die einen neuen Partner und/oder „Ersatzsohn" sucht, in ein ausgedehntes Gespräch zu verwickeln.

Weil seine Kindheit und Jugend vergleichsweise behütet verlief und seine Mutter ihm allzu direkte Begegnungen mit der „bösen Welt da draußen" möglichst lange ersparen wollte, hat sich Frank bis heute eine gewisse Naivität bewahrt, die ihn für Christa besonders interessant macht. Christas frühere Beziehungen zu Männern ihres eigenen Alters gingen vielfach schon nach recht kurzer Zeit in die Brüche, weil diese die gebildete und überaus selbstbewußte Christa oft als zu dominierend empfanden. Im Leben noch nicht sehr fest verwurzelt und sich fern der Heimat manchmal etwas einsam und unsicher fühlend, ist Frank für Christas Ratschläge wesentlich empfänglicher.

Christa möchte den sensiblen Frank gerne enger an sich binden, wobei ihr allerdings die Probleme, die das Zusammenleben mit einem zwanzig Jahre jüngeren Mann mit sich bringen kann, durchaus bewußt sind. In Herzensangelegenheiten erfahren, erkannte Christa in Franks Zuneigung ein zartes Pflänzchen, dessen Wachstum es durch sorgsame Pflege und Zuwendung zu fördern gilt. Sie ging hierbei bisher mit relativer Behutsamkeit vor, denn sie verspürte deutlich Franks innere Unsicherheit, der seine Empfindungen für Christa noch nicht recht einzuordnen wußte. Das wohlige Kribbeln und das Gefühl, wie auf Wolken zu gehen, welches Frank bei Christas Anblick und manchmal schon bei dem bloßen Gedanken an sie überkommt, ist ihm ein wenig unheimlich. Er fragt sich oft, ob es sich dabei tatsächlich um echte Liebe oder einfach nur um eine vorübergehende Gefühlsverwirrung handelt.

Frank hatte angesichts des vergleichsweise hohen Altersunterschieds von immerhin zwanzig Jahren ursprünglich gelegentliche Zweifel an der Richtigkeit seiner Gefühle. Diese Unsicherheit hat sich inzwischen allerdings weitgehend verloren, denn Christa erweckt durchaus den Eindruck einer um fast zehn Jahre jüngeren Frau, wobei die Menge der von ihr verwendeten Kosmetika kaum nennenswert ist. Wie Christa Frank selbst einmal gesagt hat, liegt der Ursprung dieser gleichbleibend hohen geistigen und körperlichen Vitalität größtenteils in einer tiefen seelischen Ausgeglichenheit begründet, der jedoch eine von häufigen Selbstzweifeln geprägte Jugend vorausging.

Die wohlhabenden Eltern hatten für die Probleme ihrer Tochter nur wenig Verständnis. Christas Vater vertrat die Ansicht, daß finanzieller Wohlstand und eine gesicherte Zukunft alle weitergehenden Ängste überflüssig machen würden. Ihre Mutter war häufig nervös und wurde in ihren späten Jahren von einem Hang zur Hypochondrie befallen, so daß sie sich kaum um ihre Tochter kümmerte – vielmehr beschäftigte sie sich mit ihren eigenen eingebildeten Nervenleiden! Glücklicherweise hatte Christa den ausgeglichenen Charakter ihrer Großmutter väterlicherseits geerbt, so daß sie den widrigen Umständen zum Trotz nach manchen Schwierigkeiten schließlich doch einen ihr gemäßen Weg durchs Leben fand!

Christa erhielt für ihre äußerst unerfreuliche Jugend eine späte, aber dafür sehr umfangreiche Entschädigung, denn sie erbte als einziges Kind ihrer Eltern nach deren Ableben das gesamte verbliebene Vermögen, dessen nicht unerhebliche Höhe ihr heute ein in finanzieller Hinsicht sorgenfreies Leben ermöglicht. Zu ihrer Erbschaft gehört unter anderem ein in den späten fünfziger

Jahren gebautes, dreistöckiges, orangegelb verklinkertes und recht einträgliches Mietshaus im südöstlich der Göttinger Innenstadt gelegen Vorort Lohberg.

Hier befindet sich auch Christas eigene, 120 m² große Wohnung, die durch das Entfernen der Trennwände zwischen zwei ehemaligen Mietwohnungen entstand. Umfangreiche Veränderungen des Grundrisses ließen helle und großzügig wirkende Räume entstehen, deren unaufdringlich-luxuriöse Einrichtung ein Gefühl der Geborgenheit hervorruft. Christa bewohnt das oberste Stockwerk des Hauses, was ebenso wie dessen relative äußere Unauffälligkeit einen erhöhten Schutz vor Einbrüchen darstellt. Auch der teilweise als Wohnraum hergerichtete Dachboden des Hauses ist erwähnenswert, denn dort liegt seit einigen Monaten Franks „Literatenklause"!

Christa mißfällt der Gedanke, daß der von ihr als „Ersatzsohn" und jugendlicher Liebhaber ausersehene Frank nach wie vor in dieser vergleichsweise kargen Behausung lebt, die er selber jedoch als sehr bohémienhaft und einem jungen Schriftsteller angemessen empfindet. Gerne möchte sie ihn zur „Übersiedlung" in ihre eigene, komfortable Wohnung bewegen, sie hält es allerdings für sinnvoller, mit einer solchen Aufforderung noch ein wenig zu warten, bis sich Frank innerlich zu seinen Gefühlen bekennt! Die für die Dachkammer berechnete Miete läßt Christa inzwischen in Form interessanter Bücher und anderer nützlicher Geschenke wieder an Frank zurückfließen, denn das vollständige Erlassen der Miete wäre ein allzu deutliches Zeichen ihres Interesses an ihm.

Wir kehren nun wieder zu dem Augenblick zurück, in welchem Frank gerade seine „Literatenklause" verlassen hat und im Treppenhaus unerwartet Christa begegnet, die offenbar ebenfalls aus dem Haus gehen will. Der überraschende Anblick dieser großen, schlanken und sommerlich-elegant gekleideten Frau mit ihrem Charme, Klugheit und innere Ausgeglichenheit ausstrahlenden Gesicht, das zudem von weich fallendem, dunkelblonden Haar umrahmt wird, löst in Franks Verstand einen emotionellen Wirbelsturm aus, der alle anderen Gedanken hinfort weht!

Christa, die in Franks Seele inzwischen wie in einem aufgeschlagenen Buch lesen kann, genießt die Gewißheit, selbst einem um zwanzig Jahre jüngeren Mann immer noch den Boden unter den Füßen erbeben lassen zu können. Sie erkennt allerdings auch, daß er kurz davor steht, ihr hier im Treppenhaus um den Hals zu fallen und umfaßt deshalb mit einem beruhigenden Druck seine zitternde Hand. Diese warme und sanfte Berührung gibt Frank allmählich seine Fassung wieder. Verlegen über den gerade noch verhinderten Gefühlsausbruch, wagt er es zunächst jedoch nicht, Christas freundlichen aber auch forschenden Blick zu erwidern.

Christa schließt nun noch einmal ihre Wohnungstür auf und führt Frank, der ihre Hand jetzt seinerseits festhält und offensichtlich auch nicht loslassen möchte, ins Wohnzimmer, wo sie ihn behutsam auf eine Ledercouch nötigt. Christa befreit sich auf sanfte aber bestimmte Weise von Franks Hand und geht danach zum Barschrank hinüber um dort zwei Gläser mit Sherry zu füllen. Eines der beiden Gläser reicht sie Frank und setzt sich dann neben ihn auf die Couch. Der Sherry übt auf Frank offensichtlich die beabsichtigte Wirkung aus, denn der Ausdruck der Nervosität weicht allmählich aus seinem Gesicht. Christa beginnt jetzt, vorsichtig seinen verspannten Nacken zu massieren, wobei sie Frank gedankenvoll betrachtet.

Nach einigen stillen Minuten des Massierens wendet sich der nun wesentlich ruhiger erscheinende Frank mit dankbarem Lächeln seiner Wohltäterin zu, die darauf hin seine Behandlung einstellt. Frank zeigt mittlerweile deutliche Symptome einer aufkommenden großen Müdigkeit, woran Christa befriedigt erkennt, daß ihre Entspannungstherapie erfolgreich war. Nur mit Mühe kann sie Frank dazu bewegen, aufzustehen und in seine Mansarde zurückzukehren. Hier gelingt es ihm gerade noch, die Schuhe ausziehen, bevor er auf sein ungemachtes Bett fällt und übergangslos einschläft. Frank steht eine erlebnisreiche Nacht bevor, denn die Gefühlsaufwallungen des Abends werden in der Gestalt wilder erotischer Phantasien seine Träume erfüllen.

Christa schließt hinter Frank die Wohnungstür, wobei sie ein Gefühl der Erleichterung verspürt und kehrt dann ins Wohnzimmer zurück. Erst jetzt entsinnt sie sich wieder des Klavierkonzerts, welches an diesem Abend im Schloß Wilhelmshöhe in Kassel aufgeführt werden sollte. Die Eintrittskarte befindet sich bereits in Christas Handtasche, doch für die Reise nach Kassel ist es nun zu spät, denn das Konzert beginnt in etwa dreißig Minuten und die Fahrt zum Schloß Wilhelmshöhe würde eine Stunde dauern. Angesichts des entgangenen Kunstgenusses ein wenig verstimmt, gießt sich Christa noch ein Glas Sherry ein, mit dem sie sich dann in einen bequemen Drehsessel setzt. Während sie über die Ereignisse des Tages nachsinnt, betrachtet Christa durch das breite Wohnzimmerfenster den von einigen Sternen erhellten und von zarten Wolkenbändern durchzogenen Nachthimmel.

Christa steht noch einmal auf, um eine Schallplatte mit Mozart-Serenaden aufzulegen und das Wohnzimmerfenster zu öffnen. Die sanfte Musik und die linde Nachtluft, die durch das große Schwingfenster in das abgedunkelte Wohnzimmer gelangt, vertreiben schließlich die letzten Spuren der Mißstimmung aus Christas Gemüt. Nachdem sie ihre Schuhe abgestreift und den Drehsessel vollends in die Liegeposition gebracht hat, beginnen Christas Gedanken Nachtvögeln gleich umherzuschweifen. Szenen einer inzwischen schon mehr als zwanzig Jahre zurückliegenden Griechenlandreise – ein Geschenk ihrer Eltern an Christas zweiundzwanzigstem Geburtstag – kommen ihr in den Sinn. Erinnerungen an die Athener Altstadt, die Akropolis, den Hafen von Piräus, die griechischen Inseln und das Ägäische Meer ziehen wie die Bilder eines alten Urlaubsfilms an ihrem inneren Auge vorüber.

Christa wohnte damals in einem kleinen aber sehr gemütlichen Hotel in einem ruhigen Außenbezirk Athens, von dem aus die Innenstadt mit Hilfe der Vorortbahn bequem zu erreichen war. Der 19jährige und recht gut aussehende Hotelierssohn Perikles hatte sich gleich am Tage ihrer Ankunft rettungslos in die schöne junge Frau aus Deutschland verliebt und bescherte Christa – nachdem diese ihre anfängliche Zurückhaltung aufgegeben hatte – noch drei romantische und erlebnisreiche Wochen in Griechenland.

Langsam in die Gegenwart zurückkehrend bemerkt Christa, daß die ins Wohnzimmer wehende Nachtluft deutlich kühler geworden ist, woraufhin sie sich widerstrebend erhebt, um das Fenster zu schließen und die Heizung aufzudrehen. Nachdem sie auch das Licht wieder eingeschaltet hat, stellt Christa bei einem Blick auf die über dem Fernseher hängende Wanduhr verwundert fest, daß es bereits kurz nach Mitternacht ist. Demnach hat sie für mehr als drei Stunden hier im Sessel gelegen und dabei im Halbschlaf von vergangenen Zeiten geträumt!

Durch ein plötzlich aufkommendes starkes Schlafbedürfnis schon ein wenig benommen, öffnet Christa den in der Diele hinter einem Bild verborgenen zentralen Steuerschrank der Alarmanlage und dreht den Hauptschalter auf „Nachtsicherung". Daraufhin beginnt es in allen Rolladenkästen ihrer Wohnung leise zu brummen, und Metalljalousien schieben sich von außen vor die Fenster. In der aufbruchsicheren Wohnungstür knackt es mehrmals, denn deren Schlösser sind ebenso wie die Jalousieantriebe mit der Alarmanlage verbunden. Dieses aufwendige Sicherungssystem hat durchaus seine Berechtigung, denn Christa besitzt zahlreiche wertvolle Bilder und Möbel, die sie teilweise von ihren Eltern geerbt, vielfach aber auch erst in den letzten Jahren erworben hat.

Nachdem sie sich im Badezimmer noch ein wenig frisch gemacht und ihre Kleider im Schlafzimmer über einen Sessel gelegt hat, genießt es Christa sehr, endlich in ihrem Bett zu liegen, denn sie konnte die Augen zuletzt nur noch mit Mühe offenhalten. Sie zieht die seidene Steppdecke bis zum Kinn hinauf, dreht sich zufrieden seufzend langsam auf die rechte Seite und fällt bald in einen tiefen, erholsamen Schlaf. Der über ihr in seiner Dachkammer ebenfalls im Bett liegende Frank hat einen weniger festen Schlaf, denn er träumt während der ganzen Nacht von Liebesabenteuern mit attraktiven, dunkelblonden Frauen!

* * * * *

Christa erwacht am Samstagmorgen erst kurz nach neun Uhr, denn sie hatte die Türglocke und das Telefon am Freitagabend abgestellt. Aus den Nebeln angenehmer Träume aufsteigend, tastet sie im Dunkeln nach dem Schalter der Nachttischlampe, die dank eines eingebauten automatischen Dimmers zuerst nur schwach glimmt und dann ganz allmählich heller wird, bis sie ein sanftes Licht ausstrahlt, welches auch die empfindlichsten Augen noch nicht blenden kann. Christa streckt und räkelt sich unter wohligem Stöhnen, trinkt dann einen Schluck Orangensaft aus einem am Bett stehenden Glas und schlägt nach einigen Minuten angenehmen Dösens schließlich doch die Bettdecke zurück, um aufzustehen. Sie tut dies sehr langsam und widersteht hierbei nur knapp der Verlockung, sich einfach wieder ins warme und wunderbar weiche Bett zu legen um noch ein oder zwei Stündchen zu schlafen.

Noch ein wenig unsicher auf den Beinen, hüllt sich Christa in einen warmen, cremefarbenen Morgenmantel und schaltet dann die Alarmanlage auf „Tagessicherung“, bei welcher lediglich die Einbruchsdetektoren und die Notrufschalter aktiviert sind. In der Wohnungstür öffnen sich nun wieder die Sicherheitsschlösser, und die sich hebenden Jalousien geben den Blick auf einen grau verhangenen Morgenhimmel frei. Die trübe Wetterlage läßt in Christa nochmals den Wunsch aufkommen, sich wieder in Bett zu legen, aber schließlich geht sie doch ins Badezimmer, um dort heiß und ausgiebig zu duschen.

Nachdem sie sich geduscht und frisiert hat, vertauscht Christa den Morgenmantel gegen einen bequemen, blauseidenen Hausanzug, den sie aufgrund seines eleganten Schnittes an heißen Tagen durchaus auch außerhalb des Hauses tragen könnte und bereitet sich in ihrer nahezu komplett ausgestatteten, allerdings nur sehr selten voll ausgenutzten Luxusküche ein einfaches aber schmackhaftes Frühstück. Schließlich schaltet Christa noch das Telefon und die Türglocke wieder ein, was sie allerdings nach einer guten Viertelstunde schon bereut:

Sie hatte es sich gerade erst auf der im Wohnzimmer stehenden, breiten Ledercouch gemütlich gemacht, um vor dem Hintergrund des inzwischen heftig gegen die Fenster prasselnden Regens einer Mozartsinfonie zu lauschen, als plötzlich jemand in ungeduldiger Weise an der Wohnungstür zu läuten beginnt. Christa wickelt sich verärgert wieder aus der Pelzdecke, wobei sie über den plötzlichen Störenfried sehr böse Dinge denkt und geht dann langsam zur Tür. Nachdem Christa durch den Spion Franks Gesicht erkannt und ihm die Tür geöffnet hat, bestürmt dieser sie sofort mit der Frage, ob sie denn nicht mehr wüßte, daß er heute nach Hause zu seinen Eltern fahren würde, wovon er ihr doch bereits vor einer Woche erzählt habe. Außerdem habe er heute morgen schon sehr oft vergeblich an ihrer Wohnungstür zu klingeln versucht.

Christa – die Frank während dieser Vorhaltungen gelangweilt betrachtet hat – unterbricht schließlich nach einigen Sekunden höflich aber bestimmt seinen Redeschwall und führt ihn dann in ihre Küche. Hier setzt sie Frank, der mit ziemlicher Sicherheit wieder nicht richtig gefrühstückt hat, den übriggebliebenen, noch heißen Kaffee und etwas Eßbares vor. Frank beruhigt sich während des Essens allmählich und bereut nun auch seinen unbeherrschten Auftritt an der Wohnungstür. Christa bemerkt seinen Sinneswandel und quittiert ihn mit einem Lächeln. Frank blickt dessen ungeachtet und offenbar durch irgend etwas bedrückt weiterhin mit gesenktem Kopf auf die Tischplatte, weshalb sich Christa nun direkt neben ihn setzt um sanft seine Hand zu streicheln. Diese zarte Berührung ist für Frank eine lang ersehnte Befreiung, denn sie bricht in seiner Seele einem schmerzhaften Gefühlsstau Bahn, der sich dort im Laufe der vergangenen Monate angesammelt hatte:

Er umfaßt Christas Oberkörper, zieht sie dicht an sich heran und gesteht ihr mit bebender Stimme und feuchten Augen seine Liebe! Christa hatte schon seit einigen Tagen mit einer solchen Offenbarung gerechnet, allerdings fühlt sie sich durch Franks unvermittelte Bekundung seiner innersten Gefühle nun doch sehr erschüttert, denn diese Empfindungen erscheinen ihr so rein und unverfälscht, wie sie es bisher noch bei keinem anderen Mann erlebt hatte. Christa drückt Franks

Kopf behutsam an ihre Schulter und flüstert ihm beruhigende Worte ins Ohr, bis sein Zittern nachläßt. Nachdem sie ihn sacht auf Mund, Stirn und Wangen geküßt hat, findet Frank allmählich seine Sprache wieder und beginnt, Christa mit noch etwas schwacher Stimme verliebte Verrücktheiten zu erzählen.

Gerührt und geschmeichelt seinen Komplimenten lauschend, wird sich Christa unverhofft und mit leichtem Erschrecken der Mitverantwortung bewußt, die sie nun für das Leben dieses jungen und noch viel zu leicht beeinflußbaren Menschen übernommen hat. Nachdem sich die Wogen der Empfindungen ein wenig geglättet haben, bringt Christa den durch die Dramatik der Ereignisse sichtlich erschöpften Frank ins Wohnzimmer, in welchem er sich auf eine Couch legt und seinen Kopf dankbar in Christas Schoß bettet. Während Christa nachdenklich Franks dichtes, braunes Haar zerzaust und ihn liebevoll und mit einem gewissen Besitzerstolz betrachtet, erinnert sie sich seiner für den heutigen Tag geplanten Heimreise. Leise und ohne Frank in irgendeiner Weise drängen zu wollen, fragt sie ihn nun nach der Abfahrtszeit seines Zuges und erfährt, daß dieser den Göttinger Hauptbahnhof bereits vor einer halben Stunde verlassen hatte.

Frank wird nun wieder lebhafter und erklärt der ein wenig perplexen Christa, daß er eigentlich gar keine Lust mehr habe, nach Dinslaken zurück zu fahren, denn dort erwarteten ihn nur ein ständig unzufriedener Vater und eine zwar liebevolle aber übertrieben besorgte Mutter! Er beklagt außerdem, daß diese einfach angelegten Menschen im Gegensatz zu Christa kaum fähig seien, die geistigen Höhenflüge ihres Sohnes nachzuvollziehen. Ein ernsthaftes und für Frank nur schwer zu lösendes Problem bleibe allerdings die Tatsache, daß seine Eltern ihn nach wie vor für einen fleißigen Studenten hielten und für seine jetzige Tätigkeit als hauptberuflicher Schriftsteller mit größter Wahrscheinlichkeit wenig Verständnis haben würden. Christa hört sich geduldig Franks Klagen an, verschafft sich durch sanftes Kraulen seiner Nackenhaare ein wenig Bedenkzeit und gibt ihm dann diese Antwort:

Sie freue sich natürlich sehr darüber, daß sich Frank bei ihr so wohlfühle, sie sei jedoch nicht dazu bereit, die Verantwortung für eine mögliche Entfremdung zwischen Frank und seinen Eltern zu tragen; von daher müsse er die Entscheidung, ob er nach Hause fahren wolle oder nicht, letzten Endes selber treffen. Den Abbruch seines Studiums müsse Frank seinen Eltern auf jeden Fall mitteilen, und wenn er sich dafür entscheiden würde, nicht nach Hause zu fahren, solle er ihnen seine Beweggründe schriftlich darlegen. Im Bedarfsfall würde sie Frank bei der Formulierung dieses Briefes selbstverständlich unterstützen. Schließlich ermahnt Christa Frank noch ausdrücklich, seine Eltern möglichst bald anzurufen, wenn er sich dafür entscheiden sollte, nicht nach Hause zu fahren.

Christa hat den ihr aufmerksam zuhörenden Frank genau beobachtet, und sie weiß nun, daß er sich ihre Ratschläge wirklich zu Herzen nimmt; sie sieht allerdings auch, daß ihn immer noch etwas beunruhigt. Christa ahnt, daß Franks Problem in seiner Liebe zu ihr begründet ist. Offensichtlich weiß er nicht, wie er seinen unflexiblen Eltern die tiefempfundene Zuneigung zu einer um zwanzig Jahre älteren Frau begreiflich machen kann! Christa spricht ihn schließlich auf sein Dilemma an und erklärt ihm, daß er in einem Alter von fünfundzwanzig Jahren bei der Wahl eines Lebenspartners nicht mehr auf die Zustimmung seiner Eltern angewiesen sei, und besser daran täte, seinen eigenen Gefühlen zu folgen!

Christas Worte verschaffen Frank eine sichtliche Erleichterung, allerdings bestärken sie ihn auch in seinem Wunsch, bei Christa zu bleiben. Frank weiß jedoch nicht, wie er seinen Eltern die Verlängerung seines Aufenthaltes in Göttingen am Telefon erklären soll. Auf Christas Anraten hin entschließt er sich dazu, ihnen als Grund tatsächlich seine Liebe zu ihr zu nennen, auf die näheren Umstände (vor allem auf den Altersunterschied) aber nur dann einzugehen, wenn er von seinen Eltern direkt danach gefragt würde! Christa bringt dem seiner Situation entsprechend ziemlich nervösen Frank das Telefon und setzt sich wieder zu ihm auf die Couch, um bei Bedarf Beistand leisten zu können. Frank wählt zögernd die Nummer seiner Eltern und greift dann Unterstützung suchend nach Christas Hand.

Einige Sekunden später meldet sich Franks Mutter, die nach erfolgter Begrüßung unverzüglich damit beginnt, ihren Sohn mit besorgten Fragen nach seinem Wohlergehen zu überschütten. Frank kann die mütterlichen Bedenken hinsichtlich seiner Ernährung, Kleidung, Unterbringung und Gesundheit weitgehend zerstreuen und kommt dann schließlich auf den eigentlichen Grund seines Anrufes zu sprechen. Frank erklärt seiner Mutter, daß er heute nicht nach Hause fahren, sondern weiterhin in Göttingen bleiben werde, weil er eine Frau kennengelernt habe, die er liebe und deshalb nicht verlassen wolle. Franks Mutter freut sich sehr über diese Mitteilung, denn sie lag ihrem Sohn schon seit Jahren damit in den Ohren, daß er sich doch ein „nettes, junges Mädchen" suchen solle, das für ihn sorgen könne, wenn sie selbst einmal nicht mehr da wäre.

Natürlich möchte seine Mutter jetzt Näheres über dieses „Mädchen" erfahren, weshalb ihr Frank nun erklärt, das es sich dabei keineswegs um ein Mädchen, sondern vielmehr um eine ebenso attraktive wie vermögende Frau handele, der überdies das Haus gehöre, in dem er sein Zimmer gemietet habe. Frank bemerkt, daß die Stimmung seiner Mutter durch diese Mitteilung erheblich angehoben wird, da sie ihren Sohn jetzt „in guten Händen" wähnt. Sie fragt glücklicherweise nicht nach Christas Alter, erkundigt sich allerdings zu Franks Erschrecken, ob diese einmal selber ans Telefon kommen könne. Christa hatte schon zu Beginn des Gesprächs den Mithörlautsprecher eingeschaltet und weiß daher Franks fragenden Blick richtig zu deuten. Sie nimmt Frank den Hörer aus der Hand und meldet sich mit ihrem Nachnamen „von Drostenburg", welcher Franks Mutter – die mit großer Begeisterung Liebes- und Adelsromane liest – nicht unerheblich beeindruckt.

In der irrigen Annahme, Franks Stellung bei „Frau von Drostenburg" zusätzlich sichern zu müssen, beginnt Margarete Spich – wie Franks Mutter mit vollem Namen heißt – nun damit, die charakterlichen Vorzüge ihres Sohnes herauszustellen. Frank fühlt sich durch die Lobreden seiner Mutter eher peinlich berührt, und Christa macht ihnen mit der Versicherung, daß sie Frank inzwischen gut genug kenne und wisse was sie an ihm habe schnell ein Ende. Nachdem sie sich mit einigen freundlichen aber unverbindlichen Worten von Margarete Spich verabschiedet hat, gibt Christa den Telefonhörer noch einmal an Frank zurück, welcher nach einem letzten Schwall besorgter mütterlicher Ermahnungen sehr froh ist, den Hörer endlich auflegen zu können!

Frank, der sich seiner einfach angelegten Mutter wegen schämt, wirft Christa schulterzuckend einen resignierenden Blick zu, woraufhin sie Frank liebevoll an sich drückt und ihm vorschlägt, sie nach Kassel zu chauffieren. Christa erkennt mit Befriedigung, daß Franks Unmut über das Verhalten seiner Mutter zusehends schwindet und jener Euphorie weicht, die ihn stets erfaßt, wenn Christa ihm die Schlüssel ihres schwarzen Zwölfzylinder-Jaguars überreicht! Christa kann die Begeisterung, die das Fahren dieses Luxusautomobils bei Frank hervorruft, sehr gut nachfühlen. Sie hatte sich den komplett ausgestatteten Jaguar vor fünf Jahren zugelegt, weil er ihrem Wunsch nach einem eleganten, komfortablen und leistungsfähigen Reisewagen mit klassischem Erscheinungsbild in idealer Weise entsprach.

Christa liebt es, mit ihrem Auto spontan größere Ausflüge und kleinere Reisen zu unternehmen, die sie häufig nach Hamburg, Berlin, München, Stuttgart oder Düsseldorf führen. Ihr Gepäck besteht hierbei normalerweise nur aus zwei mittelgroßen Koffern, die sie nach einem ausgeklügelten System in kurzer Zeit packen kann, ohne dadurch unterwegs auf einen angemessenen Luxus verzichten zu müssen. Wenn Christa von ihren Reisen zurückkehrt, sind die Koffer fast immer etwas schwerer als auf dem Hinweg; mitunter leisten ihnen außerdem die Taschen eines noblen Modegeschäftes im Kofferraum Gesellschaft, denn Christa frönt – wie die meisten Menschen – einer Sammelleidenschaft.

Christa kennt in jeder Metropole, die sie regelmäßig besucht, eine Anzahl von Geschäften, deren Schaufenster sich zu betrachten lohnt, weil dort häufig jene sportlich-elegante Kleidung zu sehen ist, die ihr besonders gut zu Gesicht steht. Christa verabscheut Röcke, Abendkleider und Schuhe mit hohen Absätzen (die sie dank ihrer Größe ohnehin nicht benötigt), da Kleidung für sie gleichermaßen ästhetisch und bequem sein muß. In Christas Kleiderschränken findet sich eine große Auswahl an geschmackvollen und – für heiße Tage und festliche Anlässe – vielfach seidenen Hosenanzügen in warmen Rot-, Blau- und Cremetönen mit zu ihnen passenden weiten Mänteln für die verschiedensten Wetterlagen.

Ergänzt wird diese ebenso elegante wie zweckmäßige Garderobe durch zahlreiche edle Einzelstücke, die es Christa ermöglichen, ihr Erscheinungsbild je nach Stimmung und Anlaß phantasievoll zu variieren. Daheim trägt Christa zumeist einen jener besonders bequemen seidenen Hausanzüge, welche ihr einen Ausdruck selbstbewußter, entspannter Weiblichkeit verleihen und ihre Reize durch elegante Verhüllung dezent betonen. Christas besondere Vorliebe gilt eleganten und oft knöchellangen Pelzmänteln, sowie teilweise recht lebhaft gemusterten Pelzjacken aus dichten, langhaarigen und in der Regel sehr kostbaren Fellen. Die voluminösen und auch arktischen Temperaturen standhaltenden Pelze nehmen fast die gesamte linke Hälfte des großen Schlafzimmerschrankes ein und lassen bei Christa zuweilen den Wunsch nach einem Kälteeinbruch aufkommen!

Während Frank zur Garage hinunter geht, um den Jaguar vor die Haustür zu fahren, öffnet Christa ihre Kleiderschränke und wirft anschließend einen Blick auf den nach wie vor grau verhangenen, weiteren Regen verheißenden Himmel. Durch das leicht gekippte, breite Schwingfenster weht ein recht frischer Wind ins Schlafzimmer, weshalb sich Christa schließlich für einen leichten, aber nicht allzu dünnen dunkelblauen Hosenanzug und einen eleganten, cremefarbenen Trenchcoat entscheidet. Christa vervollständigt ihr Äußeres mit einer lässig umgehängten, braunen Lederhandtasche, in welcher auch der zusammengeschobene Regenschirm Platz findet und betrachtet sich danach befriedigt im hohen Schlafzimmerspiegel.

Einige Minuten später wieder an der Wohnungstür klingelnd, verspürt Frank bei Christas Anblick ein ungeheures Wohlgefühl – er kann das Glück, nun offensichtlich der Geliebte dieser erfahrenen, weltgewandten und überaus attraktiven Frau zu sein, noch gar nicht recht begreifen. Christa verspürt Franks Zuneigung wie eine sanfte Berührung und schließt ihn kurz liebevoll in ihre Arme. Nachdem sich die Wogen seiner Empfindungen ein wenig geglättet haben, steigt Frank auf Christas Rat hin noch einmal in seine Mansarde hinauf, um seine Sandalen gegen wetterfeste Schuhe zu vertauschen und sich eine Regenjacke überzuziehen. Während Christa dem nach oben entschwindenden Frank nachsieht, fühlt sie sich durch den Anblick seiner alten Birkenstocksandalen und der an den Säumen ausgefransten Jeans nochmals in ihrem Entschluß, ihn in Kassel völlig neu einkleiden zu lassen, bestätigt.

Christa nutzt Franks kurze Abwesenheit um in ihrer Wohnung noch einmal nach dem Rechten zu sehen, die Fenster zu schließen und ihren sich bereits wieder leise regenden Magen mit einer kleinen Zwischenmahlzeit zu beruhigen. Frank ist mittlerweile aus seiner Mansarde zurückgekehrt und teilt sich nun mit Christa die letzten Bissen ihres zweiten Frühstücks, wobei er ihre auf Kassel bezogenen Pläne in Erfahrung zu bringen sucht. Christa lächelt jedoch nur geheimnisvoll und erwähnt eine „wichtige Anschaffung“, im übrigen solle sich Frank überraschen lassen!

Frank schließt aus Christas Bemerkung, daß sie beabsichtigt, einmal mehr einer ihrer liebsten Beschäftigungen, nämlich dem Besuch verschiedener nobler Modegeschäfte, nachzugehen. Diese Aussicht ist nicht gerade dazu geeignet, seine Stimmung zu heben, wirklich beunruhigt wäre er allerdings, wenn er wüßte, daß es Christa diesmal um die Veränderung <u>seines</u> Äußeren geht! Christa bemerkt Franks Unmut und zieht ihn an sich, um ihm einen kurzen aber intensiven Kuß zu geben, welcher seine Stimmung spürbar aufhellt. Sich in besitzergreifender Weise bei ihm einhakend, verläßt Christa schließlich mit Frank das Haus, wobei ihre Schritte durch einen ausgeprägten Tatendrang beflügelt werden.

Frank kann sich Christas ansteckender Unternehmungslust nicht lange entziehen, weshalb er ihr nun – den Chauffeur mimend – die Autotür öffnet, um danach hinter dem Lenkrad Platz zu nehmen und (mit sichtlichem Genuß) den Motor in Gang zu setzen. Dank des schlechten Wetters ist die Autobahn relativ frei, so daß Christa und Frank schon nach einer knappen halben Stunde zügiger Fahrt und zu den Klängen von ***„Frank Sinatras greatest Hits"*** das Kasseler Stadtgebiet erreichen.
Die attraktive und elegant gewandete Christa und ihr lediglich mit einer schlichten Bluejeans und einer roten Regenjacke bekleideter Begleiter bilden ein zumindest äußerlich recht ungleiches Paar, das in der Kasseler Fußgängerzone einige neugierige und erstaunte Blicke auf sich zieht. Christa nimmt diese Aufmerksamkeit kaum zur Kenntnis, zumal sie weiß, daß Franks Äußeres bald eine wesentliche Veränderung erfahren wird. Frank hingegen verspürt ein gewisses Unbehagen, denn er befürchtet, für einen armen Verwandten gehalten zu werden.

Frank und Christa nähern sich jetzt dem Herrenausstatter, den Christa für Franks Verwandlung in einen äußerlich adäquaten Partner vorgesehen hat. Weil Christa Franks ausgeprägte Abneigung gegen jede Art von Anproben kennt, verwickelt sie ihn nun allmählich in ein Gespräch über Psychologie und Literatur – zwei Themen, über die beide oft schon stundenlang angeregt diskutiert haben. Christas Taktik ist erfolgreich, denn Frank hat seine Umgebung schon nach wenigen Sätzen völlig vergessen, so daß sie ihn problemlos in das Herrenmodengeschäft hinein manövrieren kann. Frank wird Christas List erst gewahr, als er sich bereits in einer Umkleidekabine befindet und eine hübsche, junge Verkäuferin ihm die von Christa zur Anprobe ausgewählten Kleidungsstücke hereinreicht.

Frank erkennt, daß er sich dieser Situation nicht auf ehrenhafte Weise entziehen kann und beschimpft in Gedanken die hinterhältige Christa, die sich währenddessen angeregt mit dem Geschäftsinhaber unterhält, der zu ihrem engeren Freundeskreis gehört und von Christa in ihren Überlistungsplan eingeweiht worden war. Christa freut sich zunächst ihrer eigenen Gerissenheit, muß aber plötzlich feststellen, daß Frank – wohl auch um sich an Christa zu rächen – beginnt, mit der jungen Angestellten, – welche ihm beim Umkleiden assistiert – lebhaft herumzuflirten. Christa möchte dem am liebsten durch direktes Einschreiten ein Ende machen, entscheidet sich aber schließlich dafür, Franks im Grunde harmloses Treiben zumindest scheinbar zu ignorieren und ihm seine Gelüste nach „pubertierenden Schulmädchen" in dieser Nacht möglichst ein für alle Mal auszutreiben.

Frank gewinnt im Verlauf dieser von Christa so geschickt arrangierten Einkleidungsaktion zunehmend den Eindruck, daß sie ihn offenbar in ihr perfektes, männliches Spiegelbild verwandeln will, um Frank allmählich vollends zu vereinnahmen. Bei dieser Erkenntnis regt sich zunächst Franks Widerspruchsgeist, letzten Endes überwiegt jedoch seine Neugierde auf den weiteren Fortgang dieser Eroberungsaktion.

Während sie die nicht gerade niedrige Rechnung bezahlt und sich von ihrem Erfüllungsgehilfen verabschiedet, läßt Christa noch eine boshaft-ironische Bemerkung über die „wirklich sehr zuvorkommenden weiblichen Angestellten" dieses Geschäfts fallen, wirft der jungen Verkäuferin einen spöttisch-herablassenden Blick zu und verläßt dann in betont selbstbewußter Haltung mit Frank den Ort des Geschehens! Jetzt mit einer leichten, cremefarbenen Hose, einer dunkelblauen Seidenjacke und einem hellen Trenchcoat bekleidet, betrachtet Frank sich und die neben ihm gehende Christa in den spiegelnden Schaufenstern der Geschäfte, wobei er sich selbst nun tatsächlich wie ihr jüngeres, männliches Pendant vorkommt.

Obwohl er Christa ihrer Hinterhältigkeit wegen immer noch ein wenig grollt, muß Frank doch andererseits – wenn auch etwas widerwillig – innerlich zugeben, daß sich sein Erscheinungsbild auffallend positiv verändert hat. Irritiert ist Frank allerdings aufgrund des bisherigen Ausbleibens weiterer ironischer oder spöttischer Bemerkungen bezüglich seiner kleinen Tändelei mit der hübschen, jungen Angestellten des Herrenausstatters. Beunruhigt ist er auch durch Christas hintergründiges Lächeln, denn es kündigt höchstwahrscheinlich ihre Reaktion auf seinen kurzen „Flirt" in der Umkleidekabine an! Christa spürt Franks Nervosität, und sie weiß, daß er sich jetzt fragt, auf welche Weise sie sich wohl für seinen Fehltritt Genugtuung verschaffen wird; Christa läßt Frank indessen ungerührt im Saft seiner Ungewißheit schmoren, denn Strafe muß sein!

Nachdem die große Tasche des Herrenausstatters im Kofferraum des Jaguars deponiert ist, stellt Christa Frank vor die Wahl, sie entweder bei ihrem Rundgang durch einige noble Damenmodengeschäfte und Antiquitätenläden zu begleiten oder während dieser Zeit ins Kino zu gehen. Frank entscheidet sich nach einem Blick auf das triste Programm des in der Fußgängerzone gelegenen Kinos schließlich dafür, Christa zu begleiten, obwohl Modegeschäfte ihn fast ebensosehr ermüden wie Opernaufführungen! Christa und Frank ziehen in der Innenstadt wiederum einige neugierige Blicke auf sich, die nach Franks „Metamorphose" allerdings eher bewundernder Art sind, was Christa mit großem Wohlgefallen zur Kenntnis nimmt.

Christa erwirbt – unter anderem im Hinblick auf den heutigen Abend, der für den noch „jungfräulichen" Frank zu einem möglichst eindrucksvollen Erlebnis werden soll – ein kimonoartiges, dunkelrotes Seidengewand, welches sie besonders verführerisch erscheinen läßt und Frank schon bei einer kurzen Anprobe in nicht unerhebliche Erregung versetzt. Auch einer blaubraun gemusterten und geradezu polartauglich anmutenden edlen Pelzjacke kann Christa angesichts des nahenden Winters nicht widerstehen – Frank ist allerdings weniger begeistert, denn er darf die Taschen mit Christas Anschaffungen <u>tragen</u>!

Nachdem auch diese Taschen im Kofferraum verstaut sind, läßt Christa schließlich Gnade walten und verzichtet auf eine Inspizierung der Antiquitätenläden. Statt dessen fährt sie mit dem nun sichtlich erschöpften Frank nach Kassel-Wilhelmshöhe, um ihn dort im Schloßrestaurant zu einem vorzüglichen Abendessen einzuladen. Der zunächst sehr intensive Regen ließ im Verlauf des Tages allmählich nach und hörte am späten Nachmittag zu guter Letzt ganz auf, so daß Christa und Frank nach ihrem wohlschmeckenden aber auch reichhaltigen Mahl noch einen ausgedehnten „Verdauungsspaziergang" im weitläufigen Schloßpark unternehmen können.

Der Park ist – von der direkten Umgebung des Schlosses abgesehen – menschenleer, weshalb sich Frank gerne mit Christa auf eine der romantisch gelegenen Bänke setzen würde, doch leider sind diese hierfür viel zu naß und ein kühler Wind weht. Er bescheidet sich daher damit, seinen Arm um Christas Hüfte zu legen, woraufhin sie Frank ebenfalls umfaßt und mit ihm in gemächlichem Schritt den weiten Park umrundet. Franks Verärgerung über Christas hinterhältige Verwandlungsaktion verfliegt zunehmend und macht allmählich wieder einer tief empfundenen Zuneigung Platz. Christa, die seinen Stimmungswandel deutlich wahrnimmt, zieht Frank schließlich enger an sich heran und verspürt nun selbst eine gewisse Abscheu gegen ihren Vergeltungsplan.

Auf dem Rückweg nach Göttingen schläft Frank – von den Ereignissen des Tages ermüdet – mehrmals beinahe ein, was ihn jedoch nicht daran hindert, die Hand der nun <u>ihn</u> chauffierenden Christa nahezu während der ganzen Fahrt festzuhalten, was dank des automatischen Getriebes auch gefahrlos möglich ist. Den ursprünglichen Zorn über Franks kleinen Seitensprung mittlerweile als völlig übertrieben und ihrer selbst als unwürdig empfindend, fühlt sich Christa durch diese vertrauensvolle Geste nun tief im Innersten angerührt. Angesichts der Heftigkeit ihres inzwischen abgeklungenen Unmuts verspürt Christa allerdings auch eine gewisse Beunruhigung, denn sie erkennt darin ein verborgenes Anzeichen für den unerwartet hohen Stellenwert, den Frank in ihrer Seele offenbar schon einnimmt!

Christa umgab sich im Laufe der Jahre mit einem handverlesenen Kreis treuer Freunde, welche ihrem sozialen und kulturellen Niveau entsprechen. Die meisten von ihnen verehren die attraktive, erfahrene und gebildete Christa sehr, weshalb es für Christa auch kein großes Problem wäre, diese überwiegend verheirateten Männer ihren Frauen fortzunehmen. Tatsächlich wollten jene Männer Christa oft schon nach einigen gemeinsam verbrachten Liebesnächten ehelichen, wogegen sie allerdings begründete Vorbehalte hatte, denn Christa mußte – wie schon einmal erwähnt wurde – in ihren vorhergehenden Partnerschaften einige herbe – teilweise allerdings auch selbst verschuldete – Enttäuschungen hinnehmen und möchte sich nun verständlicherweise vor weiteren, unangenehmen Erfahrungen dieser Art schützen.

Christa hatte in ihrer Beziehung zu Frank anfänglich nur ein reizvolles Spiel – einen interessanten Zeitvertreib – gesehen, ohne sich dabei auch nur im Mindesten zu tieferen Gefühlen verleiten lassen zu wollen. Innerhalb der letzen Wochen mußte sie jedoch zu ihrer nicht geringen Verwunderung feststellen, daß Frank genau der anhängliche, geistreiche und trotzdem noch in gewissen Grenzen formbare junge Geliebte ist, nach dem sie sich unbewußt schon seit längerer Zeit gesehnt hatte! Während Christa einen Blick auf den neben ihr sitzenden Frank wirft, wird ihr erneut die Mitverantwortung bewußt, die sie inzwischen für ihn trägt und sie versucht, die Auswirkungen, die die Ereignisse der heutigen Nacht auf seine seelische Weiterentwicklung haben könnten, abzuschätzen.

Christa erkennt plötzlich mit erschreckender Klarheit, daß sich ihre Beziehung zu Frank in einer Weise zu entwickeln droht, die von ihr ursprünglich absolut nicht vorgesehen war und schwer abwägbare Folgen zeitigen kann. Sie läuft allmählich Gefahr, sich gefühlsmäßig zu sehr zu engagieren, und damit einen Fehler zu wiederholen, der ihr in früheren Zeiten schon mehrfach erhebliche Schwierigkeiten eingebracht hatte. Christa hatte damals an einige Männer, mit denen sie teilweise bis zu einem knappen Jahr zusammenlebte, allzutief empfundene Gefühle verschwendet, was ihr zum Ende der Beziehung hin oft schlecht gedankt wurde.

Natürlich erlagen diese Männer zunächst Christas Charme und ihren unbestreitbaren weiblichen Reizen. Sie genossen auch Christas Fürsorglichkeit und ihren Drang, Menschen, an denen ihr etwas liegt, ein wenig zu bemuttern – nur neigte Christa im Laufe der Zeit leider auch dazu, ihre Partner zu bevormunden, wobei dies alles natürlich nur zum Besten des jeweiligen Mannes geschehen sollte. Nach einiger Zeit regten sich bei Christas Partnern jedoch wieder der Mannesstolz und der Selbstbestimmungswunsch, was teilweise erbitterte Auseinandersetzungen zur Folge hatte, denn Christa beharrte oft eisern auf ihrem Standpunkt, zumal sie das Recht meistens auf ihrer Seite wußte.

Diese „Beziehungen" endeten überwiegend im Zorn und in gegenseitiger Verachtung, weshalb Christa in den folgenden Jahren von solchen Lebensgemeinschaften abstand nahm. Christas Leben verlief seitdem nach einigen selbst definierten Grundsätzen, die ihr weitere unangenehme Erlebnisse dieser Art ersparten und Christa endlich wieder zu sich selbst finden ließen. Christa beschränkte ihre Kontakte zu Männern nun im wesentlichen auf den schon erwähnten Kreis guter und oft langjähriger Bekannter und Freunden, welche die charmante, niveauvolle und überaus attraktive Christa nach wie vor sehr verehren. Diese „Auserwählten" wissen inzwischen, daß es sinnlos ist, Christa einen Heiratsantrag zu machen, ohne allerdings die wirkliche Ursache für ihre ablehnende Haltung zu kennen.

Wenn tatsächlich einmal ein Heiratsantrag gestellt wird, weist Christa ihn in verständnisvollem aber bestimmtem Ton ab, wobei sie als Begründung stets ihre Unabhängigkeit nennt, die sie auf keinen Fall aufzugeben bereit sei. Den schwerwiegenderen Grund – nämlich die höchst unerfreulichen Erlebnisse ihrer Vergangenheit – hat Christa selbst vor ihren vertrautesten Bekannten bisher geheimgehalten. Christa erhält sich ihren Verehrerkreis durch eine ausgewogene Verteilung ihrer Gunst, wobei ein gemeinsamer Restaurantbesuch als Ehre, ein Abend bei Kerzenschein als besondere Auszeichnung und eine in Christas Bett verbrachte Nacht von den meisten „Auserwählten“ beinahe als letzte Stufe vor dem Himmelreich betrachtet wird.

Nachdem sie die Jahre der Auseinandersetzungen und Enttäuschungen hinter sich gebracht hatte, beschloß Christa, nun jene schönen Seiten des Lebens zu genießen, die ihr vorher gar nicht oder in viel zu geringem Maß zuteil wurden! Von nun an wollte sie alle Dinge, die ihrer Seele und ihrem Körper abträglich sein könnten aus ihrem Lebenskreis aussperren, was ihr mittlerweile auch weitestgehend gelingt. Sie verabscheut Kompromisse und gibt sich mit vollem Genuß ihrem luxuriösen Lebensstil hin, den sie mit einem Schuß niveauvoller Exzentrik würzt!

Verständlicherweise ist Christa durch die plötzliche Bewußtwerdung ihrer wachsenden Zuneigung zu Frank erheblich beunruhigt, denn ihre in den letzten Jahren gewonnene Ausgeglichenheit beruhte schließlich zu einem großen Teil auf der Vermeidung tiefergehender Gefühle dieser Art. Andererseits verspürte Christa während der letzten Wochen in Franks Gegenwart oft ein Gefühl tiefster, innerer Zufriedenheit, wie sie es zuvor nur sehr selten erlebt hatte. Christa führt diesen Zustand auf die Tatsache zurück, daß sie in Frank wieder einen Menschen gefunden hat, der nicht nur ihre Ratschläge zu schätzen weiß, sondern ihr auch das Gefühl gibt, wirklich gebraucht zu werden!
Christa ist sich allerdings der Tatsache bewußt, daß ein geschicktes Vorgehen notwendig ist, um sich einerseits Franks Zuneigung zu erhalten und andererseits die Wiederholung früher begangener Fehler zu vermeiden!

Zu Hause muß Christa den plötzlich sehr müde werdenden Frank beinahe die Treppe hinauf schieben, weshalb sie ihn anschließend direkt zur großen Wohnzimmercouch bringt, auf die er dankbar niedersinkt. Christa verriegelt die Wohnungstür und läßt die Metalljalousien der Fenster herunter, woraus Frank schließt, das er heute auch die Nacht bei ihr verbringen soll, was bisher noch nie geschah und ihn mit freudiger Erregung erfüllt, andrerseits aber auch beunruhigt.

Christa rät Frank, es sich schon einmal gemütlich zu machen und vor allem die Schuhe auszuziehen. Schließlich gießt sie ihm zur Entspannung noch ein Glas Sherry ein und geht dann verheißungsvoll lächelnd aus dem Zimmer. Nach einigen Minuten kehrt Christa – nun in den neuen, dunkelroten Seidenkimono gehüllt – zu Frank zurück, um seine Reaktion auf ihr verändertes Erscheinungsbild zu testen. Frank verschlägt der Anblick der ohnehin sehr attraktiven, aber in diesem Gewand geradezu atemberaubend schönen Christa schier die Sprache und auch seine Kräfte verlassen ihn in diesem Moment gänzlich, so daß er noch nicht einmal von der Couch aufstehen kann.

Christa, die seine Bewunderung als warmen, ihren Körper umströmenden Wind wahrnimmt, zieht Frank mit leichter Hand von der Couch hoch und preßt ihn dann genußvoll an sich. Von einem heftigen Verlangen erfüllt, legt sie zunächst ihre Arme um seine Schultern, umfaßt dann seinen Kopf, und gibt Frank schließlich einen Kuß, der ihm beinahe den Verstand raubt. Sämtliche Bedenken und Zweifel von sich werfend, führt Christa ihren jungen Geliebten nun in ihr Schlafzimmer, welches in gedämpftes Licht getaucht ist und von leiser, romantischer Klaviermusik erfüllt wird.

Frank fühlt sich nach Christas alles verschlingender Umarmung und ihrem feurigen Kuß immer noch sehr benommen und läßt sich von ihr daher widerstandslos zu ihrem großen französischen Bett geleiten, welches ganz und gar aus schimmernder, cremefarbener Seide zu bestehen scheint. Christa schlägt die weit überhängende seidene Steppdecke zurück und drückt Frank sanft auf den Rand der ebenfalls mit Seide überzogenen Matratze herab, um ihn behutsam zu entkleiden. Christa tut dies gerade so, wie man ein kostbares Geschenk auspackt und Frank läßt es sich auch gerne gefallen, zumal sie dabei schließlich in sehr anmutiger Weise vor ihm niederkniet.

Christa stellt befriedigt fest, daß Frank sein inneres Gleichgewicht nun allmählich wiedergewonnen hat, denn sie war über die unerwartet nachhaltige Wirkung ihres Kusses zuletzt doch ein wenig beunruhigt gewesen. Sie macht sich bewußt, das sie bei der Eroberung dieses sensiblen jungen Mannes bei weitem nicht mit jener Direktheit und Schärfe vorgehen darf, die sie bei reiferen und sexuell erfahreneren Männer zur Anwendung bringt, wenn Frank keine längerfristigen seelischen Schäden davontragen soll.

Frank hat sich inzwischen erleichtert hingelegt und Christa zieht die Steppdecke bis über seine nackten Schultern hinauf. Er stellt erstaunt fest, daß dieses Bett offenbar ganz darauf hin angelegt worden war, den Körper möglichst sanft einzuhüllen und den Gedanken an ein Aufstehen gar nicht mehr entstehen zu lassen. Während sich Frank auf der breiten und angenehm weichen Matratze ausstreckt, findet er unter einem Kissen zufällig die Kabelfernbedienung der Bettverstellung. Christa hatte anscheinend an alles gedacht, ein größerer Luxus war wohl kaum mehr möglich! Der Anblick, der mittlerweile entspannt neben ihm im Bett liegenden Christa verursacht bei Frank eine ungeheure Gänsehaut, denn er sieht sich nun kurz vor der Erfüllung der Träume seiner schlaflosen Nächte!

Christa greift nach der Bettsteuerung und fährt das Kopfteil etwas weiter nach oben, um Frank besser betrachten zu können:
Diesem noch kaum gereiften junge Mann war es tatsächlich gelungen, unbewußt einige jener Grundsätze ins Wanken zu bringen, welche ihr während der vergangenen Jahre ein zutiefst ausgeglichenes und von peinigenden seelischen Stürmen freies Leben verschafft hatten, denn Christa empfindet bei seinem Anblick ein Gefühl tiefster Zuneigung (oder ist es etwa schon Liebe?) und plötzlich verspürt sie den Wunsch, ihm in dieser Nacht etwas besonders Gutes zu tun.

* * * * *

Christa erhält sich ihre Gesundheit und unbestreitbare Schönheit im wesentlichen durch einen ausgiebigen und meist sehr tiefen Schlaf, den sie vor allem der unübertroffenen Bequemlichkeit ihres luxuriösen Bettes verdankt. Hier verbringt Christa bei schlechtem Wetter – sofern dem keine interessanteren Vorhaben entgegenstehen – oft auch den größten Teil des Tages, denn es gehört für sie zu den höchsten Genüssen, im Bett liegend und mit einem schmackhaften Essen vor sich dem vom tiefgrauen Himmel herabströmenden Regen zu lauschen und dabei gute Musik zu hören oder einen unterhaltsamen Film anzuschauen.

An diesem Sonntagmorgen gibt sich Christa besonders ausdauernd Morpheus Armen hin, denn die Nacht mit Frank war zwar sehr schön aber auch recht lang; außerdem heult schon seit mehreren Stunden ein kräftiger Sturm ums Haus, was Christas Schlaf von jeher sehr zuträglich war. Von den Wogen des Schlafes sanft umfangen, nähert sich Christa erst am späten Vormittag allmählich wieder den Ufern des Erwachens und kurz nach 11 Uhr öffnet sie schließlich in der Dunkelheit des Schlafzimmers ihre Augen. Nach wenigen Sekunden schließt Christa ihre Augen jedoch wieder, um die warme Umschmeichelung ihres Bettes und die Erinnerung an die vergangene Nacht nochmals für einige Minuten ungestört genießen zu können.

Die schlaffördernde Gestaltung der luxuriösen Lagerstatt zeigt nun erneut ihre Wirkung, denn Christa widersteht nur mit großer Mühe der süßen Verlockung, sich abermals ihren wohltuenden Träumen zu überlassen. Nach einem Blick auf die rot glimmende Zeitanzeige des Radioweckers schaltet Christa schließlich doch die Nachttischlampe ein, wartet, bis deren Licht einen warmen goldenen Farbton angenommen hat und zieht ihre Beine dann mit einem Gefühl des Bedauerns unter der warmen Steppdecke hervor.

Ein wenig fröstelnd hüllt sich Christa nun in einen bequemen aprikosenfarbenen Webpelzhausmantel, um zunächst einmal die Alarmanlage auf Tagessicherung umzuschalten. Leise brummend geben die Jalousien die Fenster frei, und Christa wirft einen kurzen Blick auf den nach wie vor tobenden Sturm und die schnell fliegenden Wolken; zumindest regnet es nicht, doch es ist wesentlich kälter geworden. Christa mißt der jeweils herrschenden Wetterlage jedoch bereits seit längerer Zeit nur noch eine vergleichsweise geringe Bedeutung zu, denn sie weiß jedes Wetter für sich auszunutzen, zumal ihre umfangreiche Garderobe tropischer Hitze und arktischer Kälte gleichermaßen gerecht wird.

Frank scheint der einschläfernden Wirkung des Seidenbettes vollständig erlegen zu sein, denn auch das Brummen der sich öffnenden Jalousien und das hereinscheinende fahle Tageslicht vermochten ihn noch nicht zu wecken. Christa setzt sich vorsichtig neben Frank auf die Bettkante, um sein durch den Schlaf sehr entspannt wirkendes Gesicht zu betrachten, auf welchem ein zufriedenes Lächeln liegt. Wahrscheinlich träumt er in diesem Moment von den Ereignissen der vergangenen Nacht:
Christa hatte Frank mit großem Einfühlungsvermögen, viel Geduld und aller gebotenen Behutsamkeit an die Freuden der Liebe herangeführt, wobei Frank ihre sachkundige Führung nach der Überwindung anfänglicher Ängste schließlich vertrauensvoll annahm. Christa hatte ihr Möglichstes getan, um diese Nacht für Frank besonders angenehm zu gestalten und seine Reaktion schien ihren Erfolg zu bestätigen.

Die Steppdecke war ein wenig heruntergerutscht, weshalb Christa sie vorsichtig wieder über Franks nackte Schultern zieht, wodurch er aufwacht. Frank glaubt zunächst, sich immer noch in einem schönen Traum zu befinden, dann wird ihm allerdings bewußt, daß er tatsächlich in Christas Bett liegt, während sie selbst neben ihm sitzt und ihn mit wohlwollendem Interesse ansieht. Diese Erkenntnis erfüllt Frank mit großer Erleichterung und er versucht, sich aufzurichten, um Christa zu umarmen. Christa kommt Frank jedoch zuvor, indem sie ihn mit einer sanften Handbewegung wieder in die Kissen zurück drückt und zärtlich seine Stirn küßt. Christa spürt, daß Frank ihr jetzt endgültig verfallen ist – diese Gewißheit versetzt sie in einen angenehmen leichten Rauschzustand!

Frank möchte nun doch gerne aufstehen – er schämt sich allerdings ein wenig seiner Blößen, weshalb Christa ihm schließlich einen warmen orangeroten Morgenmantel und ein Paar bequemer Schlappen gibt. Der Mantel und die Schlappen sind für Frank ein wenig zu groß und sie bestätigen außerdem erneut seine Vermutung, daß Christa ihn allmählich in ihr perfektes männliches Spiegelbild verwandeln will, um ihn letztendlich ganz zu vereinnahmen. Frank versucht jedoch nicht, gegen Christas Vorhaben Einspruch zu erheben, denn es erscheint ihm noch immer wie ein Wunder, daß sich eine Frau wie sie überhaupt für ihn interessiert – ein Glück, welches er keinesfalls aufs Spiel setzen möchte.

Franks schlanke junge Gestalt betrachtend, verspürt Christa in sich erneut ein aufsteigendes Gefühl des Verlangens, das es zu befriedigen gilt. Sie führt Frank deshalb in ihr luxuriöses Badezimmer, welches unter anderem mit einem runden Sprudelbad ausgestattet ist und durch eine blickdichte Glasbausteinwand erhellt wird. Christa dreht in der Dusche das Wasser an und geheißt Frank, seinen Morgenmantel auszuziehen und in die Kabine zu steigen. Während Frank von freudig-kribbelnder Erwartung erfüllt ihren Anweisungen nachkommt, entkleidet sich Christa ebenfalls und folgt ihm dann in die Dusche.

Christa reicht Frank das Duschbad sowie einen weichen Schwamm, auf daß er sie wasche, was er ein wenig verwundert, aber mit zunehmender Begeisterung dann auch tut. Nachdem Christa einige Sekunden damit verbracht hat, Franks sorgsame und liebevolle Reinigung zu genießen, beginnt sie, ihn ihrerseits behutsam einzuschäumen, und eine vergnügliche halbstündige Duschorgie nimmt ihren Lauf. Glücklich aber auch ein wenig erschöpft setzen sich Christa und Frank nach ihrem „Badefest" warm eingehüllt in die Küche, um dort ihre mittlerweile energisch nach einer Füllung verlangenden Mägen zu beruhigen. Während des Frühstücks eröffnet Christa dem ihr gegenübersitzenden Frank, daß sie nun bald die schon seit längerem erwogene Vergrößerung und grundlegende Renovierung seiner Mansardenwohnung durchführen lassen wird.

Auf Franks Einwand, daß ihm seine „Literatenklause“ mit ihrer bohemehaften Schlichtheit sehr gut gefalle, erwidert Christa, daß sie es nicht zulassen könne, daß er weiterhin in jenem „primitiven Bretterverschlag“ lebe, zumal große Teile des Dachbodens schon seit mehreren Jahren ungenutzt seien und sich für einen Umbau in idealer Weise eigneten. Nachdem Frank von Christas Umbauplänen erfahren hat, möchte er verständlicherweise gerne wissen, in welcher Form die Renovierung erfolgen soll und wie seine Wohnung nach deren Beendigung aussehen wird; von Christa erhält er allerdings nur die Auskunft, daß die Arbeiten in drei Tagen beginnen würden, von deren Resultat er sich im übrigen mit gutem Gewissen überraschen lassen könne!

Christa hat mit den Umbauten jenen Innenarchitekten betraut, der seinerzeit auch ihre eigene Wohnung einrichtete, wodurch die hohe Qualität des Endergebnisses sichergestellt ist. Christa beauftragte ihn, den in ihrer Wohnung verwendeten, unaufdringlich-luxuriösen Einrichtungsstil unter Anpassung an die räumlichen Verhältnisse auch auf die neue Dachwohnung zu übertragen. Christa verfolgt hierbei zwei Ziele: einerseits möchte sie bei Besuchen in Franks Wohnung keinesfalls auf den „standesgemäßen“ Komfort verzichten, andererseits möchte sie Frank auf diesem Wege aber auch allmählich an ihren eigenen Lebensstil gewöhnen, um ihn schrittweise in einen adäquaten Geliebten zu verwandeln.

Frank ärgert sich über Christas Vorgehensweise, denn er kann sich des Gefühls nicht erwehren, daß sie ihn wieder einmal mehr nach allen Regeln der Kunst überrumpeln wird, wie sie es auch schon bei seiner Neueinkleidung in Kassel tat. Ein wenig gereizt fragt er Christa nun, wo er denn eigentlich während dieser Renovierung wohnen solle. Christa spürt deutlich Franks nicht unerhebliche Verstimmung und ergreift sofort bewährte und wirkungsvolle Gegenmaßnahmen, indem sie sich anmutig erhebt und mit einem Lächeln, welches jeden Widerstand dahinschmelzen läßt, um den Küchentisch herum auf Frank zu geht.

Vor ihm stehend, umfaßt Christa warm Franks Hände und zieht ihn dann sanft, aber jede Gegenwehr unmöglich machend, vom Stuhl zu sich herauf. Sie legt ihre Arme weich um Franks schmale Schultern, wobei sie ihm liebevoll tief in die Augen sieht, was sein Vorhaben, sich von Christa diesmal nicht „sanft überwältigen“ und umstimmen zu lassen, sehr schnell zunichte macht. Mit einem langen, gefühlvollen Kuß löst Christa Franks Abwehr schließlich ganz auf und erklärt ihm dann mit leiser, warmer Stimme, daß er während des Umbaus selbstverständlich bei ihr wohnen wird – Frank empfindet bei diesen Worten ein unbeschreibliches Glücksgefühl und sein Oppositionsgeist ist jetzt endgültig dahin. Christa drückt Frank nun noch einmal lustvoll an sich, um ihn für einige Augenblicke mit aller Macht die Aura ihrer Weiblichkeit verspüren lassen, wodurch er beinahe die Besinnung verliert.

Christa erkennt Franks bedenklichen Zustand und ihr wird bewußt, daß sie bei der Befriedigung ihrer Gelüste beinahe über jenes Maß hinausgegangen wäre, welches dieser sensible junge Mann gerade noch zu ertragen imstande ist. Von Gewissensbissen geplagt bringt Christa Frank nun wieder ins Schlafzimmer zurück, wobei sie ihn schon mehr tragen als führen muß und legt ihn dort behutsam in ihr Bett. Neben Frank auf dem Bettrand sitzend und ihn sorgenvoll betrachtend beginnt Christa, sich über ihr eigenes selbstsüchtiges Verhalten zu ärgern, weil es sich mit der Verantwortung, welche sie für Frank trägt, absolut nicht vereinbaren läßt. Christa weiß, daß sie durch ihren jeweiligen Umgang mit Frank einen nicht unerheblichen Einfluß auf sein zukünftiges Leben ausübt, sei es nun zum Guten oder zum Schlechten hin – eine Situation, welche sie durch ihre Kinderlosigkeit stets zu vermeiden trachtete!

Christa verflucht für einen Moment ihre eigene Leichtsinnigkeit – was hatte sie nur dazu getrieben, sich mit diesem zwar sehr geistreichen und sympathischen, aber auch entsetzlich sensiblen und unreifen jungen Mann einzulassen? Christa bemerkt, daß Frank allmählich sein Orientierungsvermögen zurückgewinnt, wodurch in ihr unvermittelt der Wunsch geweckt wird, diesen Störer ihrer ausgeglichenen Lebensführung aus ihrer Wohnung zu werfen, ihm seine Literatenklause zu kündigen und Frank auf diesem Wege für immer aus ihrem Leben zu entfernen!!

Kurz vor der Umsetzung des Wunsches in die Tat regt sich jedoch lebhaft Christas Gerechtigkeitssinn, welcher sie ermahnt, die Schuld für ihre momentanen Probleme eher bei sich selbst als bei Frank zu suchen. Auch die Kauffrau in ihr meldet sich zu Wort, und weist Christa darauf hin, daß alles, was sie an Zeit und Geld in Frank investiert hatte, bei einem Beziehungsbruch sinnlos verschwendet würde. Christa erkennt, daß Franks Innenleben – wenn auch noch etwas zögerlich – wieder in normale Bahnen zurückfindet. Sobald seine Verfassung dies zuläßt, wird er ihr wahrscheinlich erneut ihre Eigenmächtigkeiten hinsichtlich der Renovierung seiner Mansarde vorzuwerfen; Christa will dieses überflüssige und unerquickliche Wortgefecht auf jeden Fall vermeiden, weshalb sie nun abermals geschickt die ihr gegebenen Fähigkeiten einsetzt, um Franks Trotz möglichst bereits im Ansatz aufzulösen:

Während Frank noch verzweifelt nach Worten des Protests gegen ihr listiges Vorgehen sucht, schiebt Christa schon ihre warme Hand unter die Bettdecke, um mit wissenden Bewegungen seine Brust zu streicheln. Nachdem Christa Franks Blut mit dieser „Kur“ in nicht unerhebliche Wallung gebracht hat, beugt sie sich tief zu ihm herab, umfaßt sanft seinen Kopf und fragt ihn dann – seiner Hörigkeit nun gewiß – ob er mit ihr nach London fahren wolle. Christa erfüllt Frank hiermit einen schon seit sehr langer Zeit gehegten Wunsch und kann ihn auf diese Weise außerdem während der gesamten Umbauzeit von seiner Mansarde fernhalten um etwaige Einmischungsversuche zu verhindern!

Das Angebot einer gemeinsamen Londonfahrt hat auf Frank – welcher durch Christas wiederholte „erotische Attacken“ zunehmend seiner Kräfte beraubt worden war – eine ungemein belebende Wirkung. Von einem wachsenden Tatendrang ergriffen, bestürmt er Christa bald mit Fragen nach Beginn, Länge und Verlauf der geplanten Reise. Nachdem sie Frank mit der Eröffnung, daß die Fahrt bereits am nächsten Morgen beginnen soll und der Aufenthalt wahrscheinlich drei Wochen dauern wird, in erhebliches Erstaunen versetzt hat, sucht Christa die Telefonnummer des Kensington-Towers Hotels heraus. Es handelt sich hierbei um einen in den Sechzigerjahren erbauten Hotel-Doppelturm, der hinter seinen eher an ein Bürohaus gemahnenden, großzügig verglasten Rasterfassaden zahlreiche komfortable Suiten und zwei luxuriöse Penthäuser verbirgt.

Das westlich der Londoner Innenstadt gelegene Hotel ist Christa von früheren Reisen her vertraut und hat ihr mehrmals als Ausgangspunkt für Reisen in den Südosten Großbritanniens gedient. Es befindet sich in einer verkehrsgünstigen Lage am nordöstlichen Rand des relativ kleinen aber sehr baumreichen Holland Parks in direkter Nähe des gleichnamigen U-Bahnhofs der Central Line, von welchem aus man innerhalb weniger Minuten umsteigefrei bis ins Herz der britischen Hauptstadt gelangen kann. Christa tippt die mit Landes- und Ortsvorwahl recht lange Nummer in das Tastenfeld des Telefonhörers, woraufhin unter leisem, fernem Rattern der Verbindungsaufbau beginnt.

Nach einigen Sekunden wird das monotone, langgezogene Tuten des Freizeichens hörbar und schließlich meldet sich die Rezeption des Hotels. Die junge Empfangsdame erkennt Christa als ehemaligen Gast des Hauses und teilt ihr mit, daß das östliche Penthaus, welches einen besonders eindrucksvollen Ausblick auf das Stadtzentrum bietet, ab morgen frei sei. Christa bucht das Penthaus für drei Wochen und läßt sich anschließend mit dem Geschäftsführer Edward Hales verbinden, welcher sich anläßlich ihrer zurückliegenden Aufenthalte im Kensington-Towers Hotel – zum damaligen äußersten Verdruß seiner Frau – dem Kreise ihrer glühendsten Verehrer zugesellt hatte. Obwohl Christa in diesem Hotel – das ihr seinerzeit von einem bei London lebenden Bekannten empfohlen worden war – damals lediglich eine knappe Woche verbrachte, reichte diese kurze Zeitspanne doch aus, um Edward Hales einen handfesten Ehekrach zu bescheren.

Der gutaussehende und über eine distinguierte Ausstrahlung verfügende Edward war Christa sofort aufgefallen, denn er befand sich bei ihrer Ankunft zufälligerweise gerade selber an der Rezeption, wo er die Tätigkeit einer jungen Auszubildenden überwachte. Edwards angetrautes Eheweib hatte die Jahre seiner Blüte leider schon hinter sich, weshalb er es sich nicht nehmen ließ, die auffallend attraktive Christa persönlich zu bedienen.

* * * * *

Edward hatte seine Frau vor nun fast fünfzehn Jahren in ebenjenem Hotel kennengelernt, dem er heute als Geschäftsführer vorsteht. Er war zu jener Zeit noch als Empfangschef tätig, während sich Sarah als Hausdame um das Wohl der Gäste bemühte. Beide gingen allein durchs Leben und Edward erlag im Laufe der häufigen gemeinsamen Arbeit allmählich Sarahs herbem Charme, während sie sich durch Edwards äußere Ausgeglichenheit und seine scheinbare Charakterfestigkeit beeindrucken ließ.

Die Hochzeit folgte bald, doch die schnell einsetzende Gleichförmigkeit des täglichen Zusammenlebens zeigte allzu früh ihre negativen Auswirkungen. Sarah war in einer ausgesprochen konservativen Weise erzogen worden und ihre „vornehme Zurückhaltung" ließ sie für Edward zunehmend uninteressanter werden. Edward, der im täglichen Umgang mit den Hotelgästen zu stets gleichbleibender und nimmer endender Freundlichkeit gezwungen war, wollte wenigstens nachts und an freien Tag seinen Wünschen und Trieben nachgehen können, allerdings stieß er bei seiner eher spröden Gattin hiermit oft nur auf sehr verhaltene Gegenliebe!

Zu Edwards großer Enttäuschung galt Sarahs Vorliebe eher Opern- und Theaterbesuchen als der Auslebung erotischer Sinnesfreuden, und auch ihr Äußeres verlor im Laufe der Zeit spürbar an Reiz. Edward war den Künsten zwar ebenfalls zugetan, doch von geistiger Erfüllung allein konnte seine Seele nicht leben! Der Not gehorchend begann Edward schließlich damit, Sarah zu betrügen – er hatte allerdings wenig Freude daran, denn er wußte um den geradezu hexenhaften Scharfsinn seiner Frau, durch welchen sie seine „Affären" unweigerlich entdecken würde!

Eines Tages – Edward war inzwischen zum Geschäftsführer aufgestiegen – stellte Sarah ihren untreuen Mann schließlich offen zur Rede. In scharfem aber beherrschtem Ton fragte Sarah Edward, woher er eigentlich die Unverschämtheit nähme, sie in dieser dreisten Art und Weise zu hintergehen. Edward gestand es sich selbst nur höchst ungern ein, doch er fürchtete sich vor Sarah, die dank ihrer kühlen Intelligenz und verbalen Schlagfertigkeit bei ehelichen Auseinandersetzungen so gut wie immer das letzte Wort behielt.

Wenn Sarah ihn nach dem Ende solcher Dispute – welche überdies meistens zu ihren Gunsten ausgingen – in der Pose menschgewordener höherer Gerechtigkeit verließ, erfüllte Edward stets ein peinigendes Gefühl schmachvoller Unterlegenheit und allmählich begann er, seine Frau zu hassen! Die bei Sarahs Anblick allzu oft aufkommende Unsicherheit mühevoll überwindend, erklärte Edward ihr nun mit leidlich fester Stimme, daß er sich jene grundlegende und für seine seelische Gesundheit unabdingbare Befriedigung – die ihm seine ***eigene*** Frau seit langer Zeit weitgehend vorenthielte – <u>gezwungenermaßen</u> außerhalb seiner Ehe beschaffen müsse.

Sarah warf Edward einen verächtlichen Blick zu und erinnerte ihn mit eisiger Stimme daran, daß sie ihn seinerzeit vor allem um seines Esprits und Intellekts willen geheiratet habe, zumal er ihr damals unmißverständlich zu verstehen gegeben hätte, daß <u>seinem</u> Ehewunsch dieselben Motive zugrunde lägen!

Edward – der Zank und Streit von jeher aus tiefster Seele verabscheute – sah widerstrebend ein, daß sich Sarah – wie schon so oft – auch bei dieser Auseinandersetzung unverkennbar in der besseren Position befand. Sarahs Feststellungen mit glaubwürdigen Argumenten zu widerlegen war unmöglich, denn ihre Behauptungen bezüglich des Heiratsgrundes entsprachen voll und ganz der Wahrheit.

Angesichts dieser für ihn denkbar ungünstigen Lage hielt es Edward nun für sinnvoller, eine weitere Eskalation des Konflikts zu vermeiden, indem er Sarah zumindest dem äußeren Anschein nach recht gab, wie er es um des Friedens willen schon häufig getan hatte. Im Grunde haßte Edward „diplomatische" Problemlösungen dieser Art, denn sie verschafften Sarahs ausgeprägtem Selbstbewußtsein zusätzliche willkommene Nahrung, wodurch sich das „Eheleben" für Edward allmählich in eine immer größere Belastung verwandelte.

Zunehmend unter streßbedingten Depressionen leidend, hatte Edward Sarah vor kurzem eine Scheidung angedroht – er hoffte, ihr auf diese Weise einen möglichst lang anhaltenden heilsamen Schock versetzten zu können, doch er wurde bitter enttäuscht! Sarah lächelte nämlich nur spöttisch und verdeutlichte Edward, daß er wohl kaum befähigt sei, das große und viel besuchte Kensington-Towers Hotel ohne ihre Unterstützung zu führen – er wäre sich doch hoffentlich der Tatsache bewußt, daß sie ihm nach einer Scheidung auch als Mitarbeiterin nicht mehr zur Verfügung stände!

Edwards Vorwurf, daß man ihr Verhalten nur als Erpressung der schlimmsten Art bezeichnen könne, löste bei Sarah keineswegs Betroffenheit aus – vielmehr bestätigte sie ihm in sarkastischem Ton, daß er hiermit durchaus Recht habe! Von Sarahs brutaler Offenheit überwältigt und ihren triumphierenden Blick geradezu im Nacken verspürend, verließ Edward nun mit einem tiefsitzenden Groll im Herzen den Schauplatz seiner Niederlage, um seinen Zorn durch Arbeit zu vertreiben. Edwards Stimmung wäre eine wesentlich bessere gewesen, wenn er geahnt hätte, daß ihm bald die eindrucksvollste Begegnung seines bisherigen Lebens vergönnt sein würde!

* * * * *

Wir erinnern uns, daß Christa just in dem Moment an die Rezeption herantrat, in welchem sich auch Edward hier aufhielt und daß er sich aufgrund ihrer außergewöhnlichen Schönheit sofort dazu entschloß, sie selbst als Gast des Hotels zu begrüßen. Angesichts der hochsommerlichen Wetterlage mit einem besonders leichten rotseidenen Hosenanzug und einer großen schwarzen Sonnenbrille bekleidet, hatte Christa auch ihrerseits gleich ein Auge auf den gutaussehenden Hotelchef geworfen. Christa erkannte schnell, daß das Leben diesem Mann offenbar eine wesentliche und allen Menschen zustehende Freude vorenthielt und sie war durchaus nicht abgeneigt, ihm diese zuteil werden zu lassen, zumal Christa keineswegs die Absicht hatte, die folgende Nacht allein zu verbringen! Edwards Hand zitterte, während er Christa in das Gästebuch eintrug, denn die direkte Nähe dieser berauschenden Frau erschwerte konzentriertes Handeln.

Christa unterzog Edward unterdessen einer kritischen Beurteilung, in deren Verlauf sie zu dem Ergebnis gelangte, daß er gewiß ein guter und dankbarer Liebhaber sein würde, ohne daß sie ihm vorher den bei Männern verbreiteten Hang zur Dominanz austreiben müßte, denn jene Veranlagung schien er nicht oder nicht mehr zu besitzen! Bereits völlig in Christas Bann stehend, nahm Edward den Schlüssel des östlichen Penthauses – welches sie vorerst für eine Woche gemietet hatte – aus seinem Fach, um ihn Christa zu überreichen. Den Schlüssel entgegennehmend umfaßte Christa für einen Augenblick mit sanftem Druck Edwards Hand – eine Geste, die ihre Wirkung nicht verfehlte, denn Edward war nun schier außerstande, sich von Christa abzuwenden.

Ihre Sonnenbrille mit einer betont langsamen Bewegung vor die Stirn schiebend, warf Christa Edward nun einen Blick zu, der ihm deutlicher als alle Worte zu verstehen gab, daß sie ihn in dieser Nacht in ihrem Bett zu finden wünschte! Edward verspürte beim Anblick dieser tiefen dunklen Augen, die ihn beinahe zu verschlingen schienen, ein plötzliches starkes Schwindelgefühl – er glaubte sogar, in ihrem Inneren lodernde Flammen des Begehrens zu erkennen. Christa ließ ihren hypnotisierenden Blick noch für einige Sekunden auf Edward ruhen, bis sie sich seiner Wirkung sicher war und ging dann durch die große und in klassisch-modernem Stiel eingerichtete Empfangshalle zu den Fahrstühlen, die sich in der dem Portal gegenübergelegen Wand befanden.

Während sie die weiträumige Empfangshalle durchschritt, verspürte Christa die ehrfürchtige Bewunderung der Männer (welche sie zutiefst genoß!) ebenso deutlich wie die neidischen {und manchmal auch haßerfüllten} Blicke der Frauen (über welche sie sich köstlich amüsierte!), wodurch ihre ohnehin schon sehr gute Stimmung in ein Gefühl höchster Zufriedenheit verwandelt wurde!

Christa betrat den Fahrstuhl gemeinsam mit zwei jungen Männern, die zwar offensichtlich einer gehobenen Gesellschaftsschicht entstammten, aber noch sehr unreif wirkten und ihr Interesse an Christas Person nur mühevoll zu verbergen wußten. Christa nahm die Gefühlsaufwallungen ihrer „Bewunderer" mit großer innerer Belustigung zur Kenntnis, was sie sich jedoch nicht anmerken ließ. Sie betrachtete die beiden jungen Briten vielmehr mit einem Ausdruck unerschütterlichen spöttischen Gleichmuts, bis jene unter der Last ihrer wachsenden Nervosität und Verlegenheit kaum mehr wußten, was sie tun sollten!

Das Leiden der beiden „Gemarterten" sollte allerdings nicht übermäßig lange währen, denn schon in der vierten Etage bestieg eine vergleichsweise herb und desillusioniert wirkende Frau mittleren Alters und mittlerer Größe den Fahrstuhl, welche Christas Interesse schließlich weitgehend auf sich zog! Mit einem blaugrauen Kostüm von unauffälliger Eleganz bekleidet und die ehemals blonden, inzwischen jedoch zunehmend ergrauenden Haare hochgesteckt tragend, vermittelte sie einen Eindruck ausgeprägter Selbstbewußtheit und rationalistischen Denkens.

Christa hatte von der Mehrzahl ihrer „Geschlechtsgenossinnen" nie eine allzu hohe Meinung gehabt, doch konnte sie sich des Gefühls nicht erwehren, daß diese Frau (deren Erscheinungsbild und Auftreten an die Leiterin eines streng geführten Mädchenpensionats erinnerte) im Falle einer Auseinandersetzung durchaus eine ernstzunehmende Widersacherin darstellen könnte. Sarah Hales – denn um ebendiese handelte es sich bei der „potentiellen Kontrahentin" – begann nun ihrerseits, Christa einer zwar unauffälligen aber trotzdem sehr gründlichen Musterung zu unterziehen. Ihr erster Eindruck war der einer extravagant gekleideten, vermögenden Frau, die ihre Zeit wahrscheinlich damit verbrachte, in der Welt herumzureisen um dabei recht viel Geld auszugeben, welches sie möglicherweise geerbt, sich aber wohl kaum selbst erarbeitet hatte.

Sarah hatte ihren Lebensinhalt weitgehend in ihrer Arbeit gefunden, weshalb sie gegen Menschen, die ausschließlich ihren Vergnügungen nachgingen – wie ihr Gegenüber es allem Anschein nach tat – eine tiefe Abneigung empfand. Auf die Frage, ob diese Abneigung auch auf einem gewissen Neid beruhen könnte, hätte Sarah mit ehrlicher Entrüstung reagiert, denn sie machte sich selbst schon lange nichts mehr vor und stand zu ihren Grundsätzen. Zusätzliche willkommene Nahrung erhielt Sarahs mit Mißtrauen gepaarte Abneigung im übrigen durch die Gewißheit, daß sich ihr treuloser Ehegatte Edward bereits bei der ersten Begegnung unweigerlich in die zugegebenermaßen sehr attraktiv wirkende Christa verlieben würde!

In der Abgeschlossenheit und relativen Enge des leise aufwärts gleitenden Fahrstuhls entwickelte sich zwischen den beiden Frauen bald ein stummes Zwiegespräch, denn Sarahs Wahrnehmungsfähigkeit stand Christas psychologischem Spürsinn in nichts nach. Sarah und Christa wußten einander tief in die Seele zu schauen, wobei sie den äußerlichen Gegensätzen zum Trotz grundlegende Gemeinsamkeiten entdeckten: Beide schätzen die eigene Unabhängigkeit als höchstes Gut und Fremdbestimmung jeglicher Art war ihnen aufs Äußerste verhaßt – gemeinsam war ihnen allerdings auch das tiefempfundene Bedürfnis, über andere Menschen Macht auszuüben.

Einen Blick auf die Stockwerksanzeige werfend, bemerkte Christa, daß der Fahrstuhl die oberste Etage beinahe erreicht hatte, was sie dazu veranlaßte, in den schier unergründlichen Tiefen ihrer Handtasche nach dem Zimmerschlüssel zu fahnden. Christa förderte das schwere ovale Metallschildchen mit schwarz eingeprägter Zimmernummer just in dem Augenblick zutage, in welchem auch der Fahrstuhl seinen Aufstieg beendete, weshalb Sarah den Schlüssel nur noch in letzter Sekunde als zum östlichen Penthaus gehörig identifizieren konnte. Sarah wußten nun, daß es sich bei Christa um diejenige Frau handelte, die ihr aufgrund ihres sehr „deutsch" klingenden und eine adelige Abstammung andeutenden Namens bereits vor einigen Tagen in der Reservierungsliste aufgefallen war.

Der Name „Christa von Drostenburg" hatte in Sarahs Phantasie das Bild einer alternden reichen Matrone heraufbeschworen, welche durch ein Übermaß an protzigem ererbtem Schmuck von ihren Falten abzulenken suchte. Sarahs ursprüngliche Mutmaßungen bezüglich Christa von Drostenburgs waren keineswegs aus der Luft gegriffen oder einer Klischeevorstellung entsprungen – sie beruhten vielmehr auf jener Erfahrung, die eine langjährige Tätigkeit im Hotelgewerbe mit sich bringt! Sarah kannte diese Sorte verwitweter weiblicher Adelsabkömmlinge zur Genüge – sie verbrachten ihre Tage vielfach damit, alten „besseren" Zeiten und ehemals „hochherrschaftlichen" Landgütern nachzutrauern, die sich überwiegend in den ehemaligen deutschen Ostgebieten befunden hatten und von den Kommunisten nach dem zweiten Weltkrieg dem Verfall anheim gegeben worden waren!

Jene „Landbaronswitwen" waren mitunter sehr lästige und anstrengende Gäste, denn sie hatten häufig die Gewohnheit, an das Hotelpersonal übersteigerte Wünsche und Forderungen zu richten, die selbst für eine private Hausangestellte unzumutbar gewesen wären. In ihrer Eigenschaft als Hausdame fiel Sarah hierbei die Aufgabe zu, diesen Gästen in bestimmter doch taktvoller Weise verständlich zu machen, daß es nicht die Pflicht der Hotelpagen und Zimmermädchen sei, die Arbeiten eines persönlichen Bediensteten zu verrichten!

Sarah wußte sich jedoch dank ihres sicheren Auftretens stets gegen die anspruchsvollen „Landbaronswitwen" durchzusetzen, ohne dabei die gegenüber dem Hotelgast gebotene Höflichkeit zu vernachlässigen. Trotzdem waren ihr diese „Diskussionen" höchst zuwider, denn sie bedeuteten eine sinnlose Vergeudung von Zeit, die auch wesentlich effektiver genutzt werden konnte. Nach alledem war es für Sarah nun eine interessante Überraschung, daß es sich bei Christa von Drostenburg keineswegs um eine perlenbehängte ewiggestrige Matrone, sondern vielmehr um eine außergewöhnlich gutaussehende und das Leben genießende „Femme fatale" handelte. Christa hatte im Verlauf der gemeinsamen Fahrstuhlfahrt ebenfalls einen sehr konkreten Eindruck von der Natur ihrer „Mitreisenden" erhalten:

Sarah war mit an Sicherheit grenzender Wahrscheinlichkeit kein Hotelgast – es sprachen allerdings viele Anzeichen dafür, daß sie innerhalb des Hotels eine leitende Position einnahm. Für Christa barg diese Konstellation einen eindeutigen strategischen Vorteil in sich, denn Sarah würde selbst im Falle eines direkten Interessenkonfliktes gezwungen sein, ihr gegenüber zumindest oberflächlich die einem gut zahlenden Hotelgast gebührende Zurückhaltung zu wahren! Während Christa nun den Fahrstuhl verließ, um durch den zwar kleinen, aber geschmackvoll mit einigen Pflanzen und Bildern dekorierten und von vier Punktstrahlern dezent erleuchteten Vorraum zum Eingang des Penthauses hinüber zugehen, blieb Sarah selbst in der Aufzugkabine, denn ihr ursprüngliches Ziel lag drei Etagen tiefer.

Sarah schätze Effizienz ebensosehr als unverzichtbare Tugend, wie sie Zeitverschwendung als verdammungswürdige Sünde ansah, weshalb sie ihre Fahrt in die oberen Bereiche des Kensington-Towers Hotels auch keineswegs aus Gedankenlosigkeit bis zum Dachgeschoß fortgesetzt hatte: In Sarahs Verstand keimte seit dem Beginn der gemeinsamen Fahrstuhlfahrt eine zunehmend an Deutlichkeit gewinnende Vorahnung warnenden Charakters, aus welcher Sarah schloß, daß Christa bald für einige empfindliche Störungen ihres wohlorganisierten Lebens sorgen könnte!

Getreu dem Grundsatz, daß eine gut funktionierende Verteidigung auf ausreichenden Informationen über die Stärken und Schwächen des Gegners beruht, nutzte Sarah daher die sich ihr bietende Gelegenheit, um Christas Wesen zumindest bis zu dem Augenblick zu studieren, in welchem

Christa den Fahrstuhl verließ. Christa fiel es angesichts der kaum zu leugnenden Seelenverwandtschaft nicht schwer, die Beweggründe nachzuvollziehen, die dem stillen, aber dessen ungeachtet äußerst kritischen Interesse zugrunde lagen, welches Sarah ihr entgegenbrachte. Christa empfand diese Situation keineswegs als unangenehm – sie verspürte vielmehr mit zunehmender Intensität jenes belebende innere Kribbeln, welches sich stets regte, wenn ein gut geführter mentaler Kampf mit einem ebenbürtigen Gegner bevorstand.

* * * * *

Die Gewißheit, daß sich die vor ihr liegende Woche wesentlich interessanter gestalten würde, als sie es zunächst angenommen hatte, bereitete Christa eine Empfindung großen Wohlbehagens, welches durch das Öffnen der breiten und aus dunklem Edelholz bestehenden Doppeltür des Penthauses noch verstärkt wurde:

Diese gab den Blick in einen weiten, hellen Raum von annähernd quadratischem Grundriß frei, dessen jenseitige Wand aus großen deckenhohen Fensterflächen bestand, die bis zum Fußboden herabreichten. Die Längsseiten des lichtdurchfluteten Wohn- und Speiseraums wurden durch zwei fensterlose cremefarbene Zwischenwände gebildet, die je eine Tür aus hellem Edelholz enthielten, hinter welcher sich auf der linken Seite das Schlafzimmer und auf der rechten Seite das Badezimmer verbarg. Die zeitlose und unaufdringliche Eleganz der luxuriösen Einrichtung erinnerte Christa auf angenehmste Weise an ihre eigene Wohnung, wodurch sie die Richtigkeit ihrer Entscheidung, im Kensington-Towers Hotel zu wohnen, vollends bestätigt fand.

Ihre große Lederhandtasche zunächst auf einer Couch ablegend, ging Christa zur breiten Fensterfront hinüber, um das tief unter ihr liegende London zu betrachten, welches im Glanz der hochstehenden Julisonne erstrahlte. Der geradezu unbritisch blaue und wolkenlose Himmel ließ Christa die Strapazen ihrer langen Anreise schnell vergessen. Sie warf deshalb lediglich einen raschen kontrollierenden Blick in ihre Koffer, die der Hausdiener bereits in einem hierfür vorgesehenen Schrankfach im Schlafzimmer deponiert hatte und ließ sich dann durch die Rezeption ein Taxi bestellen.

Christa wollte London ursprünglich von Beginn an mit ihrem eigenen Auto erkunden, dieses Vorhaben gab sie angesichts der ungewohnten britischen Verkehrsverhältnisse allerdings schon während der Fahrt von der Stadtautobahn zum Hotel wieder auf. Sie erachtete es jetzt als zweckmäßiger, sich die britische Hauptstadt zunächst unter Zuhilfenahme der weltbekannten schwarzen Taxen und gegebenenfalls auch zu Fuß zu erschließen. Während sie vor dem Badezimmerspiegel ihr schulterlanges dunkelblondes Haar ordnete, stellte Christa fest, daß die weite Reise ihren bordeauxroten Hosenzug doch nicht ganz unberührt gelassen hatte, weshalb sie ihn rasch gegen ein gleichartiges Modell blauer Färbung vertauschte. Christa entnahm ihrer Handtasche noch einen Personalausweis sowie eine weltweit gültige Scheck- und Telefonkarte, die sie als unverzichtbare Reiseutensilien in eine tiefe Tasche ihres Gewandes schob und begab sich schließlich nach einem letzen prüfenden Spiegelblick zum Fahrstuhl.

In der Hotelhalle angekommen, setze sich Christa in einen Sessel, von dem aus sowohl die Hotelvorfahrt als auch die Rezeption zu überblicken war. Auf diese Weise war es ihr nicht nur möglich, das Eintreffen des bestellten Taxis sofort zu bemerken – darüber hinaus bot sich Christa auch noch die Gelegenheit, Edward zu beobachten, der sich gerade an der Rezeption betätigte. Bei Christas Anblick regte sich in Edwards Seele eine Empfindung brennender Ungeduld und freudiger Erwartung. Leider währte dieses stille Glück nur wenige Sekunden, denn Sarah trat just in dem Moment neben ihren Gatten, in welchem dieser am tiefsten in seinen Liebesträumen schwelgte.

Sarah verspürte Edwards Seelenzustand nur allzu deutlich, weshalb sie ihn mit einer sarkastisch-spöttischen Bemerkung über seine „Angebetete“ ausgesprochen unsanft wieder in die Realität zurückholte. Edward war durch Christas Gegenwart sehr in Anspruch genommen worden, so daß er Sarahs Herannahen zunächst gar nicht wahrnahm, weshalb ihn der Schock ihrer plötzlichen Anwesenheit besonders hart traf. Edward bemerkte mit nicht geringem Erschrecken, daß der unterdrückte Haß, welcher sich im Laufe der Ehejahre angesammelt hatte, nun dem Magma eines Vulkans gleich zum Ausbruch drängte! Die bedrohliche Nähe der Eruption erkennend, ergriff Edward mit ungewohnter Entschlußkraft Sarahs Arm, um sie von der Rezeption fort und in einen nahegelegenen Abstellraum zu führen.

In der Abgeschlossenheit des knapp 2 m² großen Kämmerchens, welches außer drei Staubsaugern und einer Fußbodenpoliermaschine auch noch mehrere Flaschen mit Reinigungsmitteln beherbergte, ließ Edward seinem tiefsitzenden Groll seit vielen Jahren erstmals wieder freien Lauf: Mit einer Heftigkeit, die sie ihm kaum mehr zugetraut hatte, begann Edward nun, Sarah ihre ständige kaltlächelnde Arroganz, ihre unweibliche Frigidität und ihre berechnenden Erpressungstaktiken vorzuwerfen – dies seien Charakterzüge, die durchaus zu einer Hexe, aber wohl kaum zu einer Ehepartnerin passen würden.

Sarahs Antwort auf Edwards verbale Attacke ließ nicht lange auf sich warten: sie erklärte ihm mit eisiger Stimme und frostigem, siegesgewissem Lächeln, daß er ihre Selbstsicherheit lediglich aufgrund seiner eigenen Minderwertigkeitskomplexe als Arroganz empfände. Ihre angebliche Frigidität habe Edward selbst verschuldet, da er in erotischer Hinsicht ein Langweiler ohne den geringsten Erfindungsreichtum sei. Die sogenannten Erpressungstaktiken fänden ihre Rechtfertigung schließlich in der Tatsache, daß ihr nach dem Scheitern ihre Ehe – welches Edward überdies ganz allein zu verantworten habe – an lebenserfüllenden Dingen im wesentlichen das Kensington-Towers Hotel geblieben wäre, dessen reibungsloses Funktionieren ihr sehr am Herzen läge. Leider benötige sie Edward bei der Führung des Hotels nach wie vor als unterstützenden Mitarbeiter, weshalb sie keinesfalls gedenke, ihn freizugeben.

Edward gelang es nun zum allerersten Male, Sarahs Argumente in einer Weise zu widerlegen, welche ihr jede Möglichkeit eines wirkungsvollen Gegenschlags nahm: Er beschied ihr in sachlichem Ton und mit unbewegter Miene, daß er angesichts einer offenbar nur noch beruflich bedingten Beziehung sehr wohl dazu berechtigt sei, sich die Befriedung seiner biologischen Bedürfnisse auch außerhalb der Ehe zu verschaffen. Die Unmöglichkeit einer effektiven Vergeltung ließ in Sarah eine Empfindung glühenden Zorns entstehen, welchen sie vor Edward auch mit größter Mühe nicht gänzlich zu verbergen wußte. Edward überkam beim Anblick ihrer haßerfüllten Augen zunächst jenes Angstgefühl, welches ihm beinahe seit dem Beginn seiner Ehe mit Sarah vertraut war – schließlich obsiegte allerdings die Gewißheit seines Triumphes, denn er hatte seiner Frau unter Zuhilfenahme logischer Argumente eine schmerzliche Niederlage beigebracht!

Christa hatte Sarah und Edward während ihres verbalen Schlagabtausches aufmerksam beobachtet, wodurch das Bild, daß sie sich von Edwards Charakter gemacht hatte, eine bedeutsame Ergänzung erfuhr: Edward war offenbar durchaus noch dazu fähig, sich gegen seine Frau zu behaupten, sofern der von ihr ausgeübte seelische Druck ein kritisches Maß überschritt – dies schien allerdings relativ selten zu geschehen, denn Sarah hatte auf Edwards „Aufbegehren" mit sichtlichem Erstaunen reagiert! Christa blieb der brisanteste Teil des Wortgefechtes der geschlossenen Abstellraumtür wegen verborgen – es fiel ihr jedoch nicht schwer, dessen Ablauf zu rekonstruieren, denn Edward ließ beim Verlassen des Abstellraumes die Zeichen eines ebenso großen wie unerwarteten Triumphes erkennen. Kurz darauf verließ auch Sarah den Abstellraum – im Gegensatz zu Edward verspürte sie in sich ein schmerzhaftes Gefühl bitterer Enttäuschung sowie einen tiefsitzenden und laut nach Genugtuung verlangenden Zorn, denn Sarahs Stolz war in einer Weise verletzt worden, die ihre Seele nicht zu ertragen vermochte.

Dank ihrer eisernen Selbstdisziplin gelang es Sarah, den Aufwallungen ihrer Psyche weitestgehend unsichtbar ihren Lauf zu lassen, weshalb Christa aufgrund ihrer geschärften Sinneswahrnehmung zu den wenigen Anwesenden gehörte, die Sarahs dramatischen Seelenzustand erkannten. Christa bemitleidete Sarah in diesem Moment beinahe, denn sie wußte, daß es für jene Frau – in der sie inzwischen eine Geistesverwandte erkannt hatte – eine ungeheure Qual sein mußte, ihrem glühenden Vergeltungsdrang nicht an Ort und Stelle nachgeben zu können! Die Tatsache, daß sie höchstwahrscheinlich selbst das Ziel dieser Rachewünsche darstellte, beunruhigte Christa nicht im Mindesten, denn sie ging inzwischen davon aus, daß ihr Sarah durchaus gewachsen, aber wohl kaum überlegen sein würde.

Christa wendete sich just in dem Augenblick wieder dem Hoteleingang zu, in welchem auch das bestellte Taxi die Hotelvorfahrt erreichte, weshalb sie sich rasch aber ohne Hast erhob, wobei sie Edward noch einen kurzen bestätigenden Blick zuwarf, um dann in gehobener Stimmung das Hotel zu verlassen. Der Anblick des ein wenig altertümlich erscheinenden schwarzen Taxis amüsierte Christa, denn sie wußte, daß diese geradezu legendären Gefährte allein der Tradition zuliebe bis in die Gegenwart hinein in jener nostalgischen Form gebaut wurden, die mindestens vierzig Jahre alt war und die Londoner Taxen auf der ganzen Welt unverwechselbar machte!

Christas Kenntnisse des Londoner Stadtgebietes beschränkten sich zu diesem Zeitpunkt im wesentlichen auf Informationen, die sie einem Stadtplan, einem Londonreiseführer, den Erzählungen eines bei London lebenden Bekannten sowie einigen Fernsehsendungen entnommen hatte. Christa war nun daran gelegen, sich zunächst einmal einen Überblick über die Lage der wichtigsten und interessantesten Sehenswürdigkeiten zu verschaffen, weshalb sie den Taxifahrer anwies, eine Stadtrundfahrt zu unternehmen, in deren Verlauf möglichst viele Plätze und Gebäude von historischer und architektonischer Bedeutung erreicht werden sollten. Der Taxifahrer startete den Motor und schlug – die Hotelvorfahrt als Wendeschleife benutzend – den Weg zur Holland Park Avenue ein; währenddessen unterrichtete er seine Leitstelle darüber, daß er aufgrund einer ausgedehnten „Sightseeing-Tour" bis auf weiteres nicht anderweitig verfügbar sei.

Die Holland Park Avenue bildete einen vergleichsweise kurzen Teil einer nahezu in Ost-West-Richtung verlaufenden Magistrale, die ihren Ursprung im Innenstadtbereich nahm und einen großen Teil des Kraftfahrzeugverkehrs von und zu den westlichen Vorstädten auf sich zog. Diese Magistrale ermöglichte allerdings kein direktes Durchqueren des Stadtzentrums, da sie im Bereich der Oxford Street – einer ebenso belebten wie beliebten Einkaufsstraße – für den privaten Autoverkehr weitestgehend gesperrt war. Der Durchgangsverkehr mußte die „verkehrsberuhigte" Oxford Street daher unter Benutzung von Parallelstraßen umgehen.

Das Taxi bog erst kurz vor ihrem östlichen Ende in die Holland Park Avenue ein, die hier in einer als „Notting Hill Gate" bezeichneten Straße ihre Fortsetzung fand. Die Häuserfassaden wiesen im Zuge dieser Straßen ausgeprägte Elemente des Klassizismus und des viktorianischen Baustieles auf, weshalb die überwiegend drei- bis vierstöckigen Bauten zumeist eine Atmosphäre standesbewußter Traditionsverbundenheit ausstrahlten. Diese Szenerie großbürgerlichen Wohlstandes wirkte in ihrer relativen Gleichförmigkeit eher ermüdend, jedoch wurde ihr bereits nach kurzer Fahrt ein wohltuender Kontrast entgegengestellt: Im Verlauf der sich weit hinziehenden Bayswater Road bot sich in südlicher Richtung ein unverbauter Blick auf die Kensington Gardens und den Hyde Park.

Die ineinander übergehenden und landschaftlich sehr reizvollen Parks stellen eines der ausgedehntesten Grüngebiete im zentrumsnahen Bereich des Großraums London dar. Die Trennungslinie zwischen den Kensington Gardens im Südwesten und dem Hyde Park im Nordosten bildet ein langer und vergleichsweise schmaler See, der im nordwestlichen Bereich „The Long Water" und im südöstlichen Bereich „The Serpentine" genannt wird. In seiner Mitte wird der See von einer Fußgängerbrücke überquert, die als vielgenutzte Verbindung zwischen Kensington Gardens und Hyde Park dient.

An Sehenswürdigkeiten ist in den Kensington Gardens an erster Stelle der Kensington Palace mit der benachbarten Orangerie zu nennen, darüber hinaus findet man hier auch das Albert Memorial und eine Galerie der zeitgenössischen Kunst. Im Hyde Park befindet sich unter anderem die „Speakers´ Corner“; dieser Platz liegt – wie sein Name bereits andeutet – an der nordöstlichen Ecke des Hyde Parks und verkörpert auf eindrucksvolle Weise den Geist britischer Demokratie, denn hier kann sich jeder, der dies möchte, öffentlich und ungehindert über alle Themen auslassen, die ihm wichtig erscheinen.

Nachdem die nordöstliche Ecke des Hyde Parks mit dem eindrucksvollen steinernen Triumphbogen „Marble Arch“ passiert war, erreichten Christa und ihr Chauffeur schließlich die Oxford Street und damit den Rand der eigentlichen Innenstadt. Entspannt zurückgelehnt das belebte Straßenbild betrachtend, kam Christa zu dem Ergebnis, daß der relative hohe Aufwand der langen und zuweilen auch ein wenig stressigen Anreise durch die bisherigen Eindrücke in jeglicher Hinsicht gerechtfertigt wurde. In Berlin, Hamburg, München, Frankfurt, Stuttgart und Wien gleichermaßen zu Hause, entdeckte Christa in London eine reizvolle Mischung von gewachsener eindrucksvoller Historie und moderner weltstädtischer Umtriebigkeit, die sie in dieser faszinierenden Form auch in München oder Wien nicht gefunden hatte.

London vermittelte tatsächlich den Eindruck, nach wie vor der „Nabel der Welt“ zu sein, obwohl sich seine tatsächliche weltpolitische Bedeutung mit dem Ende der Kolonialzeit spürbar verringert hat. Christa stellte bald erstaunt und befriedigt fest, daß ihr Chauffeur bezüglich des kulturellen Lebens der britischen Hauptstadt unerwartet fundierte Kenntnisse besaß, denn sie erhielt auf ihr Befragen hin zahlreiche nützliche Informationen über sehenswerte Kunstausstellungen und Theateraufführungen. Im Verlauf dieser einträglichen Unterhaltung entstand vor Christas geistigem Auge eine Liste verschiedener kultureller Veranstaltungen und Einrichtungen, die im Rahmen ihres einwöchigen Londonaufenthaltes einen Besuch wert sein könnten. Auf dieser imaginären Liste fanden sich an oberster Stelle das British Museum, die National Gallery und das National Theatre.

Christa ließ das Taxi nach einem gut zwei Stunden währenden und ebenso bequemen wie interessanten „Sightseeing“ schließlich vor einem Restaurant mit gehobener kontinentaleuropäischer Küche halten, da sie der als fade und reizlos verrufenen britischen Kost mißtraute. Christa überreichte dem Taxifahrer zum Abschied ein Trinkgeld, das seinen unverhofften fremdenführerischen Qualitäten gerecht wurde, woraufhin er sich ihr als Chauffeur für weitere Touren in und um London anbot; Christa wußte allerdings, daß die Höhe des Trinkgeldes keineswegs der einzige Grund für dieses spontane Angebot war – vielmehr hatte sie bereits kurz nach dem Beginn der Fahrt registriert, daß auch der Taxifahrer unweigerlich der Wirkung ihrer weiblichen Aura erlag.

Christa verspürte angesichts der inneren Aufwallungen ihres Chauffeurs lediglich ein Gefühl leichten Amüsements; die Bewunderung, die ihr von Angehörigen des sogenannten „starken Geschlechtes“ entgegengebracht wurde, bildete für Christa zu jener Zeit bereits seit langem einen Teil der Normalität – irritiert hätte sie hingegen ein Ausbleiben dieser Bewunderung, ein solcher Fall war jedoch noch nie eingetreten! Christa beglückwünschte sich beim Betreten des Restaurants „Hamilton“ im Stillen zur Richtigkeit ihrer Wahl – dem edlen Interieur dienten offensichtlich die Wohnräume eines luxuriösen englischen Landhauses als Vorbild, wobei man die für den Restaurantbetrieb notwendigen Anpassungen mit großer Sensibilität und Geschmackssicherheit durchgeführt hatte.

Das Restaurant erstreckte sich über eine Höhe von zwei Stockwerken, wobei die obere Etage durch eine umlaufende Empore gebildet wurde, zu welcher zwei einander gegenüberliegende Treppen hinaufführten. Christa konnte der eingehenderen Begutachtung der ansprechenden innenarchitektonischen Gestaltung des Restaurants zunächst nur einen kurzen Augenblick widmen, da sie bereits nach wenigen Sekunden durch einen in auffallender Weise dienstbeflissenen Kellner zu einem Tisch auf der Empore geführt wurde, von dem aus das Restaurant bequem zu überblicken war.

Christa ließ sich einen Apéritif und die Speisekarte bringen, in der sie allerdings ungeachtet der großen Zahl angebotener Menüvorschläge keine Speisefolge entdeckte, die ihren Vorstellungen gänzlich entsprochen hätte, weshalb schließlich der Küchenchef herbeigeholt wurde, dem es zu guter Letzt auch gelang, ein Menü zusammenzustellen, das Christas individuellen Ansprüchen gerecht wurde. Von meisterlicher Hand zubereitet, gab dieses Dinner Christa bald die Energien zurück, die sie im Verlaufe der weiten Anreise und der ausgedehnten Stadtrundfahrt verbraucht hatte, weshalb sie ihren ursprünglichen Plan, anschließend direkt zum Hotel zu fahren, verwarf, um statt dessen noch einen Rundgang durch die abendlich belebte Innenstadt zu unternehmen.

Die Sonne hatte London während dieses Julitages nahezu unablässig in gleißend helles Licht getaucht, so daß die Straßen und Plätze auch bei fortgeschrittener Dämmerung noch eine deutlich wahrnehmbare Hitze ausstrahlten. Lediglich in eine locker aufliegende und kaum spürbare Schicht feiner dunkelblauer Seide gehüllt, nahm Christa diese übermäßige Wärme – im Gegensatz zu manchen erkennbar leidenden Zeitgenossen – allerdings kaum wahr; sie konnte sich daher voll und ganz den Eindrücken ihrer Umgebung hingeben, ohne hierbei durch negative Empfindungen behindert zu werden.

Nach einer Stunde genußvollen Flanierens und einer Tasse belebenden Espressos kehrte Christa schließlich zum Hotel zurück, in welchem sie schon seit dem frühen Abend sehnlichst erwartet wurde. Zu Edwards großer Erleichterung war Sarah bereits um 17 Uhr anläßlich eines dreitägigen Verwandtenbesuches nach dem 100 km weit entfernten Ramsbury abgereist, weshalb er sich vor einer Störung seines Rendezvous mit Christa weitestgehend geschützt sah. Edward wußte jedoch auch, daß seine Frau die Ereignisse der kommenden Nacht klar vorhersah – ihr eisiges Schweigen und die verächtlichen Blicke, die sie ihm in den Stunden vor ihrer Abreise zugeworfen hatte, legten davon ein beredtes Zeugnis ab!

Obwohl Sarah Christa einen gewissen Respekt nicht mehr verweigern konnte, haßte sie sie zu diesem Zeitpunkt aus tiefster Seele: Christa war gerade in jener Woche nach London gekommen war, in welcher auch eine unaufschiebbare Familienzusammenkunft stattfand, wodurch es Sarah unmöglich gemacht wurde, ihren eindeutig zur Untreue neigenden Ehemann an weiteren Verfehlungen zu hindern. Ungeachtet der Tatsache, daß ihr Interesse an Edward inzwischen nur noch rein beruflicher Natur war und sich ihre Empfindungen für ihn mittlerweile auf eine ausgeprägte Geringschätzung beschränkten, war Sarah keineswegs dazu bereit, Edward im „außergeschäftlichen“ Bereich einer anderen Frau zu überlassen – sie empfand die Unfähigkeit, Edward ausschließlich an ihre Person zu binden, als Zeichen eigener Schwäche und infolgedessen als schmerzvolle Demütigung.

Einen Nutzgegenstand stets vorrangig aufgrund seines Gebrauchswertes und erst in nachgeordneter Hinsicht anhand seiner Ästhetik auswählend, besaß Sarah einen großräumigen und stark motorisierten Volvo-Kombiwagen in braun/beiger Lackierung, in welchem sie nun zügig dem Ort Ramsbury entgegen strebte, wobei der aufgestaute Groll in der Gestalt eines zwar unbeirrbar sicheren aber auch betont offensiven Fahrstiles zu Tage trat. Mit zumeist weit durchgetretenem Gaspedal und unter häufiger Benutzung der Lichthupe bahnte sich Sarah auf der Überholspur ihren Weg über die Schnellstraße nach Swindon, wobei sie den nervenschwächeren unter ihren Weggenossen den kalten Angstschweiß in Gesicht und Nacken trieb.

Sarah verspürte jetzt eine zunehmende Aufhellung ihrer anfänglich nachtschwarzen Stimmung – dies rührte unter anderem daher, daß es ihr während der Fahrt nach Ramsbury einmal mehr vergönnt war, durch die Anwendung der ihr gegebenen Fähigkeiten über andere Menschen Macht und Einfluß auszuüben und für einen kurzen Augenblick deren verschrecktes oder gar panisches

Reagieren zu betrachten. Darüber hinaus belebte sie die Aussicht auf ein Wiedersehen mit einem großen Teil ihrer weitverzweigten Familie, in deren Reihen sie mehrere potentielle Opfer für die Attacken ihres in erschreckendem Ausmaß geschärften kritischen Verstandes zu finden wußte.

Zu Sarahs bevorzugten Opfern zählte ihre jüngere Schwester Mandy: überaus sensibel, von schwacher Konstitution und bar jedes Durchsetzungsvermögens, vereinigte diese naive junge Frau in sich Charakterzüge, die Sarah für besonders verabscheuungswürdig hielt. Sarahs vernichtenden verbalen Angriffen hilflos ausgeliefert, wußte sich Mandy stets nur dadurch zu retten, daß sie sich – oft schon mit tränennassem Gesicht – in die schützenden Arme ihres Mannes warf, der Sarahs Feindseligkeiten daraufhin mit leidlichem Erfolg abwehrte.

Auch über die beiden Töchter ihrer Schwester äußerte sich Sarah meist nur abfällig: sie vertrat die Überzeugung, daß eine derart schwach konstituierte Frau wohl kaum Kinder zur Welt bringen könne, die dem Leben dauerhaft ohne Hilfe gewachsen sein würden – leider waren Mandys Töchter bei weitem noch nicht alt genug, um Sarah in dieser Hinsicht glaubhaft eines Besseren belehren zu können. Zu den wenigen Familienmitgliedern, die sich gegen Sarahs aggressiven Intellekt wirkungsvoll verteidigen konnten, gehörte der ältere ihrer beiden Brüder: William verstand es, ihre erbarmungslose Kritiksucht für den Zeitraum einer Zusammenkunft oftmals weitgehend einzudämmen, weil er die Fähigkeit besaß, Sarahs scharfzüngigen Vorhaltungen und Beschuldigungen entsprechende Antworten entgegenzusetzen.

Sarah verließ die Schnellstraße an der Abzweigung nach Hungerford und erreichte schließlich nach einigen Kilometern ruhiger Landstraßenfahrt den Stammsitz der Familie Cunningham: dieser bildete einst das Kernstück eines weiträumigen Landgutes, von dem mittlerweile allerdings nur noch das stattliche Herrenhaus und ein umgebendes Grundstück mit mustergültig gepflegtem Garten übriggeblieben war. Mit seinen rotbraunen Klinkermauern, seinem breiten, von Säulen flankierten Haupteingang und den hell abgesetzten Fenstern, Türen, Zwischendecken und Dachkanten bildete dieses Gebäude eine Verkörperung früheren Großgrundbesitzerstolzes, die durch den umgebenden schmiedeeisernen Zaun noch vervollständigt wurde.

Sarah bog nun in die Zufahrt des Grundstücks ein und brachte ihren Wagen neben der Eingangstreppe zum Stehen, wobei der ihr eigene temperamentvolle Fahrstil den Kies des Vorplatzes lautstark knirschen und aufspritzen ließ. Diese Geräusche gaben den bereits Anwesenden in unmißverständlicher Weise zu erkennen, daß jetzt auch das unbeliebteste Mitglied der Familie Cunningham eingetroffen war. Sie wußten nur allzu genau, daß Sarah die ruhige Atmosphäre des bisher recht harmonisch verlaufenden Beisammenseins in Kürze mit einer nahezu körperlich spürbaren Wolke des Unfriedens belasten würde, die sich vorzugsweise über denjenigen Personen verdichtete, die Sarahs gut kalkulierten verbalen Attacken am schutzlosesten gegenüberstanden.

Victoria Cunningham hatte das unbeherrschte Auftreten ihrer Tochter Sarah bereits anläßlich früherer Begegnungen mit zunehmendem Mißfallen betrachtet – die diesjährige Familienzusammenkunft vorbereitend, hatte Victoria den Entschluß gefaßt, das aggressive Verhalten ihrer älteren Tochter – das sich gegen die Familie im Allgemeinen und gegen einige „bevorzugte Opfer“ im Besonderen richtete – zukünftig in keiner Weise mehr zu tolerieren. Die Aufgabe, Sarah im Falle besonders hemmungsloser Kritiksucht in ihre Schranken zu weisen, war im Laufe der vergangenen Jahre fast immer William zugefallen, da er zu denjenigen Familienangehörigen zählte, die Sarah mit ihren eigenen Waffen zu bekämpfen wußten. Leider hatten Williams Bemühungen, Sarahs Aggressionen in erträglichen Grenzen zu halten, stets nur eine zeitlich eng begrenzte Wirkung, da Sarah anscheinend aufgrund ihrer Natur dazu gezwungen war, ihre seelische Unausgeglichenheit nach dem Überschreiten einer gewissen „Schmerzgrenze“ in der Gestalt einer übersteigerten Kritiklust nach außen zu tragen.

Victoria wußte, daß der äußerst unharmonische Charakter ihrer Tochter allenfalls in einem langwierigen Prozeß – und auch dann nur mit begrenztem Erfolg – verändert werden konnte, da sie in Sarah weitestgehend diejenige Frau wiedererkannte, die sie in ihren mittleren Jahren selbst gewesen war. Victoria hatte in gleicher Weise über viele Jahrzehnte hinweg mit einem sehr unausgewogenen Seelenleben gekämpft, wodurch sie für ihre Angehörigen zu einer schmerzlichen Belastung wurde; ebenso wie Sarah war sie damals dazu gezwungen, ihren inneren Unfrieden nach außen abzuleiten – ansonsten hätten sich jene destruktiven Energien gegen Victorias eigenen Körper gerichtet, um ihn durch seelisch bedingte Erkrankungen schrittweise zu zerstören.

Der Weg, der Victoria schließlich eine hinreichende innere Ausgeglichenheit erlangen ließ, war weit und äußerst mühevoll, zumal sie ihn größtenteils auf sich allein gestellt bewältigte. Victoria hatte nie die Unterstützung eines Psychotherapeuten in Anspruch genommen, da ihr Stolz und ihr ausgeprägter Selbstbestimmungsdrang sie dazu zwangen, ihre psychischen Probleme aus eigener Kraft zu bewältigen. In Victorias dunkelsten Stunden, die sie mit aggressiven Ausbrüchen schrecklichster Art erfüllte, rang ihre Familie oftmals schon mit dem Entschluß, Victoria zwangsweise in eine Nervenheilanstalt einweisen zu lassen. Ihre Mutter weigerte sich allerdings standhaft gegen eine solche Maßnahme, da Victoria bekanntermaßen lediglich ein weiteres Glied in einer langen Ahnenreihe von Frauen bildete, die während eines Teiles ihres Lebens überwiegend mit den gleichen seelischen Problemen zu kämpfen hatten.

Victoria fand ihre lang ersehnte und unter Tränen des Zorns erkämpfte Rettung letztlich in der bildenden Kunst, weshalb das Malen recht dekorativer Ölbilder seit einigen Jahrzehnten zu den haltgebenden Schwerpunkten ihres mittlerweile vergleichsweise ruhigen Lebens zählte. Victoria war nun darum bemüht, ihrer Tochter auf einem ähnlichen Wege zu innerem Frieden zu verhelfen, sie war sich jedoch auch der Tatsache bewußt, daß Sarahs kranke Seele zunächst vor allem nach einem direkten und kompromißlosen Vorgehen verlangte – auf eine andere Weise wäre der unabdingbare Veränderungsprozeß gewiß nicht auszulösen. Victoria faßte daher im Zuge der Vorbereitung des Familientreffens den Entschluß, Sarah bei den ersten deutlichen Anzeichen eines aufkommenden Unfriedens mit unmißverständlichen und nötigenfalls auch vergleichsweise harten Worten an die Regeln des zivilisierten Zusammenlebens zu erinnern.

* * * * *

Edward hatte seine Schritte im Verlaufe des Abends bereits mehrfach zur Rezeption gelenkt, um einen kurzen Blick auf die Schlüsselfächer zu werfen; erst während seines nunmehr fünften „Kontrollganges“ fand er das Fach kurz nach 21 Uhr schließlich leer, woraus er schloß, daß Christa mittlerweile in ihr Penthaus zurückgekehrt sei. Diese Erkenntnis ließ in Edwards Seele eine Empfindung berauschender Vorfreude erglühen, da ihm jetzt nach einer langen Periode erzwungener weitestgehender Entsagung ein erotisches Erlebnis bevorzustehen schien, das er sich kaum mehr zu erträumen gewagt hatte. Edward kehrte nochmals für einige Minuten in seine Wohnung zurück, um sein Erscheinungsbild einer kritischen Prüfung zu unterziehen und fuhr dann – von einer tiefen inneren Unruhe erfüllt – zum Penthaus hinauf.

In hemmender Nervosität befangen, klopfte Edward nur sehr zaghaft an die Eingangstür des Penthauses, die ihm jedoch dessen ungeachtet bereits nach wenigen Sekunden von Christa – die sein Herannahen frühzeitig wahrnahm – geöffnet wurde. Christa hatte sich mittlerweile in ein bequemes weites Gewand von schwerer schokoladenbrauner Seide gehüllt, welches ihr das Aussehen der Hohen Priesterin eines antiken Kultes des östlichen Mittelmeerraumes verlieh und in Edward ein Gefühl ehrfürchtigen Begehrens entstehen ließ. Christa verspürte Edwards glühendes Verlangen ebensosehr wie die ihn quälenden Zweifel bezüglich der Richtigkeit seines Handelns, weshalb sie nun gemessenen Schrittes und mit einem ermutigenden Lächeln auf ihn zuging. Christa genoß ihren perfekt inszenierten Auftritt aus vollster Seele, denn sie sah in sich selbst tatsächlich eine Hohe Priesterin der Liebe – eine Überzeugung, in der sie sich durch Edwards offenbar bedingungslose Verehrung ein weiteres Mal bestätigt fand.

Nahe vor ihm stehend, umfaßte Christa mit einem warmen Griff Edwards Hände, um ihn langsam rückwärts schreitend in den mild erleuchteten Wohnraum hineinzuführen, wobei sie in liebevollem Ton auf Edward einsprach. In der Mitte des Raumes angelangt, legte Christa ihre linke Hand mit sanftem Druck auf Edwards Rückgrat, während sie mit der rechten Hand sein Schulterblatt berührte, um ihn schließlich genußvoll an sich zu ziehen, wobei sie Edward mit den weiten Ärmeln ihres Gewandes nahezu vollständig umhüllte. Christa hatte ihr Seidengewand vorsorglich mit einem kaum wahrnehmbaren Liebesparfüm besprengt, welches erfahrungsgemäß eine unmittelbare Wirkung auf das Unterbewußtsein eines jeden Mannes ausübte, indem es seine Phantasie beflügelte und hierdurch die Grundlage für eine gelungene Liebesnacht schuf. Christa war auf die unterstützenden Kräfte dieses Parfüms keineswegs angewiesen, sie hatte vielmehr den Wunsch, an diesem Abend alle ihr zu Gebote stehenden Fähigkeiten einzusetzen, um Edward für möglichst lange Zeit in einen nur ihr hörigen Verehrer zu verwandeln, den sie im Rahmen ihrer Auseinandersetzung mit Sarah gegen diese auszuspielen gedachte.

Edward fühlte sich – über die körperliche Umhüllung hinaus – in zunehmendem Maße von einer sanft wogenden warmen Dunkelheit umgeben, die bald auch in sein Inneres eindrang und mit jeder weiteren Woge mehr Raum in ihm einnahm. Edward ahnte instinktiv, daß dies Christas dominierendes Selbst war, das sich in unaufhaltsamer Weise seiner Seele bemächtigte, um Edward – vielleicht für immer – in seinen Bann zu ziehen. Diese geistige Eroberung erfüllte Edward mit großer Furcht, er verfügte jedoch nicht über die Energien, die er benötigt hätte, um sich dieser machtvollen Vereinnahmung zu widersetzen. Edward glaubte nun überdies, in sich ein behutsames, suchendes Tasten zu spüren, das in seiner Seele umherwanderte und seinen Weg selbst in die verborgensten Kammern fand. Christa erkundete jetzt Edwards Psyche, wobei sie auch auf die unzähligen Wunden und kaum verheilten Narben stieß, die das Zusammenleben mit Sarah in seiner Seele hinterlassen hatte. Christa empfand angesichts der Tatsache, daß Sarah die Gefühle dieses sensiblen Mannes während der vergangenen Jahre oftmals regelrecht mit Füßen getreten hatte, ein ehrliches Entsetzen und eine tiefe Abscheu, die sich gegen Sarah richtete.

Christa wußte, daß Edwards bestürzender Seelenzustand eine ihren ursprünglichen Plänen entsprechende Gestaltung des Abends verbot, zugleich erwuchs in ihr das Bedürfnis, seiner mißhandelten Psyche eine rasche und dauerhafte Linderung oder gar Heilung angedeihen zu lassen. Edwards Furcht wich allmählich einer Empfindung dankbarer Hingabe – er begriff, daß Christa in seine Seele geblickt und ihn verstanden hatte. Er war sich nun gewiß, daß sie ihm wohlwollte, denn er verspürte die seelische Kraft, die Christa innewohnte und im Laufe der Zeit auch ihm zuteil werden sollte. Edwards Sehnsucht nach ihrer stützenden und stärkenden Hand rührte Christa sehr – sie sah hierin einen Weg, auf dem sie ihn in einen unwandelbar treuen und beständigen Freund und Verehrer verwandeln konnte, wie es auch durch mehrere gemeinsame Liebesnächte kaum möglich sein würde.

Die Gewißheit, gänzlich von Christas Selbst durchdrungen zu werden, bescherte Edward eine Empfindung großen Glücks, denn er wußte sich jetzt keinen erstrebenswerteren Zustand mehr als den, mit dieser faszinierenden Frau in jener ebenso unerklärlichen wie beseligenden Weise vereinigt zu sein! Um so mehr erschreckte es ihn deshalb, daß sich Christa nun langsam wieder aus ihm zurückzog, weil sie – von fremden Einflüssen ungestört – ihre zukünftige Vorgehensweise abwägen wollte: es galt zunächst, Edwards Seele unter Aufwendung des gebotenen Zartgefühls von den tiefgreifenden Schäden zu befreien, die dort seit seiner Eheschließung mit Sarah entstanden waren; des weiteren beschloß Christa, ihre Fähigkeiten darauf zu verwenden, Edwards Psyche soweit zu stärken und zu festigen, daß er seiner Frau bei Meinungsverschiedenheiten als möglichst gleichwertiger Gegner entgegentreten konnte – hierdurch würde Edward gegenüber Christa zu bleibender Dankbarkeit und Loyalität verpflichtet!

Christa sah, daß Edward – von einem beinahe körperlich schmerzenden Hunger gepeinigt – nach ihrer stärkenden und heilenden Kraft verlangte, weshalb sie ihn erneut an sich zog, um ihn nochmals die Energieströme ihrer machtvollen Aura spüren zu lassen. Von Christa in sanfter und zugleich Halt gebender Weise umfangen, bemerkte Edward, daß ein erster kleiner Teil dieser Energien nun auch auf ihn überging, um sich zunächst in der Gestalt einer zwar noch vergleichsweise dünnen aber bereits wohltuend schützenden Hülle um seine geschundene Seele zu legen. Diese Hülle schützender und stärkender Energie bildete eine Keimzelle der psychischen Kraft, die Christa im Verlaufe ihrer folgenden Londonaufenthalte in Edward erwachsen lassen würde. Edwards seelische Verfassung stabilisierte sich zusehends, weshalb ihn Christa nun zu einer cremefarbenen Ledercouch führte, die – der breiten Fensterfront zugewandt – im vorderen Drittel des Wohnraums plaziert war, so daß sich von dort aus ein eindrucksvoller Blick auf die Bürotürme der nahen Innenstadt bot.

Im Niedersetzen legte Christa sanft einen Arm um Edwards Schultern, was zur Folge hatte, daß ihn der weite Ärmel ihres schokoladenbraunen Seidengewandes schließlich wie ein Cape umhüllte. Edward genoß die zart duftende Wärme dieser Umarmung in einem Maße, das er mit Worten nicht zu beschreiben gewußt hätte – er hatte in Christa erstmals eine Frau gefunden, die ihm das Gefühl vermittelte, vorbehaltlos angenommen zu werden – er wußte inzwischen allerdings auch, daß jeder Versuch einer beabsichtigten oder unbeabsichtigten Verstellung im Umgang mit Christa ebenso nutzlos wie überflüssig sein würde – diese aufkommende Erkenntnis erfüllte Edward mit einer unangenehmen Empfindung des Ausgeliefertseins, andererseits empfand er es jedoch auch als zutiefst erregend, von Christa gänzlich durchschaut und beherrscht zu werden!

Edwards Psyche analysierend, stellte Christa leicht irritiert fest, daß die angewandte Therapie nicht exakt die Wirkung erzielte, die sie ihr zugedacht hatte: entgegen ihrer Absicht, Edward schrittweise in eine eigenständige Persönlichkeit zu verwandeln, wurde dieser offenbar in wachsendem Maße von dem Wunsch beseelt, sich ganz und gar ihrem machtvollen Einfluß hinzugeben! Einem inneren Drang folgend, hob Edward nun seine Hand, um vorsichtig Christas weiches volles Haar zu streicheln; Christa ließ Edward in seinem Tun gerne gewähren – nachdem ein paar Augenblicke vergangen waren ergriff sie jedoch schließlich seine Hand, um sie versonnen zu betrachten – feingliedrig und von beinahe frauenhafter Zartheit, spiegelte diese Hand in trefflichster Weise Edwards empfindsame Seele wider. Christa wünschte sich, von dieser zarten Hand liebkost zu werden und führte sie deshalb behutsam durch die Falten ihres Gewandes, bis sie auf ihrem Herzen zu liegen kam.

Zu Christas freudigem Erstaunen erkannte Edward jetzt geradezu intuitiv, in welcher Weise er sie zu berühren hatte, um ihr diejenige Befriedigung zu verschaffen, um derentwillen sie ihn zu sich geholt hatte. Christa ließ Edward durch geschicktes Vorgehen den Eindruck gewinnen, daß der aktive Part im sich nun entspinnenden Liebesspiel ihm zufalle, um auf diese Weise das Wachstum des in ihm wiedererwachenden Selbstbewußtseins zu fördern – tatsächlich war sie es allerdings, die ihn unbemerkt leitete, wodurch sie die Wirksamkeit ihrer Bemühungen um die Stärkung seiner Psyche sicherstellte. Edward blieb die gleichermaßen diskrete und effektive Förderung, die Christa ihm zukommen ließ, jedoch nicht völlig verborgen – unbewußt spürte er, daß sie ihm den Weg der Befreiung, den er an diesem Abend beschritt, in umsichtiger und einfühlsamer Weise ebnete; er dankte ihr ihre Hilfe, indem er in dieser Nacht sein Möglichstes tat, um den hohen Ansprüchen, die sie an einen Liebhaber stellte, gerecht zu werden.

* * * * *

Edward verließ Christas Bett – das für ihn ein Ort beglückender und unvergeßlicher Erlebnisse gewesen war – am folgenden Morgen nur sehr ungern, doch leider drängten die Pflichten, die sich mit seiner Tätigkeit als Hotelchef verbanden, unbarmherzig zum Aufbruch. Sich leise ankleidend, warf Edward noch einen sehnsuchtsvollen Blick auf das wunderbar bequeme braunseidene Bett und die genußvoll lächelnd in ihm ruhende Christa, die aus ihrem tiefen und kräftigenden Schlafe erst im Laufe des Nachmittags erwachen würde – schließlich ergab er sich jedoch dem Zwang der Gegebenheiten und verließ Christas Penthaus, um – von einer leisen Trauer erfüllt – zu seinem Dienstbüro hinabzufahren.

Christa wußte ein bequemes Bett aus mehreren Gründen von jeher in hohem Maße zu schätzen, so gehörte es unter anderem zu ihren Fähigkeiten, im Bedarfsfall auch über einen längeren Zeitabschnitt hinweg umfangreiche Energiereserven mobilisieren zu können, ohne hierbei ihre Gesundheit zu gefährden, sofern sie nach dem Abklingen der Belastung die Möglichkeit hatte, jene Energieverluste durch ausreichendes ungestörtes Schlafen in einem entsprechenden Bett wieder zu kompensieren. Aufgrund dieser Fähigkeit war es ihr möglich gewesen, vom Zeitpunkt ihrer Abreise in Göttingen bis spät in den vergangenen Abend hinein ohne nennenswerte Pausen oder störende Anzeichen der Erschöpfung aktiv zu sein – sie ging hierbei im Hinblick auf die anschließend zwingend notwendige Regeneration ihrer Kräfte kein Risiko ein, denn sie hatte sich im Vorlauf ihrer Reise von jenem bei London lebenden Bekannten, der ihr auch das „Kensington-Towers Hotel" empfohlen hatte, den hohen Komfort des Penthauses und des dazugehörigen Bettes garantieren lassen.

* * * * *

Christa erwachte an diesem Tage erst kurz nach fünfzehn Uhr – von allmählich verblassenden Nachbildern eines interessanten Traumes erfüllt, erschien ihr der Gedanke, die Behaglichkeit des angenehm durchwärmten Bettes aufzugeben, der bereits vorgerückten Stunde zum Trotz jedoch noch wenig verlockend; angesichts des hochsommerlich blauen und wolkenlosen Nachmittagshimmels überwog in ihr letzten Endes allerdings doch der Wunsch, den verbleibenden Tag einer weitergehenden Stadterkundung zu widmen. Noch schlafeswarm und das Verlangen, schließlich doch im Bett zu bleiben, mühsam niederkämpfend, hüllte sich Christa nun zunächst in einen rotseidenen und mit arabischen Motiven bestickten Morgenmantel, um vom Wohnraum aus einen Blick auf die nachmittäglich umtriebige Stadt zu werfen.

Diese Impression nimmermüden Großstadtlebens stimulierte Christas Unternehmungsgeist, weshalb sie sich zunächst ins Badezimmer begab, um die noch immer wahrnehmbare Schwere des Schlafes vermittels eines ausgiebigen, heißen Duschbades gänzlich aus ihrem Körper zu vertreiben. Wohltuend erfrischt und mit einem Hosenanzug aus kupferfarbener Seide bekleidet, bestellte sich Christa nun ein exakt nach ihren Vorgaben zubereitetes Nachmittagsmahl, das sie im bequemen braunseidenen Bett sitzend mit großem Genuß verzehrte, um anschließend in die Tiefgarage des Hotels hinabzufahren.

Sich in den Verkehrsstrom der Holland Park Avenue einfädelnd, faßte Christa den Entschluß, zunächst einmal Jonathan Rosewater zu besuchen, der sie ursächlich zu dieser ersten Londonreise animiert – oder vielmehr – geradezu gedrängt hatte. Christa hatte Jonathan vor einigen Jahren auf eher geschäftlicher Basis in Frankfurt am Main kennengelernt, wo er ebenso wie Christa eine Kunst- und Antiquitätenmesse besichtigte. Christa und Jonathan fanden – anfänglich aufgrund der beiderseits vorhandenen fundierten Fachkenntnisse, bald aber auch infolge einer unleugbaren Geistesverwandtschaft – rasch zunehmenden Gefallen aneinander, weshalb Jonathan Christa bereits im Rahmen seiner Heimreise bis nach Göttingen begleitete, wo er als Gast zwei Nächte in ihrer Wohnung verbrachte. Christa beschränkte ihren Kontakt mit Jonathan während dieser kurzen Zeitspanne bewußt vorwiegend auf die geistige Ebene, obwohl es ihr leichtgefallen wäre, Jonathan den Weg in ihr Bett finden zu lassen.

Von ihren sonstigen Gepflogenheiten abweichend, unterdrückte sie ihr Verlangen nach seiner wohlgeformten Physis, deren Züge dem altgriechischen Ideal auffallend nahe kamen – ein selbst auferlegter Verzicht, der ihr in Jonathans Gegenwart stets ein tiefsitzendes Unbehagen bereitete.

Christa übte sich in diesem Verzicht, weil sie in Jonathan – der Selbstbestimmung und Unabhängigkeit im gleichen Maße wie Christa schätzte – eine starke und gereifte Psyche entdeckt hatte, die der ihren nahe verwandt war und eine sorgfältige Analyse unter weitgehendem vorläufigem Ausschluß erotischer Aspekte erforderte. Christa mußte zur Erreichung dieses Zieles gegen ihre ureigensten Instinkte angehen, doch ihre Mühe wurde belohnt, da sie mit Jonathan einen Menschen fand, dessen Wesen durch eine hohe Geistesbildung, einen sicheren Geschmack, einen kultivierten Humor und durch ein hohes Maß an Lebensart in einem angenehmen Gleichklang geprägt wurde.

Jonathan befand sich zu dieser Zeit in den mittleren Fünfzigern, wobei er allerdings ebenso wie Christa den Eindruck eines um mehrere Jahre jüngeren Menschen vermittelte; ihn umgab eine Atmosphäre aus erfolgsgenährtem Selbstbewußtsein und maßvollem britischen Konservatismus, die sich überdies in einer harmonisch geformten Statur und einem edel geschnittenen Gesicht verkörperte, wobei es Christa als angenehm empfand, daß Jonathans Körpergröße der ihren nahezu entsprach, obwohl sie ohnehin so gut wie nie auf Männer traf, deren Augen sie nur durch Aufblicken eingehender betrachten konnte. Jonathan geriet seinerseits gleich bei der ersten Begegnung auf dem Frankfurter Messegelände in Christas Bann und er wußte seit jenem Tag, daß sein Jahrzehnte währendes Junggesellendasein zu einem großen Teil aus dem Umstand resultierte, daß ihm nie zuvor eine Frau wie Christa von Drostenburg begegnet war.

Jonathan bemerkte bereits in Frankfurt die Ausstrahlungen der ungeheuren Energien, die Christa in sich barg, weshalb er vor ihr mitunter auch eine nicht unerhebliche Furcht empfand, denn er ahnte, daß sie in der Liebe ebenso verzehrend sein konnte wie im Haß! Christa und Jonathan begegneten sich im Laufe der folgenden Jahre noch mehrmals, allerdings fand sich im Rahmen dieser Begegnungen in der Regel nur die Zeit für einen gemeinsamen abendlichen Restaurantbesuch, da Jonathan in seiner Eigenschaft als internationaler Kunst- und Antiquitätenhändler meist mehrere dicht aufeinanderfolgende Geschäfts- und Besichtigungstermine in oft weit von einander entfernt liegenden Städten wahrzunehmen hatte. Dies war auch der Grund, aus welchem Jonathan Christa bereits wiederholt dazu gedrängt hatte, ihn in England zu besuchen, da er hier die Möglichkeit haben würde, wesentlich mehr Zeit gemeinsam mit ihr zu verbringen, als dies bei ihren bisherigen ungeplanten Begegnungen auf diversen Kunstausstellungen möglich war. Christa gab Jonathans Drängen nicht ungern nach, denn sie empfand seit dem ersten Zusammentreffen in Frankfurt das zunehmende Verlangen, ihre Energien mit seinen Kräften zu messen, um ihn schließlich in ihrer glühenden weiblichen Aura vergehen zu lassen!

* * * * *

In die Seitenstraße, in der sich Jonathans Hauptgeschäft befand, einbiegend, stellte Christa beeindruckt fest, daß dieses dem Umfang der getätigten Umsätze auch äußerlich gerecht wurde – immerhin erstreckten sich die chromgerahmten Schaufenster des Ausstellungsraumes über die gesamte Breitseite eines mittelgroßen Büro- und Wohnhauses in gehobener, zentrumsnaher Lage. Jonathan hatte sich – da sich in diesem Moment keine Kunden im Geschäft befanden – in einen Sessel im Ausstellungsraum gesetzt, um durch die großflächigen Schaufensterscheiben hindurch das weltstädtisch lebhafte Treiben auf der Straße zu betrachten, so daß er Christa bereits in dem Augenblick bemerkte, in welchem sie ihr Auto verließ. Anstatt nun direkt auf den Eingang des Geschäftes zuzugehen, wandte sich Christa jetzt zunächst den Schaufenstern zu, um einen ersten prüfenden Blick auf die ausgestellten Antiquitäten und Kunstwerke zu werfen.

Jonathan erkannte an Christas Mimik, daß sie die Auswahl, die er für den Ausstellungsraum getroffen hatte, im wesentlichen billigte; überdies rief Christas Anblick in Jonathan erneut ein Gefühl der Sehnsucht wach, das seit seiner ersten Begegnung mit Christa in ihm keimte und wuchs, weshalb er sich nun erhob, um Christa – die sich mittlerweile dem Eingang näherte – zu begrüßen. Christa machte den Worten, mit denen Jonathan seine Freude über ihren Besuch zum Ausdruck bringen wollte, durch eine besitzergreifende Umarmung und einen kurzen intensiven Kuß ein vorzeitiges Ende und forderte ihn dann auf, ihr einen Überblick über die vorhandenen Kunstwerke zu verschaffen, was Jonathan auch gerne tat, zumal Christa hierbei abermals eine Sachkenntnis bewies, die der seinen ebenbürtig war.

Während er Christa durch die weitläufigen Räume seines Geschäftes führte, wobei er hin und wieder – scheinbar zufällig – ihren wohlgeformten und von pulsierenden Energieströmen durchflossenen Körper berührte, verspürte Jonathan in sich ein prickelndes Verlangen, das rasch an Intensität gewann, da er sich nun einem Ereignis nahe sah, das seit seiner ersten Begegnung mit Christa mit zunehmender Häufigkeit seine Träume erfüllt hatte. Christa fand sich durch Jonathans Reaktion in ihrer Vorgehensweise bestätigt, weshalb sie nun um einen entscheidenden Schritt weiterging, indem sie ihn in einem von außen nicht einsehbaren Bereich des Verkaufsraums unvermittelt mit sanfter Gewalt an sich zog, wobei sie eine Welle kaum sichtbarer aber genau kalkulierter Bewegungen durch ihren Körper gehen ließ, die Jonathans schwelende Begierde in ein loderndes Feuer verwandelten. Jonathan wurde dem schier übermächtigen Bedürfnis, der drängenden Stimme seiner Seele gleich an Ort und Stelle Folge zu leisten, nur unter größten Mühen Herr, doch er wußte jetzt, welche Erlebnisse ihm mit hoher Wahrscheinlichkeit bevorstanden, sobald er Christa dazu einlud, ihn in seinem Landhaus bei Chesham zu besuchen.

Innerlich Jonathans brennende Ungeduld genießend, erklärte sich Christa nun dazu bereit, mit ihm am morgigen Nachmittage nach dem 40 Kilometer entfernten Chesham hinauszufahren, da sie den heutigen Abend bereits in anderer Weise verplant habe. Jonathan spürte in seiner Brust ein leises Stechen der Eifersucht, denn er hegte den durchaus begründeten Verdacht, daß Christa den Abend des heutigen Tages mit einem anderen Mann verbringen werde. Christa ging auf Jonathans aufflackernde Verstimmung – um deren Ursprung sie wußte – in keiner Weise ein, denn sie wollte Jonathan beizeiten an den Gedanken gewöhnen, daß er in ihrem Leben niemals der einzige Mann sein würde! Christa gab Jonathan zum Abschied nochmals einen ungeachtet seiner Kürze sehr intensiven Kuß, der seine Bedenken und Zweifel einem Sturm gleich hinwegwehte und verließ dann sein Geschäft, um den verbleibenden Nachmittag auf die Suche nach einem entsprechenden Gewand für einen eventuellen Theaterbesuch zu verwenden.

In die angenehme Kühle des klimatisierten Penthauses zurückgekehrt, bestellte sich Christa zunächst ein Abendmahl, das dem Chefkoch die Möglichkeit gab, erneut einen Querschnitt seines meisterlichen Könnens zu bieten; hiernach gönnte sie sich wiederum ein ausgiebiges und – nach der Hitze des Tages – sehr wohltuendes Duschbad, um anschließend – nunmehr mit einem blauseidenen Hausanzug bekleidet – die nahenden kulinarischen Sinnesfreuden zu erwarten. Zu ihrer angenehmen Überraschung wurde ihr das Essen von Edward persönlich serviert, in dessen Augen sie allerdings einen Ausdruck unterschwelligen gequälten Vorwurfs zu erkennen glaubte – Christa vermutete, daß Edward in seinem Unterbewußtsein Jonathans indirekte Anwesenheit verspürte, der in Christas Gedankenwelt zu diesem Zeitpunkt einen herausragenden Platz einnahm.

Einerseits durch die nur langsam abklingende Wärme des Tages und den zart bewölkten, leuchtenden Abendhimmel zu weiteren Unternehmungen angeregt – andererseits jedoch auch in dem Bestreben, Edward von tiefergehenden Mutmaßungen bezüglich ihres Verhältnisses zu seinen Geschlechtsgenossen abzuhalten, unterbreitete ihm Christa während des nunmehr gemeinsamen Abendessens den Vorschlag, im Anschluß an dieses noch einen Ausflug zum Bade- und Kurort Brighton an der 70 Kilometer entfernten Kanalküste zu unternehmen, wo sie den Abend und (in einem von Jonathan empfohlenen Luxushotel) auch die Nacht, sowie den Vormittag zu verbringen gedachte.
Edward war mit Christas Neigung zu spontanen Entschlüssen jener Art noch nicht sonderlich vertraut, weshalb ihn ihr Vorschlag, noch an diesem Abend nach Brighton zu fahren, im ersten Augenblick ein wenig stutzen ließ. Christas überwältigende erotische Ausstrahlung und der vielversprechende Glanz in ihren tiefen dunklen Augen – die ihn wieder einmal mehr beinahe zu

verschlingen schienen – ließen Edwards Skepsis jedoch rasch in einem glühenden roten Meer des Verlangens dahinschmelzen, dessen Temperatur zudem mit jeder Sekunde, während der er Christa betrachtete, weiter anstieg.

Christa hatte Edwards jetzige dramatische Verfassung in voller Bewußtheit herbeigeführt und sie sah auch, daß die in ihm brodelnde Lust unter steigendem Druck nach einer erlösenden Befreiung suchte, weshalb sie Edward nun auf eine nahestehende Couch niederzog, um ihn mit der unaufhaltbaren Macht einer ansteigenden Meeresflut zu durchdringen, bis er erschöpft, aber auch von einem Gefühl tiefster Dankbarkeit und berauschenden Glücks erfüllt, in ihren Armen ruhte; nach alledem stand es für Edward außer Frage, daß er Christa nach Brighton begleitete, zumal dies die letzte gemeinsam verbrachte Nacht vor Sarahs Heimkehr sein würde.
Edward sollte seinen Entschluß nicht bereuen: Christa ließ ihn in jener Nacht in Brighton an einem Sinnesereignis teilhaben, das die Grenzen seines Vorstellungsvermögens – die sich als Folge der Geschehnisse der jüngsten Vergangenheit bereits wiederholt in erheblichem Maße erweitert hatten – nochmals überschritt und ihm diejenige Kraft und Willensstärke verlieh, die er benötigte, um Sarah innerlich hinreichend gefestigt entgegentreten zu können.

Nachdem sie all dies vollbracht hatte, wurde Christa von einer entspannenden Mattigkeit befallen, weshalb Edward während der Rückreise nach London den Platz des Chauffeurs einnahm, so daß sich Christa im Verlauf der $1^1/_2$ Stunden währenden Fahrt bereits einem ersten erholsamen Schlummer hingeben konnte. In ihrem Penthaus angekommen, legte Christa Edward in liebevollem aber auch bestimmtem Ton nahe, sie nunmehr zu verlassen, da sie mittlerweile von einer mahnenden inneren Stimme dazu gedrängt wurde, sich jetzt für einige Stunden niederzulegen, um ungestört ihre Energien erneuern zu können. Christa erwog sogar, den geplanten Besuch bei Jonathan abzusagen, der sie um 17 Uhr im Hotel abholen wollte, um ihr dann vorausfahrend den Weg zu seinem Landhaus bei Chesham zu zeigen – letzten Endes entschied sie sich allerdings dafür, doch an der ursprünglichen Vereinbarung festzuhalten, da Edwards Landhaus seiner eigenen Beschreibung nach ein idealer Erholungsort sein sollte.

Das ursprünglich hochsommerliche Wetter hatte während des Vormittags eine umwälzende Veränderung erfahren, indem sich der Himmel bereits kurz nach einem eindrucksvollen Sonnenaufgang mit regen- und sturmverheißenden Gewitterwolken überzog, die intensive Niederschläge und heftige Sturmböen mit sich brachten; dem Wetterumschwung entsprechend sanken auch die Temperaturen von beinahe tropischen Höhen auf ein geradezu spätherbstliches Niveau herab, so daß dem Badebetrieb an Brightons Stränden ein jähes Ende bereitet wurde und zahlreiche Tagesausflügler eine überstürzte Heimreise antraten. Christa und Edward blieben hiervon jedoch unberührt, da Edward eine Nebenstrecke befuhr, die dem überwiegenden Teil der heimkehrenden Londoner unbekannt war und eine staufreie Rückfahrt ohne nennenswerten Zeitverlust ermöglichte.

Nach sechs Stunden eines wohltuenden tiefen Schlafes im bequemen braunseidenen Bett wurde Christa durch das Läuten des neben ihr auf dem Nachttisch liegenden schnurlosen Zimmertelefons geweckt; abrupt aus einem besonders reizvollen und vielversprechenden Traum herausgerissen, war Christa zunächst versucht, das Telefon kurzerhand abzuschalten, um die vorherige Ruhe wieder herzustellen – kurz darauf entsann sie sich jedoch ihrer Verabredung mit Jonathan, der ihr nun höchstwahrscheinlich sein bevorstehendes Eintreffen im Hotel ankündigen wollte. Noch gänzlich von der Schwere ihres unterbrochenen tiefen Schlafes erfüllt, fühlte sich Christa kaum bemüßigt, auf Jonathans verbale Zärtlichkeiten einzugehen; Jonathan – der sich verständlicherweise keiner Schuld bewußt war – mühte sich redlich, seinen Unwillen über den ungewohnt kühlen Ton, den Christa ihm gegenüber anschlug, zu verbergen, denn er wußte, daß er ihres Interesses und ihrer Zuneigung andernfalls rasch verlustig gehen konnte!

Christa beendete das Gespräch bereits nach einigen Sekunden und sank – nach wie vor von einem lähmenden Schlafbedürfnis erfüllt – wieder in die Kissen zurück; Christa erwog, Jonathan schon an der Rezeption abweisen zu lassen – sie konnte diesen Gedanken jedoch nicht mehr in die Tat umsetzen, da sie in diesem Augenblick bereits wieder in die warme Dunkelheit des Schlafes hinüberglitt. Ihr Schlaf war allerdings nur von sehr kurzer Dauer, da sich das Telefon nach einer Viertelstunde erneut regte; Jonathan bat – nun vor der Eingangstür des Penthauses stehend – um Einlaß, den ihm Christa – mit der Anweisung, im Wohnraum auf sie zu warten – schließlich auch gewährte. Christa erhob sich widerwillig und hüllte sich – infolge des unzureichenden Schlafes in höchst unangenehmer Weise fröstelnd – in ihr schokoladenbraunes „Hohepriesterinnengewand", dessen umschmeichelnde schwere Seide ihr beinahe das Gefühl vermittelte, das Bett überhaupt nicht verlassen zu haben.

Das sanft schwingend ihren Körper umhüllende Gewand tat das seinige, um Christas Stimmung aufzuhellen, weshalb sie Jonathan immerhin bereits mit einem Lächeln begrüßte, das ihn für die recht unfreundliche Behandlung während des Telefongesprächs weitgehend entschädigte. Christa zog Jonathan – ihre Hände auf seine Schulterblätter legend – leicht an sich heran und streichelte sodann zart seine Schläfen; Jonathan genoß diese liebevolle Berührung sehr – er bemerkte allerdings auch, daß deren Behutsamkeit zu einem gewissen Teil durch die große Müdigkeit bedingt wurde, die Christa noch immer erfüllte. Durch Jonathans Anwesenheit inspiriert, hätte Christa ihr Verlangen gerne in weitergehender Weise zum Ausdruck gebracht; dies war ihr jedoch nicht möglich, da sie ihre begrenzten Energiereserven größtenteils auf die Verheimlichung des wahren Ausmaßes ihrer Erschöpfung verwenden mußte.

Jonathan blieb der innere Kampf, den Christa in dem Bemühen, ihre tatsächliche Erschöpfung zu verschleiern, ausfocht, dennoch nicht verborgen; dies tat seiner Bewunderung allerdings keinerlei Abbruch – diese wurde durch die Erkenntnis des Ausmaßes ihrer Selbstbeherrschung vielmehr noch erhöht! Jonathan verspürte den Wunsch, Christa in ihrem inneren Kampf zu unterstützen – er wußte jedoch, daß seine Hilfe für Christa als solche nicht direkt erkennbar sein durfte, da er andernfalls Gefahr lief, ihren Stolz in empfindlicher Weise zu verletzten. Jonathan hatte mittlerweile erkannt, daß Christa – über ihr eindrucksvolles Erscheinungsbild und Auftreten hinaus – weitere Fähigkeiten besaß, die dem allergrößten Teile ihrer Geschlechtsgenossinnen nicht zu Gebote standen, weshalb er Christa nun in einer Weise berührte, die ihr einerseits sehr angenehm war und ihr andererseits die Gelegenheit gab, seinem Körper ein gewisses Maß an Energie zu entziehen, das ihr zumindest die Fahrt nach Chesham ermöglichen würde.

Nachdem sie sich für einige Minuten Jonathans belebenden Liebkosungen überlassen hatte, begann Christa damit, ihren Ausflug nach Chesham vorzubereiten, wobei sie das nunmehr geradezu stürmische und – gemessen an der Jahreszeit – außergewöhnlich kühle Wetter ebensosehr einkalkulierte wie eine eventuelle Verlängerung ihres Aufenthaltes in Jonathans Landhaus. Christa scheute sich davor, die wohltuend wärmende Umhüllung ihres Hohepriesterinnengewandes aufzugeben, um sich während der Fahrt mit einem hierfür zweckmäßigeren Hosenanzug zu bekleiden, denn sie wußte, daß sie im Verlaufe des Kleiderwechsels unweigerlich erneut unter einem peinigenden Frösteln zu leiden haben würde, das aus ihrem momentanen Schlafdefizit resultierte. Christa entschied sich daher für einen beinahe bodenlangen sandfarbenen Pelzmantel, der so weit geschnitten war, daß er ihr Seidengewand vollständig aufnahm ohne Christa zu beengen oder sie während der Fahrt in unzulässiger Weise zu behindern.

Christa reichte Jonathan ihren Koffer und fuhr dann mit ihm zur Tiefgarage hinab, wobei sich ihre Befürchtung, auf diesem Wege Edward zu begegnen, zu dessen Glück nicht bewahrheitete – eine solche Begegnung hätte den Heilungsprozeß, den Christas Zuwendung in Edwards Seele in Gang gesetzt hatte, gewiß in sein Gegenteil verkehrt! In ihrem Auto sitzend, ließ Christa zunächst den Motor an, danach aktivierte sie den im Kofferraum installierten zwanzigfach-CD-Wechsler, um eine CD mit ausgewählten Stücken der Popgruppe ABBA abzuspielen, die sie zumeist bei längeren

Autofahrten anhörte, weil diese eventuell aufkommende Anzeichen vorzeitiger Ermüdung meist rasch verschwinden ließen und ihr deshalb bei der Überwindung größerer Reiseentfernungen bewährte Dienste leisteten. An diesem Nachmittag wußte Christa jene Unterstützung im besonderen Maße zu schätzen, denn sie spürte, daß ihre eingeschränkten Energiereserven dasjenige Maß, das eine Autofahrt nach dem 40 km entfernten Chesham verantwortbar machte, nur knapp überstiegen.

Christa sah, daß Jonathan mittlerweile in seinem bordeauxroten Bentley Platz genommen hatte und seinerseits den Motor anließ; sie wartete, bis sich sein Wagen in Bewegung setzte und schloß sich ihm dann an, um sich den Weg nach Chesham weisen zu lassen. Christa wählte in Anbetracht ihrer merklich reduzierten Konzentrationsfähigkeit eine sehr moderate Fahrgeschwindigkeit, die sie auch nach dem Erreichen der Schnellstraße nur um das absolut notwendige Maß erhöhte; Christa empfand angesichts dieser selbst auferlegten Vorsichtsmaßnahme ein zunehmendes Unbehagen, da ihr ansonsten ein relativ zügiger Fahrstil eigen war – sie wagte es jedoch nicht, die Geschwindigkeit in nennenswertem Umfang zu steigern, denn sie verspürte die Auswirkungen ihres Schlafmangels in allzu deutlicher Form. Jonathan hatte bereits zu Beginn der Fahrt hin und wieder einen Blick in den Rückspiegel seines Wagens geworfen, so daß er sich Christas Fahrgeschwindigkeit rechtzeitig anpassen konnte; Jonathan ahnte, auf welchen Umstand Christas Verhalten zurückzuführen war – sein Taktgefühl und das Bedürfnis, sich Christas Zuneigung zu erhalten, verboten es ihm jedoch, sie nach dem Ende der Fahrt hierauf anzusprechen.

Jonathans Landhaus befand sich jenseits des eigentlichen Ortes Chesham inmitten einer hügeligen Heidelandschaft und konnte seit einigen Jahren auch unter Umgehung Cheshams erreicht werden – eine Alternative, von der er bei dieser Fahrt Gebrauch machte, um Christa die Begegnung mit dem Orts- und Durchgangsverkehr zu ersparen. Das einstöckige Landhaus, dessen Wohnfläche – einschließlich des teilweise für Wohnzwecke hergerichteten Dachgeschosses – annähernd 400 m² betrug, bildete den Mittelpunkt eines weitläufigen Grundstückes in angedeuteter Hanglage, in dessen rückwärtigem Teil im Laufe der Jahre ein romantisch verwilderter Garten entstand, in den auch ein kleiner, nierenförmiger Teich eingebettet war, welcher sich zunehmend zu einem Lieblingsplatz einiger Enten und anderer kleiner Wasservögel entwickelt hatte; neugierigen Einblicken wurde dieses private Landidyll durch hohe, dichte Hecken entzogen, die das Grundstück nahezu vollständig umschlossen.

Die Fassaden des Hauses bestanden aus Natursteinen von kleiner bis mittlerer Größe, die farblich mit den rotbraunen Ziegeln des mäßig geneigten Daches harmonierten; man hatte die Natursteine zunächst in zueinander passende Formen geschnitten, anschließend ihre Flächen glatt und ihre Kanten rund geschliffen und sie schließlich unter Verwendung einer dunkelgrauen Bindemasse zu Außenwänden zusammengefügt. Aufgelockert wurde dieses rustikal anmutende Bild durch große, holzgerahmte Schwing- und Schiebefenster, die im Bereich des Wohnzimmers – das dem rückwärtigen Garten und der Terrasse zugewandt war – von der Decke bis zum Fußboden hinabreichten und somit auch die Funktionen der Terrassentüren übernahmen; die Vorderseite des Hauses wurde überdies durch eine breite, zweiflügelige Holzeingangstür mit großen Einsätzen aus geriffeltem und daher undurchsichtigem braunem Glas, sowie durch ein breites, motorbetriebenes Holzgaragentor geprägt, das sich im äußersten rechten Viertel der straßenseitigen Hausfront befand.

Jonathan und Christa passierten nacheinander das zweiflügelige und kunstvoll geschmiedete Tor der Grundstückseinfahrt, das sich funkgesteuert vor ihnen öffnete. Im Gegensatz zum romantisch verwilderten Garten jenseits des Hauses waren die Rasenflächen, die sich beiderseits des diesseitigen plattenbelegten Zufahrtsweges erstreckten, offensichtlich das Ergebnis einer planmäßigen, ausgewogenen Pflege, die sich auch auf die Hecken erstreckte, die das Grundstück eingrenzten. Nachdem die Wagen in der dreiständigen Garage abgestellt waren, führte Jonathan Christa durch eine Verbindungstür in die eigentlichen Wohnräume; zu Christas Erleichterung fand der rustikale Charakter der Hausfassaden im Hausinneren keine Fortsetzung: die konventionell gemauerten Innenwände waren glatt und mit einem schwach strukturierten cremefarbenen Putz versehen, der im Schein der warmen und überwiegend indirekten Beleuchtung eine angenehme Atmosphäre entstehen ließ.

Christa erfuhr auf ihre Frage nach der Beschaffenheit der Außenwände, daß die bearbeiteten Natursteinplatten lediglich eine Wetterschutzschicht mit einer Stärke von wenigen Zentimetern darstellten, hinter der sich die tragenden Wände und Pfeiler befanden; eine massive Ausführung der Natursteinwände hätte die Baukosten unnötigerweise erhöht und zudem die Verlegung zahlreicher Versorgungsleitungen in erheblichem Maße erschwert. Jonathan führte Christa nun geradenwegs in sein Wohnzimmer, welches durch das fahle Abendlicht, das die dichte graue Wolkendecke noch durchdrang, kaum mehr erhellt wurde, weshalb der gasbefeuerte Kamin – den Jonathan bereits von der Garage aus ferngezündet hatte – nun eine umso dichtere Atmosphäre der Behaglichkeit verbreitete.

Christa legte ihren Pelz ab und ließ sich auf einer tiefen ledernen Couch nieder, um das Feuer des Kamins zu betrachten, das ruhig vor sich hin brannte, wobei es die näherliegenden Bereiche des weiträumigen Wohnzimmers in warmes, goldenes Licht tauchte. Jonathan hatte dieses Zimmer – ebenso wie alle anderen bewohnten Räume – in geschmackvoller Weise mit ausgewählten wertvollen Möbelstücken und Gemälden dekoriert, so daß – wie es auch in Christas Wohnung der Fall war – ein Eindruck zeitloser Eleganz entstand. Jonathan hatte anfänglich erwogen, die Räume seiner Wohnung in einem betont klassischen Stil einzurichten – er gab diesen Gedanken jedoch bald wieder auf, denn er befürchtete zurecht, daß sein Haus hiernach allzusehr an ein Museum gemahnen würde und in seiner Nutzbarkeit als alltäglicher Wohnraum beeinträchtigt werden könnte.

Christa hatte sich mittlerweile in behaglichster Weise auf der Couch eingerichtet: Durch große Seidenkissen unter Kopf und Oberkörper abgestützt, legte sie nun auch ihre Beine, die sie zunächst entspannt ausgestreckt hatte, über ein weiteres, schwellendes Seidenkissen, wodurch sie sich in eine Stellung brachte, die ihrer Entspannung mehr als jede andere förderlich war, zumal ihr Hohepriesterinnengewand sie jetzt einem wärmenden Bett gleich umhüllte. Jonathan setzte sich nun ebenfalls auf die Couch, um Christa zu betrachten; er erkannte in diesem Augenblick das tatsächliche Ausmaß ihrer Erschöpfung – er bemerkte allerdings auch, das sie noch nicht gänzlich dazu bereit war, die Segnungen des Morpheus zu empfangen, weshalb er nun damit begann, in sanfter und liebevoller Weise ihre Füße zu massieren, wodurch er ihr ein Wohlgefühl bescherte, das sich rasch in ihrem Körper ausbreitete, was zur Folge hatte, daß sie bald in einen zusehends tiefer werdenden Schlaf fiel.

Jonathan wußte, das es ihm unmöglich sein würde, Christa – deren Körpergröße und Gewicht dem seinen nahezu entsprach – in das Schlafzimmer der Gästewohnung hinaufzutragen oder sie auch nur in sein eigenes Bett zu bringen. Jonathan sah, daß Christa durch die schwere, wärmende Seide ihres weiten Gewandes momentan in ausreichendem Maße eingehüllt wurde, er befürchtete allerdings, das sich dieser Zustand im Laufe der Nacht verändern könnte; Jonathan erwog zunächst, die gesteppte seidene Tagesdecke seines Bettes über sie zu breiten – schließlich entschied er sich jedoch für die nächstliegende Lösung des Problems und bedeckte Christa behutsam mit ihrem langhaarigen, sandfarbenen Pelzmantel, der sich aufgrund seines besonders weiten Schnittes auch in vorzüglicher Weise als Bettdecke verwenden ließ.

Jonathan stellte den Thermostat des Gaskamins auf eine niedrigere Stufe, so daß Christa während der Nacht in genügender Weise gewärmt wurde, ohne durch die Helligkeit des Kaminfeuers geweckt zu werden und ging dann leisen Schrittes hinaus und in sein angrenzendes Schlafzimmer, das ebenso wie das Wohnzimmer einen direkten Zugang zur Terrasse und somit auch zum Garten aufwies. Einige Zeit später verspürte Jonathan – wie sooft vor dem Zubettgehen – das Bedürfnis, in der erfrischenden Abendluft noch einen kleinen Spaziergang zu unternehmen, weshalb er nun – mit einem warmen, rotsamtenen Hausmantel bekleidet – auf die Terrasse hinaustrat, deren größter Teil durch das hier weit vorgezogene Dach und seitliche, verglaste Windschutzmauern gegen die Unbilden des Wetters weitestgehend abgeschirmt wurde.

Jonathan schritt die Terrasse einige Male in ihrer Längsrichtung ab, wobei er die regenfrische, saubere Luft inhalierte und blieb schließlich vor der breiten Fensterwand des Wohnzimmers stehen, hinter welcher er Christa im schwachen Scheine der Gasflämmchen schemenhaft erkennen konnte. Jonathan empfand es als nicht geringe Ehre, daß Christa – die alle Frauen, denen er in seinem bisherigen Leben begegnet war, hinsichtlich ihrer beunruhigenden Schönheit, ihres Charmes und ihrer Geistesbildung übertraf – in dieser Nacht – wenn auch unter dem Druck ihrer überwältigenden Müdigkeit – ausgerechnet **seine** Wohnzimmercouch zu ihrem Schlafplatz erwählt hatte! Hierdurch tiefbewegt, kehrte Jonathan in sein Schlafzimmer zurück, zumal auch der Wind spürbar an Stärke gewonnen hatte, weshalb einzelne Regentropfen nun sogar gelegentlich bis unter das vorgezogene Terrassendach getrieben wurden.

Das atlantische Tiefdruckgebiet, das in jener Nacht seinen 300 Kilometer langen Weg von der britischen Westküste bis in den Bereich der Grafschaft Buckinghamshire fand, brachte dem Südosten Englands eine Sturmnacht, deren Intensität die jahreszeitlichen Mittelwerte der näheren Vergangenheit in auffallender Weise überstieg. Jonathans Haus war den Sturmböen in der baumarmen Heidelandschaft, die lediglich von niedrigen Hügelketten durchzogen wurde, relativ offen ausgesetzt; selbst die hohen Hecken, die Jonathans Grundstück umgaben, vermochten die Kräfte des Windes nur in geringfügigem Maße zu brechen, da deren Entfernung von den Wänden des Hauses – das sich zudem auf einer Anhöhe befand – in jedem Falle mindestens 100 Meter betrug.

Obgleich das Tiefdruckgebiet während seines Durchzugs in weiten Teilen Englands unzählige Schäden überwiegend kleineren und – in sehr seltenen Fällen – auch mittleren Umfangs anrichtete, gab es doch einige Menschen, die aus ihm einen Nutzen zogen; zu dieser Minderheit gehörte Christa, die – derweil sie in einen umschmeichelnden Seidenmantel gehüllt und mit einem gleichermaßen warmen wie weichen Pelz bedeckt auf einer überaus bequemen Couch lag – von den Sturmböen, welche unter an- und abschwellendem Heulen um die Ecken des Hauses fegten, geradezu in den Schlaf gesungen wurde.

* * * * *

Christa wurde aus ihrem bis in den späten Vormittag hinein währenden, genußvollen Schlaf durch eine zarte Berührung geweckt: Jonathan war den Annehmlichkeiten des Lebens im gleichen Maße wie Christa zugetan und hatte sein Bett an jenem stürmischen und regnerischen Morgen ebenfalls erst zu einer relativ weit vorgerückten Stunde verlassen und betrat nun – nachdem er zunächst einen Blick durch die Rauchglasscheiben der breiten Doppelschiebetür geworfen hatte – mit einem eleganten Morgenmantel bekleidet von der geräumigen und in der Mitte des Hauses gelegenen Halle aus das Wohnzimmer, welches noch von bläulichem Dämmerlicht erfüllt wurde. Jonathan näherte sich langsam gehend und in sorgsamster Weise seine Schritte dämpfend Christas Schlafstätte; direkt vor ihr stehend, wagte er es zunächst nicht, Christa zu wecken, denn es erschien ihm, als habe sie in der Entspannung ihres Schlafes eine noch größere und nahezu als engelhaft zu bezeichnende Schönheit erlangt.

Jonathan ließ jenes vollkommene Bild der Schönheit und des Friedens für einen Augenblick auf seine Seele einwirken und beugte sich dann zu Christa hinab, um sie behutsam auf die Stirn zu küssen, wodurch sie erwachte. Nachdem einige Sekunden, innerhalb derer sie den Übergang vom Schlaf zum Wachsein vollzog, verstrichen waren, öffnete Christa ihre Augen, wobei sie es als sehr wohltuend empfand, daß das Wohnzimmer noch in einem milden Halbdunkel lag. Sie drehte sich ein wenig, um sich Jonathan zuzuwenden, der jetzt neben ihr auf dem Rand der Couch saß und sie mit einem Ausdruck bewundernder Zuneigung ansah. Jonathans Bewunderung ebenso wie die

Bequemlichkeit ihrer komfortablen Lagerstatt genießend, bot Christa das Bild einer Frau, die mit sich selbst, sowie mit ihrer momentanen Situation im höchsten Maße zufrieden war; in sich verspürte Christa allerdings auch das wachsende Verlangen, von ihren wiedererstandenen Energien baldigen Gebrauch zu machen.

Christa schob den weichen, sandfarbenen Pelz, der ihr während der Nacht in angenehmster Weise als luxuriöse Bettdecke gedient hatte, beiseite, woraufhin sich Jonathan erhob, um ihr das Aufstehen zu ermöglichen; Christa begab sich jedoch zunächst nur in eine entspannte, sitzende Stellung, wobei sie Jonathan mit einer einladenden Geste dazu aufforderte, sich neben ihr niederzulassen. Christa erschien ihm in diesem Augenblick, in welchem sie noch die schwere, beruhigende Wärme ihres tiefen Schlafes ausstrahlte, als besonders anziehend, weshalb er ihrer Einladung nur allzu gern Folge leistete. Jonathan ließ sich dicht neben Christa nieder, so daß er sie im Sitzen sanft berührte und legte dann in dem Bestreben, durch die Falten ihres weiten Hohepriesterinnengewandes hindurch an der ihr innewohnenden Wärme zu partizipieren, einen Arm um ihre Taille; Christa reagierte hierauf, indem sie in zuneigungsvoller Weise Jonathans Schultern umfaßte und ihn in die zart duftende, schwere Seidigkeit ihres Gewandes hineinzog!

Jonathan genoß Christas Zuneigungsbeweise durchaus – er wußte inzwischen allerdings auch, daß es zu ihren Gewohnheiten gehörte, Menschen, die sie sehr schätzte oder gar liebte, bisweilen in besitzergreifender Weise an sich zu binden, sofern ihre Seelen für Christas tiefgreifende Einflußnahme in ausreichendem Maße empfänglich waren, weshalb er nun damit begann, seine Psyche in verstärktem Maße gegen ihre Vereinnahmungsversuche zu wappnen, zumal er in seinem Inneren bereits ein erstes, behutsam sondierendes Tasten wahrnahm. Christa war angesichts des zunehmenden Widerstandes, den Jonathans Geist gegen ihr Eindringen leistete, keineswegs ungehalten, denn sie sah in jenem Widerstand eine erneute Bestätigung ihrer Annahme, daß sie mit Jonathan einen Mann gefunden hatte, dessen Eroberung eine überaus interessante Herausforderung sein würde!

Nachdem einige stille Minuten in zärtlich-romantischer Zweisamkeit vergangen waren, bemerkte Christa, daß ihr Körper – die Bedeutung des Augenblicks nicht achtend – mit wachsender Intensität nach der Befriedigung eines elementaren Bedürfnisses verlangte, weshalb sie Jonathan bald dazu bewog, sie in seine Küche zu führen, in welcher er für Christa und sich selbst ein Frühstück bereitete, das richtigerweise eher als vorgezogenes, deliziöses Mittagsmahl zu bezeichnen war. Nachdem sie jenes Mahl in Jonathans Küche – deren Einrichtung dem Bedürfnis nach einer zeitlosen, niveauvollen Wohnlichkeit und den nahezu professionellen Ansprüchen eines ambitionierten Hobbykoches in einem angenehmen Gleichmaß gerecht wurde – in der beruhigenden Gewißheit, daß sich ihre Energien vollends und im gewohnten Umfang regenerierten, genossen hatte, äußerte Christa den Wunsch, die Umgebung Londons kennenzulernen.

Jonathan war gern dazu bereit, Christas Wunsch zu erfüllen, denn er sah hierin eine Chance, die Zeitspanne, innerhalb derer es ihm vergönnt war, sich an ihrer Gegenwart zu erfreuen, in nicht unerheblichem Maße auszudehnen, zumal er in seinen Hoffnungen bereits durch die Tatsache, daß Christa die komfortable Behaglichkeit seines Hauses sichtlich genoß, bestärkt wurde. Christa ließ sich zunächst in das Schlafzimmer der Gästewohnung hinaufführen, in das Jonathan bereits am Abend des vorangegangenen Tages ihre Koffer gebrachte hatte; hier vertauschte sie das Hohepriesterinnengewand gegen eine bequeme Langjacke aus bordeauxroter Seide und eine entsprechende weite Seidenhose, um sich schließlich – durch das große Dachfenster hindurch die dahintreibenden grauen Wolken betrachtend – wieder in ihren beinahe bodenlangen, sandfarbenen Pelz zu hüllen.

Jonathan erwies sich als intimer Kenner des nordwestlichen Umlandes des Städtekonglomerats „Greater London", denn er wußte Christa in den ländlichen Grafschaften Oxfordshire und Buckinghamshire eine bemerkenswerte Anzahl sehenswerter Gebäude und Örtlichkeiten zu zeigen, wobei ihr ein bei Garsington gelegenes und barock angehauchtes kleines Landschloß in nachdrücklichster Weise in Erinnerung bleiben sollte: es beherbergte eine Sammlung relativ unbekannter Gemälde alter holländischer Meister, die sich in kunstgeschichtlicher Hinsicht jedoch als durchaus interessant erwiesen. Zu Christas Bedauern zeigte sich der Besitzer und Bewohner des Landschlosses nicht geneigt, einiger jener Kunstwerke zu veräußern, die ihre Gemäldesammlung andernfalls in idealer Weise ergänzt hätten.

Den neben ihr sitzenden Jonathan vor dem Hintergrund der vorbeiziehenden und von fortschreitender Dämmerung erfüllten Heidelandschaft betrachtend und seine ausgeglichene Fahrweise ebenso wie die angenehm erfrischende Regenluft genießend, faßte Christa den Entschluß, Jonathan in der kommenden Nacht, die – zumindest im Rahmen **jenes** Londonaufenthaltes – die letzte sein würde, die sie in seinem Hause verbrachte, ein Geschenk zukommen zu lassen, das er bereits seit ihren ersten Begegnungen herbeigesehnt hatte. Christa bemerkte unterdessen eine belebende innere Erregung, die in ihrer Gegenwart stets von Jonathan Besitz ergriff und ihren äußeren Widerschein in einem Schwingungsfeld fand, das seinen Körper umgab – jenes Fluidum konnte allerdings allein von Christa wahrgenommen werden, da Jonathan aufgrund seiner konservativen Erziehung und einer im Laufe vieler Jahre erworbenen Selbstkontrolle dazu befähigt war, diejenigen Emotionen, die sein tiefstes Innerstes bewegten, vor seinen Mitmenschen weitestgehend zu verbergen!

In dem Bestreben, die Intensität seiner Erregung weiterhin zu erhöhen, ergriff Christa nun Jonathans linke Hand und begann, sie zart in einer besonderen Art und Weise zu streicheln. Jonathan gewahrte ein Kribbeln, das jenem Kribbeln, welches durch einen schwachen, elektrischen Strom hervorgerufen wird, nicht unähnlich war – Jonathan vermutete zurecht, daß diese belebende und berauschende Empfindung, die rasch und mit spürbar zunehmender Intensität von der Gesamtheit seines Körpers Besitz ergriff, lediglich den Vorboten eines Geschehnisses von ungleich größerer Tragweite bildete! Christa hatte Jonathan derweil aufmerksam beobachtet, um sich einerseits von der Wirksamkeit ihrer Tuns zu überzeugen und um andererseits sicherzustellen, daß Jonathans Fahrtauglichkeit durch dessen Intensität nicht in einem unzulässigen Ausmaß beeinträchtigt wurde.

Nachdem einige Minuten vergangen waren, gab Christa Jonathans Hand – zu seinem Bedauern – wieder frei, um sich genießerisch seufzend in die umschmeichelnde Wärme ihres weiten, sandfarbenen Pelzes zurückzuziehen; Jonathan wollte den belebenden Rausch, der seinen Körper soeben erfüllt hatte jedoch nicht mehr missen, weshalb er seine linke Hand nun seinerseits Christa darbot, bis er spürte, daß sie seine Hand erneut und mit wohltuender Sanftheit umfaßte, um seinen Geist und seinen Körper abermals ihren Kräften zu öffnen und ihm diejenige Sinneserfüllung zu bereiten, die er begehrte.

Christa bemerkte, daß in Jonathan nun erneut eine Kraft erwachte, die der ihren nahe verwandt war, wodurch sie die Richtigkeit ihrer Entscheidung, ihrer Beziehung zu ihm einen dauerhafteren und tiefergehenden Charakter zu verleihen, ein weiteres Mal bestätigt fand – Christa mißachtete hierbei bewußt einen selbst definierten Verhaltensgrundsatz, den sie sich als logische Folgerung aus bereits beschriebenen unangenehmen Erlebnissen in ihrer Vergangenheit zu eigen gemacht hatte. Christa stufte das Risiko, das jener Regelübertritt mit sich bringen konnte, als vernachlässigbar ein, denn sie ging davon aus, daß sie aufgrund der Einsichten, die sie bisher in Jonathans Psyche genommen hatte, in ausreichendem Maße dazu befähigt sein würde, seine zu erwartenden Handlungen sowie seine jeweiligen Reaktionen auf ihr Verhalten vorauszusehen.

Angesichts der Tatsache, daß Jonathans innere Kraft der ihren nahezu ebenbürtig war, faßte Christa gleichwohl den Entschluß, im Verlaufe der folgenden Liebesnacht im besonderem Maße dafür Sorge zu tragen, daß ihr die ständige unmittelbare Kontrolle über ihren Körper und ihren Geist nicht genommen werden konnte, denn es war unbestreitbar, daß Jonathan – ebenso wie sie selbst – über

Fähigkeiten verfügte, die nur den Wenigsten unter ihren Mitmenschen gegeben waren. Bald nach der gemeinsamen Rückkehr in sein Haus bat Jonathan Christa, ihn für eine Stunde zu entschuldigen, da er hinsichtlich des weiteren Verlaufs des Abends noch einige Vorbereitungen zu treffen habe und stellte ihr anheim, sein Haus nunmehr auch als das ihrige zu betrachten – Christa dankte ihm dieses schmeichelhafte Anerbieten mit einer liebevollen und zugleich besitzergreifenden Umarmung, die Jonathan beantwortete, indem er Christa küßte, wobei er sanft ihre Taille und ihre Hüften umfaßte.

Christa zog Jonathan – von Strömen eines glühenden und unaufhaltsam auf eine Erfüllung hin drängenden Begehrens durchflossen – sanft an sich, wobei sie ihn jedoch zugleich ein weiteres Mal die große Kraft verspüren ließ, die ihr innewohnte. Jonathan erkannte, daß Christas machtvolles Selbst abermals in einer Weise in ihn eindrang und von ihm Besitz ergriff, die er einerseits als in kaum beschreiblichem Maße beglückend, andererseits aber auch als zutiefst erschreckend und beängstigend empfand. Jonathan wußte, daß es Christa nicht sonderlich schwerfiel, auch von der Seele eines psychisch weitgehend gefestigten Mannes in relativ kurzer Zeit Besitz zu ergreifen; obwohl er die Gefahr, in der er schwebte, deutlich erkannte, fiel es Jonathan jedoch sehr schwer, der Versuchung, sich Christa vorbehaltlos hinzugeben, zu widerstehen. Jonathan war – ebenso wie Christa und Sarah – stets bemüht, sich eine weitest mögliche Kontrolle über seine Handlungen zu erhalten, was ihm im wesentlichen auch gelang; dessenungeachtet war es nunmehr jedoch sein tiefempfundener Wunsch, Christa in allen Facetten ihres Seins kennenzulernen.

Jonathan sah ein, daß jener Wunsch nur zu erfüllen war, wenn er Christa – für eine gewisse Zeit – begrenzten Besitz von seiner Psyche ergreifen ließ; er hoffte, daß es ihm gelingen würde, den machtvollen Einfluß, den Christa auf seine Seele zu nehmen trachtete, durch seine eigenen geistigen Kräfte in ausreichendem Maße zu begrenzen. Indem er Christas Aura auf sich einwirken ließ, ging Jonathan nichtsdestoweniger ein erhebliches Risiko ein, denn es war ihm nicht möglich, das tatsächliche Ausmaß ihrer Macht abzuschätzen; schließlich überwog jedoch der tiefempfundene Wunsch, eine allumfassende Vereinigung mit Christa zu erleben, Jonathans Bedenken. Er zog Christa nun seinerseits liebevoll und zugleich verlangend an sich, um die Berührung ihres energiedurchflossenen Körpers mit noch größerer Intensität zu verspüren, woraus Christa schloß, daß Jonathan jetzt willens war, sich ihr voll und ganz hinzugeben.

Christa ließ ihren weichen, sandfarbenen Pelz, der noch immer sanft schwingend ihren Körper umhüllte, von ihren Schultern herab und auf eine hinter ihr stehende Couch gleiten, wonach sie Jonathan erneut ihre ungeteilte Aufmerksamkeit zuwandte. Ihn eingehend betrachtend, bemerkte Christa, daß sich Jonathan nun einerseits innerlich gegen eine „drohende" Vereinnahmung wappnete, die er andererseits jedoch auch sehnlichst herbeiwünschte! Jonathan nahm in Christas Welt zu jener Zeit bereits einen besonderen Platz ein, denn sie hatte erkannt, daß er ihrem Wesen – im Vergleich zur Mehrzahl ihrer Bekannten – in noch weitergehender Weise gerecht wurde. Er war innerhalb ihres engeren Verehrerkreises, in den sie stets nur Menschen von besonderer Charakter- und Geistesbildung aufnahm, der erste und einzige Mann, in dessen Seele sie tatsächlich verwandte Züge entdeckte. Aus diesem Grunde hielt Christa einen Versuch, sich Jonathan – entsprechend ihrer sonstigen Gewohnheit – durch einen sofortigen Einsatz eines Großteils der ihr gegebenen Fähigkeiten zu eigen zu machen, für ebenso aussichtslos wie unangebracht.

Christa nahm ihren herabgeglittenen Pelz wieder auf, um sich von Jonathan in sein weiträumiges Wohnzimmer führen zu lassen, das durch einige abgeschirmte Wandlampen und die Flammen des Kamins in warmes Licht getaucht wurde, während hinter den großflächigen Terrassenfenstern bereits die Schwärze einer ländlichen Nacht stand; hier breitete sie ihren kostbaren Pelz sorgsam über einen Sessel, wonach sie sich gemeinsam mit Jonathan auf der besonders bequemen Couch niederließ, auf welcher sie bereits die vorhergehende Nacht unter recht angenehmen Bedingungen verbracht hatte. Christa wandte sich – mit einer Hand sanft durch ihr weich fallendes, schulterlanges Haar streichend – Jonathan zu, der sie zuneigungsvoll betrachtete und ließ ihren Blick auf seinem

Gesicht ruhen. Die unergründlich erscheinende Dunkelheit ihrer weit geöffneten Pupillen rief auch in Jonathan – sowie zuvor in Edward – ein Schwindelgefühl wach, dessen Intensität ihn ungeachtet der Tatsache, daß es ihm im Verlaufe seiner Bekanntschaft mit Christa bereits vertraut geworden war, beunruhigte!

An Jonathan das Eintreten jener bewußt herbeigeführten Reaktion bemerkend, umfaßte Christa in sanfter, zugleich aber auch die ihr eigenen Energien verspüren lassender Weise seine Hand; nachdem er ihre liebevolle, ihn aber auch zutiefst erregende Berührung für einen langen Augenblick genossen hatte, ergriff Jonathan seinerseits Christas Hand, um die Linien ihrer Innenfläche zu betrachten und sie schließlich behutsam zu küssen. Jonathans sanfte Zärtlichkeiten bequem zurückgelehnt genießend, nahm Christa in sich eine tiefe, wohltuende Entspannung wahr, die zunehmend von ihr Besitz ergriff und sie zu ihrer eigenen leichten Irritation unterschwellig dazu drängte, Jonathan im Verlauf der nun folgenden Geschehnisse – im Widerspruch zu ihren Grundsätzen und bisherigen Gewohnheiten – einen relativ großen, wenn auch keineswegs den größeren Anteil der Initiative zu überlassen!

Die Feststellung, daß Christa seine Zärtlichkeiten mit einer sichtlichen Entspannung und einer für sie untypischen, begrenzten Hingebungsbereitschaft beantwortete, erfreute Jonathan verständlicherweise in nicht geringem Maß, denn er hatte sie bis zu jenem Zeitpunkt fast nur als überaus selbstbestimmte Frau erlebt, die jedem vermuteten oder tatsächlichen äußeren Beeinflussungsversuch ausgesprochen mißtrauisch gegenüberstand. Wenngleich er selbstbestimmte und unabhängige Frauen sehr zu schätzen wußte – wohingegen ihm die passiveren und anlehnungsbedürftigeren unter Christas Geschlechtsgenossinnen oft als weitaus weniger verlockend und reizvoll erschienen waren – hatte er Christas Wesen bisweilen doch als ein wenig zu bestimmend und vereinnahmend empfunden.

Obwohl Jonathan den Umgang mit einer seelisch, geistig und charakterlich nahe verwandten Partnerin als überaus erstrebenswert ansah und die kunstvoll ausgeführten mentalen Kämpfe, zu denen ihn Christa im Verlaufe ihrer Begegnungen häufig herausforderte, durchaus genoß, hatte Jonathan in ihrer Nähe oft eine gewisse unangenehme Anspannung seiner Psyche bemerkt, welche ihn an der Dauerhaftigkeit einer ansonsten wünschenswerten und vielversprechenden engeren Verbindung zweifeln ließ. Christa wußte um Jonathans latenten Bindungswunsch wie auch um sein gelegentliches psychisches Ungleichgewicht, das sie – ohne sich dessen bewußt zu sein – in ihm entstehen ließ, um sein Bindungsbedürfnis – das ihr keineswegs verborgen geblieben war – in engen, für sie akzeptablen Grenzen zu halten.

Sich mit zuneigungsvollem Respekt – und ihre diesbezüglichen verborgenen Wünsche sicher erspürend – um Christa bemühend, bemerkte Jonathan, daß sie die Intensität ihrer mentalen Abwehr unbewußt reduzierte, um ihrer vollkommenen körperlichen Entspannung – denn sie hatte sich mittlerweile abermals in behaglichster Weise auf der bequemen Couch eingerichtet – auch eine weitgehende Entspannung ihres Geistes folgen zu lassen. Den dicht neben ihr auf dem Couchrand sitzenden Jonathan mit aufmerksamer Freundlichkeit betrachtend und seine behutsamen Zuneigungsbeweise genießend, nahm Christa in sich die allmähliche Ausbreitung einer zunehmend tieferen Zufriedenheit sowie den ihr suspekten Wunsch, den Dingen ihren – zugegebenermaßen recht angenehmen – wenig beeinflußten Lauf zu lassen, wahr.

In Christa jene zunehmend von ihr Besitz ergreifende und ihm im Umgang mit ihr bisher noch unvertraute, tiefgreifende Ruhe bemerkend, empfand Jonathan eine Regung sanften Triumphes, denn er war sich nahezu gewiß, daß es bis zu diesem Abend noch nie jemandem gelungen war, Christa in denjenigen Gemütszustand zu versetzen, in welchem sie sich nun befand – er nahm allerdings auch an, daß sie spätestens im Verlauf des folgenden Tages zu ihrer bisherigen Gemütsverfassung zurückfinden würde. Aus diesem Grunde beschloß er, die sich ihm nun bietende und äußerst seltene, möglicherweise aber auch niemals wiederkehrende Chance mit der gebotenen äußersten Behutsamkeit für sich zu nutzen, denn er wußte, daß selbst ein scheinbar geringer Fehler seinerseits Christas momentane Stimmung in kürzester Zeit umschlagen lassen konnte.

Denjenigen Teil ihres Wesens, der ihr momentanes Verhalten als beschämenden Verfall in ein zutiefst verachtenswertes weibliches Rollenbild verurteilte, in den abgelegensten Bereich ihres Bewußtseins verweisend, überließ sich Christa nun vorbehaltlos den warmen Strömen des allumfassenden Wohlgefühls, welches ihr durch Jonathans tiefempfundene, achtungsvolle Zuneigung bereitet wurde. Jonathan fand in der Art und Weise, in der sich Christa ihm jetzt öffnete, eine kaum zu erwartende, überreiche Erfüllung der Hoffnungen, die er in diesen Abend gesetzt hatte; Jonathans nunmehrige Seelenverfassung analysierend, empfand Christa ihrerseits eine tiefe Zufriedenheit mit sich und ihrer Handlungsweise, was sich in einer abermaligen Intensivierung ihres Wohlgefühls niederschlug. Nachdem sie jenes angenehm entspannende und in beruhigender Weise von Jonathans Einfühlungsvermögen zeugende Vorspiel ausgiebig genossen hatte, setzte sich Christa – durch die soeben erlebte tiefgreifende Entspannung mit einer ebenfalls durchaus angenehmen warmen Schläfrigkeit erfüllt – langsam auf, um sich zu entkleiden.

Allmählich wieder einen Teil der Initiative an sich ziehend, ließ sich Christa von Jonathan, der sich ihrem Beispiel folgend inzwischen ebenfalls entkleidet hatte, ihren weiten, sandfarbenen Pelz reichen, mit dem sie sich – nachdem sie zufrieden seufzend in die Liegeposition zurückgekehrt war – bedeckte, wobei sie den neben ihr auf der bequemen, breiten Couch verbleibenden Platz mit einer einladenden Geste freihielt, indem sie ihren Pelz dort einer kostbaren Bettdecke gleich zurückschlug – eine Aufforderung der Jonathan ohne Zögern nachkam!

* * * * *

Christa und Jonathan verbrachten miteinander eine ebenso angenehme wie erlebnisreiche Nacht, wobei der nächtliche Regensturm, der im Kaminschacht an- und abschwellend heulte, Christas gehobener Stimmung ebenso förderlich war wie das Kaminfeuer selbst, welches im ansonsten abgedunkelten, weiträumigen Wohnzimmer eine kleine Insel warmen Lichtes entstehen ließ. Der ohnehin recht kräftige Sturm gewann im Laufe der zweiten Nachthälfte noch an Kraft und bescherte Christa daher einen besonders tiefen, sehr erholsamen und bis weit in die Mittagszeit hinein währenden Schlaf, der ihr diejenigen Energien zurückbrachte, welche sie in den vorhergehenden Stunden in wieder zunehmendem Maß unter großem, beiderseitigem Genuß auf Jonathan verwandt hatte.

Das langanhaltende Unwetter hatte Jonathan nach den eindrucksvollen Erlebnissen der ersten Nachtstunden gleichfalls einen recht späten, aber auch sehr erholsamen und ausgiebigen Schlaf beschert, aus dem er ebenso wie Christa erst in der Mittagszeit erwachte. Nachdem er die noch neben ihm ruhende Christa – welcher die Entspannung des Schlafes wie so oft eine beinahe noch vollkommenere Schönheit zu verleihen schien – für einige Augenblicke von Dankbarkeit und Zufriedenheit erfüllt betrachtet hatte, erhob sich Jonathan so behutsam wie es ihm möglich war und trat, in eine weiche Couchdecke gehüllt, an eines der breiten Terrassenfenster, um einen Blick in seinen Garten zu werfen, über dessen durchtränkten Rasenflächen als Nachboten der schweren, mehrstündigen Regenfälle dichte Dunstschwaden standen.

Sich vom Anblick seines durch den nächtlichen Regen sichtlich erfrischten Gartens nach einigen Sekunden wieder abwendend, ging Jonathan in sein benachbartes, luxuriöses Schlafzimmer hinüber, von dem aus er – nun mit einem warmen, braunsamtenen Hausmantel bekleidet – auf die Terrasse hinaustrat, um in der frischen, sauberen, aber auch noch ein wenig böigen Regenluft unter dem Schutz des vorgezogenen Daches einige Schritte zu tun, die den Schlaf aus seinem Körper vertreiben sollten; hiernach wandte sich Jonathan seiner Küche zu, um das zeitlich verlegte Frühstück zuzubereiten. Er beabsichtigte, Christa jenes Frühstück an ihrem Schlafplatz zu servieren – ein Vorhaben, das jedoch zunächst durch Christa selbst vereitelt zu werden schien: Sie war bereits während Jonathans Terrassenspaziergang erwacht und betrat seine Küche – nun wieder mit ihrem edlen, sandfarbenen Pelz bekleidet – just in dem Augenblick, in welchem Jonathan das Frühstückstablett auf einen Teewagen plazierte, um es zu ihr zu bringen.

Christa empfand den Gedanken an ein zu zweit vor dem Kamin eingenommenes Frühstück zu Jonathans Freude dennoch als durchaus reizvoll; zunächst ließ sie sich jedoch von ihm in die komfortable Gästewohnung hinaufgeleiten, die im großzügig ausgebauten Dachgeschoß ihren Platz hatte. In deren Schlafzimmer angelangt, vertauschte Christa ihren Pelz gegen einen eleganten und sehr bequemen, bodenlangen Stepphausmantel, der aus honigfarbener Seide bestand; Dieser warme Seidenmantel zählte zu ihren bevorzugten Morgengewändern, denn sie drohte nach dem Verlassen ihres Bettes zuweilen in unangenehmer Weise zu frösteln – in diesen Momenten wußte sie die schmeichelnde Umhüllung des honigfarben schimmernden Seidenmantels ebenso wie das sanfte Streicheln, das die Seide ihrer Haut bei jeder Bewegung gewährte, sehr zu schätzen.

Die Bewunderung, die auch dieses luxuriöse und geschmackvolle Gewand bei Jonathan hervorrief, befriedigt genießend, ließ sich Christa nun wieder in sein Wohnzimmer hinabführen, wobei der hintere Saum ihres seidenen Steppmantels einer kurzen Schleppe gleich über die Treppenstufen glitt. Nachdem er Christa zu dem Ort ihrer gemeinsamen Liebesnacht zurückgeführt hatte, ging Jonathan nochmals in die Küche, um das dort bereitstehende Frühstück ins Wohnzimmer herüberzufahren, das außerhalb des Lichtkreises des Kamins nach wie vor nur von trübem Tageslicht und einigen abgeschirmten Wandlampen erhellt wurde. Jonathan kannte Christas kulinarische Vorlieben zu jener Zeit bereits recht gut, weshalb er – wie schon am vorhergehenden Tage – ein Frühstück zusammengestellt hatte, das eher als leichteres und sehr wohlschmeckendes Mittagsmahl zu bezeichnen gewesen wäre; Jonathan war hierbei jedoch keineswegs genötigt, seine persönlichen Bedürfnisse zurückzustellen, denn er empfand die herkömmliche deutsche oder britische Morgenmahlzeit ebenfalls als vergleichsweise karg und wenig ansprechend.

Obwohl Christa den Aufenthalt in Jonathans Haus und die dort mit ihm verbrachte Zeit als durchaus angenehm empfand, erhob sich in ihrem Geist während des ausgedehnten, gemeinsamen Frühstücks eine zunächst nur leise Stimme, die sie mit jedoch allmählich zunehmender Deutlichkeit vor einer Stimmung beinahe einschläfernden Wohlseins warnte, die sich ihrer zu bemächtigen drohte und nur durch eine baldige Rückfahrt nach London sicher abzuwenden war. Jonathan, dessen psychisches Wahrnehmungsvermögen dem ihren geradezu ebenbürtig war, bemerkte Christas warnende innere Stimme ebenfalls und er wußte, daß sie ihn noch an diesem Tage verlassen würde, um ihn höchstwahrscheinlich erst wieder im Rahmen ihrer nächsten Englandreise in Chesham zu besuchen. Ihren Stimmungsumschwung einerseits bedauernd, empfand Jonathan andererseits auch Bewunderung für Christas ausgeprägtes Selbstbestimmungsbedürfnis, das in gleichem Maße einen Grundzug seines eigenen Charakters bildete; gleichwohl faßte Jonathan Christas bevorstehende Abreise als persönliches Versagen auf, denn er hatte sein Bestes getan, um sie zu einer Verlängerung ihres Besuches zu bewegen.

Christa blieben Jonathans leicht zu begreifende Gefühle der Enttäuschung und einer gewissen Trauer gleichfalls nicht verborgen, weshalb sie ihn nun nochmals sanft an sich heranzog und sich für einige Minuten in einer Weise, die er als sehr beglückend empfand, zuneigungsvoll um ihn bemühte; nachdem jene Bemühungen die erhofften Wirkungen gezeitigt hatten, ließ sich Christa ein vorerst letztes Mal in die Gästewohnung hinaufführen, um dort ihre Rückfahrt nach London vorzubereiten. Bevor Christa schließlich in ihrem bereitstehenden schwarzen Jaguar Platz nahm, drückte sie Jonathan Abschied nehmend noch einmal in der ihr eigenen und gleichermaßen genußvollen wie besitzergreifenden Art und Weise an sich, um nach einem letzen, intensiven Kuß und einem sanften Berühren seiner leicht ergrauten Schläfen die Rückreise nach London anzutreten, wo sie von Edward schon voller Ungeduld erwartet wurde.

Sarah hatte ihren Gatten nach ihrer Rückkehr aus Ramsbury in einer ihr unangenehmen Weise verändert vorgefunden und sie wußte, daß diese Veränderung im wesentlichen Christa von Drostenburgs Einfluß zuzuschreiben war. Obwohl er ihr gegenüber noch keinen wirklich gefestigten Stand hatte, gelang es Sarah nicht mehr, Edward auf dem ihr seit Jahren vertrauten Wege der psychischen Gewalt ihren Willen aufzuzwingen, denn er leistete hiergegen einen zwar noch vergleichsweise zaghaften, aber dennoch spürbaren Widerstand, der Sarahs Zorn rasch wachsen ließ. Obwohl er Sarahs eisigen Zorn mehr als alles andere fürchtete, gelang es Edward, ihr – wenn auch bis in sein tiefstes Inneres verängstigt – standzuhalten, denn er spürte in sich bereits einen ersten kleinen Teil der großen seelischen Kraft, die er von Christa im Verlaufe ihrer Begegnungen erhalten sollte. Die Annahme, daß es ihr unmöglich sein würde, sich gegenüber Christa von Drostenburg in einer zufriedenstellenden Weise Genugtuung zu verschaffen, bereitete Sarah peinigende körperliche Schmerzen; sie ahnte noch nicht, daß sich ihr in der kleinen, hoteleigenen Sportanlage bereits am nächsten Tage eine Gelegenheit zur Revanche bieten würde.

Christa hatte für ihre Rückreise nach London auf Jonathans Rat eine abseits der Schnellstraßen gelegene und sichtlich weniger genutzte, aber dennoch hinreichend ausgeschilderte Nebenroute gewählt, so daß sie Kensington nach einer weitestgehend ruhigen und landschaftlich zunächst reizvollen Fahrt erst am späten Nachmittag bei mittlerweile wieder sommerlichem Wetter erreichte. Die Hotelhalle durchquerend, bemerkte Christa Sarah, die ihr von der Rezeption her einen Blick zuwarf, der einen gegen Christa gerichteten und nur von ihr selbst wahrzunehmenden, tiefempfundenen Haß erkennen ließ; Christa beantwortete Sarahs Blick mit einem kurzen Lächeln, das zu gleichen Teilen sowohl Triumph, als auch tiefes Verständnis ausdrückte und betrat dann einen wartenden Fahrstuhl, der sie zu ihrem Penthaus hinauftrug.

Im Schlafzimmer des Penthauses angelangt, bekleidete sich Christa zunächst mit einem ebenso bequemen wie eleganten Hausanzug aus cremefarbener Seide, um sich anschließend auf dem elektrisch verstellbaren, braunseidenen Bett einzurichten, auf welchem sie sich mit Hilfe der Fernbedienung in eine angenehme, halb sitzende Position brachte, in der sie Edward – entspannender klassischer Musik lauschend – zu erwarten gedachte, denn sie war sich gewiß, daß ihm ihre Rückkehr nicht allzu lange verborgen bleiben würde! Tatsächlich nahm Christa an ihrer Schlafzimmertür bereits nach einer Viertelstunde ein verhaltenes Klopfen wahr, aus dem sie schloß, daß Edward um Einlaß bat, den sie ihm gern gewährte. Der Anblick der entspannt und elegant gekleidet auf dem seidenen Bett ruhenden Christa versetzte Edward zu Christas stillem Amüsement in erhebliche Erregung, die er zu seiner eigenen Beschämung kaum zu verhehlen wußte.

Christa empfand angesichts seiner offenbar wieder hervorgebrochenen Nervosität und Unsicherheit auch eine gewisse Rührung, weshalb sie Edward nun durch eine auffordernde Geste und einen ermutigenden Blick zu sich auf den Bettrand holte. Christa erkannte, daß die Energien, die sie ihm während ihres letzten Beisammenseins mit auf seinen Weg gegeben hatte, im harten Kampf mit Sarah bereits aufgebraucht worden waren, weshalb Edward nun abermals ihrer Hilfe bedurfte, die sie ihm nicht ungern gab, denn sie empfand die Rolle des „rettenden Engels", die ihr im Umgang mit ihm zufiel, als durchaus schmeichelhaft. Christa legte Edward in zuneigungsvollem Ton nahe, sich seiner Schuhe sowie seines Jacketts zu entledigen und neben ihr auf dem bequemen, breiten Seidenbett Platz zu nehmen – eine Einladung, der er nur allzu gern Folge leistete; hiernach reichte sie ihm ein kunstvoll geformtes Glas, das sie in weiser Voraussicht mit einem rasch und in angenehmer Weise beruhigenden alkoholischen Getränk gefüllt und in Griffweite auf eine Bettkonsole gestellt hatte.

Nachdem sie an ihm die einsetzende wohltuende Wirkung des Getränks bemerkt und das Glas wieder auf die Konsole zurückgestellt hatte, legte Christa leicht einen Arm auf Edwards Schultern, der dicht an sie herangerückt war, um ihrem ermutigenden Zuspruch zu lauschen und zugleich die belebende Wärme ihres entspannten und dennoch energieerfüllten Körpers durch die weiche, cremefarbene Seide ihres Hausanzugs hindurch in sich aufzunehmen, wodurch sich seine

Verfassung merklich stabilisierte! Christa bemerkte, daß Edward ihre Taille zu umfassen suchte, woraus sie schloß, daß auch sein Tatendrang nun wieder zum Leben erwachte. Da Christa jedoch beschlossen hatte, die folgende Stunde einer abermaligen tiefgehenden Untersuchung und weiteren Stärkung seiner bisher nur ansatzweise gefestigten Psyche zu widmen, zog sie Edward nun in sanfter aber auch bestimmender Weise an sich, wobei sie ihn spüren ließ, daß sie seine Zuneigungsbeweise zu einem anderen Zeitpunkt gerne empfangen würde, wohingegen jetzt einer psychischen Kontaktaufnahme Vorrang vor einer physischen Vereinigung zu geben sei.

Edward erkannte, daß Christa nun in einer Weise, die ihm nicht mehr unbekannt, aber nach wie vor unbegreiflich war und ihn einerseits ängstigte, andererseits aber auch erregte, von seinem Geist in rasch zunehmender und schließlich nahezu vollständiger Weise Besitz ergriff. Christa bemerkte, daß ihr Edwards Seele während jener geistigen Einvernahme einen noch schwachen Widerstand entgegenzusetzen versuchte, der ihr im Umgang mit Edward unvertraut war und ihr abermals bestätigte, daß die stabilisierende Seelentherapie, die sie ihm angedeihen ließ, bereits die beabsichtigten Wirkungen zu zeitigen begann. Edwards schwacher Widerstand konnte dennoch nicht verhindern, daß sich Christa – sowie es bei jeder vorhergehenden intimen Begegnung mit Edward geschehen war – mit sanfter, aber jedes Hemmnis einer auflaufenden Meeresflut gleich überwindender Gewalt seines Seins bemächtigte, was zur Folge hatte, daß sich seine eigenständige psychische Existenz beinahe unwiederbringlich in Christas Sein verlor.

Christa wußte durchaus, daß sie Gefahr lief, Edward ein von ihrem Dasein unabhängiges Leben unmöglich zu machen, obwohl es ihr ursprünglicher Wunsch gewesen war, sein Ich zu stärken; es gelang Christa zunächst jedoch nicht, ihr ausgeprägtes Beherrschungsbedürfnis zu unterdrücken, das ihr befahl, Edwards seelische Instabilität in einer Weise auszunutzen, die sie wenig später selbst als überaus schändlich empfinden sollte; Edward zog aus jener geistigen Vereinnahmung, die tatsächlich eine ganze Stunde währte, andererseits aber auch einen nicht unerheblichen Nutzen, da ihm in deren Verlauf abermals ein Teil der psychischen Kraft Christas zufloß, die es ihm nach einigen weiteren intimen Begegnungen mit Christa im Laufe der Zeit ermöglichen würde, sich einen in nennenswertem Maß gefestigten Stand im Leben zu verschaffen. Nachdem sie sich geistig wieder aus ihm zurückgezogen hatte, mußte Christa jedoch zunächst feststellen, daß sich Edward nun in einem Zustand tiefster Erschöpfung befand, wodurch in ihr erste Schuldgefühle geweckt wurden! Innerhalb der jetzt folgenden halben Stunde bemühte sich Christa – von ihren zunehmenden Schuldgefühlen geplagt – noch einmal sehr behutsam und liebevoll um Edward, der das Penthaus schließlich wieder leidlich gefestigt verließ.

Nachdem sie Edward verabschiedet hatte, gab sich Christa nochmals für einige Zeit der wohltuenden Bequemlichkeit des seidenen Bettes hin, wobei sie sich mühte, ihren Geist von einer mahnenden Stimme zu befreien, die sie darauf hinwies, daß sie Edwards Seele in dem Bedürfnis, ihre Beherrschungssucht zu befriedigen, beinahe einen dauerhaften, schweren Schaden zugefügt hätte; Da es ihr selbst mit Hilfe einer speziellen Entspannungsübung, die sie vor Jahren eigens entwickelt und stetig vervollkommnet hatte, nicht gelang, jene mahnende Stimme vollends verstummen zu lassen, faßte Christa schließlich den Beschluß, den verbleibenden späten Nachmittag für einen Rundgang durch eine der elegantesten Einkaufsgegenden Londons zu nutzen, weshalb sie sich nun erhob, um ihr bequemes, cremefarbenes Hausgewand gegen einen nicht minder bequemen, eleganten Hosenanzug aus bordeauxroter Seide zu vertauschen und – nachdem sie ihr Erscheinungsbild noch mit einer entsprechenden edlen und dennoch geräumigen Umhängetasche vervollständigt hatte – schließlich in die Tiefgarage des Hotels hinabzufahren.

In der Londoner Innenstadt angekommen, begegnete Christa unverhofft Jonathan; sein Angebot, sie während ihres Schaufensterbummels zu begleiten, nahm Christa mit Vergnügen an, denn sie wußte, daß Jonathan in modischen Dingen bezüglich beider Geschlechter einen sicheren, gehobenen Geschmack besaß. In einem Geschäft, das luxuriöse Haus- und Abendmoden anbot, erwarb Christa unter anderem einen beinahe bodenlangen, weiten Abendmantel aus cremefarbener Seide, der mit einem gleichfarbigen, weichen Pelz gefüttert und umsäumt war, aus welchem auch der breite, überhängende Kragen bestand; der Rückenteil des Seidenmantels wies als ergänzenden Schmuck ein dezentes Palmenmuster aus kleinen Kunstdiamanten auf. Obwohl an jenem Nachmittag sommerliche Temperaturen herrschten, legte Christa ihr neues Gewand vor dem Verlassen des klimatisierten Geschäftes nur ungern wieder ab, denn sie empfand die Weise, in welcher der pelzgefütterte und –umsäumte Seidenmantel ihren Körper umhüllte, als außergewöhnlich angenehm und wohlseinsfördernd.

Nachdem sie sich – wenn auch widerwillig – den klimatischen Gegebenheiten des Sommers gefügt hatte, ließ sich Christa von Jonathan in jenes im englischen Landhausstil eingerichtete exklusive Restaurant einladen, welches sie bereits zu Beginn ihres Londonaufenthaltes kennengelernt und in guter Erinnerung behalten hatte. Obwohl man hier abermals sehr um ihr leibliches Wohlbefinden bemüht war, mußte Christa feststellen, daß Jonathans Kochkünste diejenigen des Restaurantkoches in einem zwar verhältnismäßig geringen, aber dennoch wahrnehmbaren Grade übertrafen – eine Erkenntnis, die Jonathan verständlicherweise als schmeichelhaft empfand! Das Restaurant im Lichte der bereits anklingenden Abenddämmerung verlassend, erwog Christa zunächst, Jonathan mit sich in ihr Penthaus zu nehmen – ein Gedanke den sie jedoch nach einem kurzen Augenblick von einem leise schmerzenden Bedauern erfüllt wieder aufgab, da sie die Wahrscheinlichkeit eines Zusammentreffens mit Edward als zu hoch an sah.

Christa befürchtete zu recht, daß die Erfolge, die sie in ihrem Bemühen um Edwards geschwächte Psyche erzielt hatte, durch eine Begegnung Edwards mit ihr und Jonathan rasch zunichte gemacht, oder gar in ihr Gegenteil verkehrt werden konnten. Nachdem sie die vorangehend beschriebenen Gegebenheiten gegen ihre eigenen Bedürfnisse und Wünsche abgewogen hatte, kam Christa zu dem Ergebnis, daß ein Theaterbesuch eine Möglichkeit bieten würde, mit Jonathan einen zumindest in geistiger Hinsicht anregenden Abend zu verbringen. Jonathan bemühte sich zunächst, Christa zu einer abermaligen Fahrt nach Chesham zu bewegen – er mußte jedoch feststellen, daß die allzusehr verlockende und geradezu einschläfernde Behaglichkeit seines komfortablen Landdomizils in Christa ein nachhaltiges Mißtrauen gegen ihre eigenen, naturgegebenen und im Laufe der zurückliegenden Jahre nur scheinbar gänzlich überwundenen Schwächen wiedererweckt hatte.

Da Jonathan wußte, daß es nahezu unmöglich sein würde, Christa in der gegebenen Situation zu einer Meinungsänderung zu bewegen, stimmte er ihrer Entscheidung, die folgenden Abendstunden dem Kunstgenuß zu widmen, letztendlich zu; Darüber hinaus erwies sich nun, daß er nicht nur auf dem Gebiete des Antiquitätenhandels und der Malerei, sondern auch hinsichtlich der Schauspielkunst bemerkenswerte Kenntnisse besaß und über das Geschehen an den bedeutsameren Theatern der britischen Hauptstadt recht gut informiert war. Nach einer kurzen Diskussion einigten sich Christa und Jonathan auf ein niveauvoll unterhaltendes und in angenehm gemäßigter Form gesellschaftskritisches Stück eines neuzeitlichen Autors, dessen Aufführung sie in einer hochgelegenen Loge des National Theatre beiwohnten, in welcher sie während der dreistündigen Vorstellung ungestört blieben.
Beschlossen wurde der gemeinsam und – nach der Überwindung anfänglicher Interessenkonflikte – in sehr angenehmer Weise verbrachte Abend in der intimen Atmosphäre eines kleinen Restaurantschiffes mit gehobener Küche, das die Themse von einer Anlegestelle auf der Höhe des Globe Theatre ausgehend zwischen Chelsea und Greenwich mit geringer Geschwindigkeit befuhr, währenddessen sich interessante Ausblicke auf die flußnahen historischen Gebäude Londons ergaben.

Die Eingangstür ihres Penthauses von innen verschließend, bemerkte Christa in sich das Aufkommen desjenigen Entspannungsgefühles, welches das Ende eines in befriedigender Weise genutzten Tages mit sich bringt, woraufhin sie den Entschluß faßte, bald zu Bett zu gehen und den Abend mit einem guten Film und einem kleinen Nachtmahl ausklingen zu lassen. Nachdem sie ihre Kleider abgelegt hatte, hüllte sich Christa nochmals in ihren neuen seidenen Abendmantel und betrachtete sich im großen Ankleidespiegel, wobei sie sich genußvoll wand und drehte, um das Streicheln des weichen, cremefarbenen Pelzes, der ihren Körper nahezu vollständig umhüllte, in sich aufzunehmen. Christa nahm Edwards fragendes Klopfen in einem Augenblick besonderen Genusses wahr, weshalb sie nur langsam und von einem gewissen Unwillen erfüllt zur Eingangstür schritt, um ihn hereinzulassen; die ehrfurchtsvolle Bewunderung, die Edward ihrer Person und ihrer außergewöhnlich eleganten und luxuriösen Bekleidung entgegenbrachte, ließ Christas leichte Verärgerung jedoch rasch schwinden!

Edward zeigte Anzeichen einer psychischen Entkräftung, als deren Ursache Christa zu recht eine Auseinandersetzung mit Sarah vermutete: indem er sie verließ, um den bereits fortgeschrittenen Abend mit Christa zu verbringen, hatte Edward seiner Frau – unter mühevoller Überwindung tief verankerter Ängste – offenen Widerstand geleistet, den Sarah angesichts der Tatsache, daß sie Edward mit vertretbaren Mitteln nicht an der Ausführung seines Vorhabens hindern konnte, mit einem überaus heftigen Zornesausbruch beantwortete, dem er sich nur durch die Flucht aus der innerhalb des Hotels gelegenen, gemeinsamen Wohnung zu entziehen wußte. Christa umfaßte nun mit einem sanften, warmen Druck Edwards Hand und brachte ihn verheißungsvoll lächelnd in ihr Schlafzimmer; vor dem bereits aufgeschlagenen braunseidenen Bett angelangt, zog sie Edward – seine Schultern liebevoll und verlangend zugleich umfassend – nah an sich heran und führte seine Hand unter ihren Seidenmantel.

Die Feststellung, daß Christa lediglich mit ihrem edlen Hausgewand bekleidet war, erregte Edward – dessen Hand, auf ihrer Haut und in dem weichen Pelzfutter ihres Seidenmantels ruhend, von Christa sanft aber bestimmend festgehalten wurde – so sehr, daß er seine Hemmungen in einer von ihr erhofften Weise schließlich von sich warf und sie aus eigener Initiative heraus zu ihrem Bett geleitete, worin Christa den Ausdruck eines bedeutenden Erfolges ihrer Bemühungen um Edward sah!

* * * * *

Die Geschehnisse der Nacht hatten Edwards Psyche nachhaltig und im erheblichem Maße gefestigt, so daß ihn der kalte Haß, der ihm am folgenden Vormittag bei seiner Rückkehr zu Sarah entgegenschlug, kaum berührte, weshalb sie – zu seiner äußersten Verwunderung und angenehmsten Überraschung – nach relativ kurzer Zeit von Edward abließ, um diejenigen Energien, die sie zunächst auf die Äußerung ihres Hasses gegen ihn verwendet hatte, in einer anderen, effektiveren Weise zu nutzen; dahingegen nahm die ausgeprägte Abneigung, die Sarah gegen Christa – in der sie die Ursache für Edwards Charakterwandel erkannt hatte – weiterhin zu. Christas tiefer und – infolge der angenehm belebenden Geschehnisse der vergangenen Nacht – sehr wohltuender und entspannender Schlaf fand in den späten Vormittagsstunden dank des milden Dämmerlichtes, daß durch die Schlitze der herabgelassenen Jalousien in die Räume des Penthauses drang, ein sanftes Ende:

Nachdem sie – zufrieden seufzend die schmeichelnde Umhüllung des warmen, seidenen Bettes auskostend – langsam in das Wachsein zurückgekehrt war, ließ Christa ihre beglückende physische und psychische Vereinigung mit Edward in ihrem Geiste wiederaufleben, wobei sie die tiefe Befriedigung, die sie während dieser Vereinigung verspürt hatte, ein weiteres Mal empfand; die hieraus erwachsende innere Ruhe ließ Christa im Halbdunkel des Penthauses nochmals den Weg in einen angenehmen, traumlosen Halbschlaf finden, aus dem sie nach einer Viertelstunde in einem Zustand tiefster Ausgeglichenheit wieder emporstieg. Bemüht, der verführerischen Bequemlichkeit des warmen, braunseidenen Bettes, das zum abermaligen Einschlafen verlockte, zu widerstehen, schaltete Christa nun die vergoldete Jugendstil–Leseleuchte ein, die auf der Seitenkonsole stand und zu Christas Erleichterung mit einem nachträglich in die Zuleitung eingefügten Helligkeitsregler versehen war.

Christa verbrachte noch einige weitere Minuten, indem sie – von einem Gefühl der Befriedigung erfüllt – im milden, goldenen Schein der Leselampe über die bereits vergangenen fünf Tage ihrer einwöchigen Englandreise nachsann und zog dann ihren bodenlangen, seidenen Stepphausmantel zu sich heran, der auf einem direkt neben ihrem Bett stehenden Sessel bereitlag. Christa richtete sich nun im Bett auf, wobei sie sich – soweit ihr dies möglich war – bereits in ihren warmen, honigfarbenen Seidenmorgenmantel hüllte, um dem unangenehmen Frösteln, welches sie andernfalls beim Verlassen des Bettes befallen hätte, zu entgehen und nahm dann einen Schluck eines wohlschmeckenden und belebenden Getränkes aus einem Champagnerglas, das neben der vergoldeten Jugendstil–Leselampe auf der Bettkonsole stand. Nachdem sie sich vollends in ihren umschmeichelnden Morgenmantel gehüllt und erhoben hatte, bestellte sich Christa zunächst telefonisch ihr Frühstück und öffnete dann die Jalousien, um – wie zu Beginn jedes Tages ihres Londonaufenthaltes – einen Blick auf das tief unter ihr liegende Städtekonglomerat zu werfen, wonach sie sich ins Badezimmer begab.

Durch ein ausgiebiges Duschbad angenehm belebt und erfrischt, nahm Christa – jetzt wieder mit ihrem cremefarbenen, seidenen Hausanzug bekleidet – nochmals im aufgedeckten Bett Platz, um – bequem gegen das angehobene Kopfteil gelehnt und ihre Beine auf der zurückgeschlagenen Bettdecke hochlagernd – ihr Frühstück zu genießen, das auch an diesem Tag eher einem kleinen, vorgezogenen Mittagsmahl entsprach. Nachdem sie ihr Frühstück beendet hatte, holte Christa eine Reisetasche hervor, die unter anderem ihre Tennisutensilien enthielt; sie betrieb das Tennisspiel – als einzige sportliche Betätigung, der sie nachging – annähernd regelmäßig und hierbei mit einer besonderen Gewandtheit, die ihr in ihrem heimischen Tennisclub den Ruf einer beinahe professionellen, oder doch zumindest sehr guten Amateurspielerin eingebracht hatte. Christa hatte durch Edward erfahren, daß Sarah das Tennisspiel ebenfalls auf einem recht hohen Niveau betrieb und den hoteleigenen Platz auch an jenem beginnenden Nachmittag in Anspruch nahm, weshalb sie sich nun mit einem eleganten, sandfarbenen Tennisgewand bekleidete und zum Erdgeschoß des Hotels hinabfuhr.

In der relativ kleinen, aber gut ausgestatteten Sportanlage des Hotels begegnete Christa bald Sarah, die ein gleichfalls elegantes, aber – ihrem Kleidergeschmack entsprechend – auch eine unleugbare Strenge zum Ausdruck bringendes, weißes Tenniskostüm trug und der sich nähernden Christa einen scharfen, prüfenden Blick zuwarf, auf den jene mit einem Ausdruck freundlichen Gleichmuts reagierte, während sie langsam auf Sarah zuging. Sarahs unausgeglichener Charakter spiegelte sich auch in ihrem außergewöhnlich aggressiven Spielstil wider, weshalb sie nur wenige Tennispartner fand, die sich nach einem ersten Spiel zu einer Wiederholung desselben bereit erklärten. Auch aus diesem Grund, vor allem aber in der Absicht, über Christa von Drostenburg – welcher es innerhalb weniger Tage gelungen war, das bereits vor zahlreichen Jahren planvoll angelegte Gefüge eines weitestgehend nach den Grundsätzen der Effizienz geführten Lebens in empfindlicher Weise zu stören – weitergehende Erkenntnisse zu gewinnen, ging Sarah – die wenige Minuten zuvor ein anderes Spiel erfolgreich beendet hatte – nach kurzem Überlegen schließlich auf Christas Vorschlag, ein Match gegen sie auszutragen, ein.

Sarah bemerkte bald, daß zu Christas Eigenschaften nicht nur ein elegantes Erscheinungsbild, ein sicherer Geschmack und ein ausgeprägtes Selbstbewußtsein, sondern auch ein gut ausgebildetes Reaktionsvermögen und die Fähigkeit zu raschem, vorausschauendem Denken gehörten. Dies äußerte sich darin, daß Christa nach einem anfänglichen, leichten Rückstand – der aus Sarahs unerwartet brutaler Spielweise resultierte – bald gleichzog und im Endergebnis ein Drittel der gespielten Sätze mit sichtlichem Abstand gewann. Obwohl Sarah von ihrer im Laufe zahlreicher Jahre erworbenen und vervollkommneten Fähigkeit, ihre Gefühlsregungen vor ihren Mitmenschen weitestgehend zu verbergen, auch in dieser Situation Gebrauch machte, nahm Christa in ihr sowohl eine Empfindung der Anerkennung, als auch eines tiefen Unbehagens wahr, das Sarah durch einen unüberwindbar erscheinenden, inneren Zwiespalt bereitet wurde.

Sarahs Zwiespalt bestand darin, daß sie in der willensstarken, selbstbestimmten und intelligenten Christa – die sie als Urheberin der „unerwünschten" Verhaltensänderungen Edwards einerseits in besonderem Maße haßte – andererseits einen charakterlich nahe verwandten Menschen gefunden hatte, der sein Leben unter Verwendung der ihm gegebenen Fähigkeiten im Gegensatz zu Sarah jedoch in beneidenswerter Weise zu genießen verstand. In Sarahs Geist regte sich jetzt eine über lange Zeit nahezu vollständig zum Schweigen gebrachte, mahnende Stimme, welche sie darauf hinwies, daß sie seit nunmehr zwei Jahrzehnten ein in beruflicher Hinsicht zwar bemerkenswert erfolgreiches, an ungetrübten, reinen Freuden jedoch sehr armes Leben führte, in dessen Verlauf sie die Befriedigungen ihrer Bedürfnisse im wesentlichen im Rahmen ihrer beruflichen Tätigkeit, und – im privaten Bereich – durch die Auslebung ihrer Beherrschungs- und Streitsucht erlangt hatte.

Christa nach dem Tennisspiel – das mit einem beiderseits in geradezu berufsmäßiger Weise erkämpften Gleichstand geendet hatte – unmittelbar gegenüberstehend, konnte sich Sarah einer tiefgreifenden Empfindung der Bewunderung für Christas Willensstärke und Leistungsfähigkeit nicht erwehren, die ihre Abneigung gegen Christa von Drostenburg in jenem Moment – in welchem sich beide Frauen mit einem Ausdruck der Anerkennung und eines darüber hinausgehenden, gegenseitigen Erkennens betrachteten – bereits in einem nicht mehr zu ignorierenden Maß überwog. Christa hegte für Sarah – in der sie bereits sehr früh eine Frau erkannt hatte, deren Verhalten durch einige auch ihr selbst gegebene und in grundsätzlicher Weise prägende Wesenszüge bestimmt wurde – wachsende Sympathien und sie bedauerte es, daß sich Sarah offensichtlich nicht darauf verstand, ihr Leben unter Nutzung ihrer nicht unbeträchtlichen Fähigkeiten in einem angemessenen Rahmen zu genießen;
Christa führte dieses Unvermögen zunächst auf eine sehr strenge Erziehung Sarahs zurück, innerhalb derer sie auf ein allzusehr rationalistisches Verhalten geprägt worden war – im Verlaufe ihrer späteren Begegnungen mit Sarah und Edward sollte Christa jedoch erfahren, daß Sarahs Aggressionstrieb tatsächlich einen ererbten und nur mühevoll zu überwindenden Teil ihrer Persönlichkeit bildete, der mehrheitlich auch das Verhalten ihrer direkten weiblichen Vorfahren geprägt hatte!

Christa und Sarah trennten sich schließlich mit einem Händedruck, der die gegenseitige Würdigung der erbrachten sportlichen Leistung und – darüber hinausgehend – die Anerkennung einer unbestreitbaren grundlegenden Wesensverwandtschaft zum Ausdruck brachte, die ungeachtet der Verschiedenheit des Auftretens und des Erscheinungsbildes in den Seelen beider Frauen angelegt war; Christa bemerkte allerdings, daß die bewußte Anerkennung der Wesensverwandtschaft von Sarah ausgehend gegen einen spürbaren Widerstand erfolgte, da sie in Christa nach wie vor die Verführerin ihres Mannes sah!

Die unangenehmen Nachwirkungen des in hochsommerlicher Mittagshitze ausgefochtenen Tennismatchs auf ihrer Haut wahrnehmend, gönnte sich Christa nach der Rückkehr in ihr Penthaus zunächst ein abermaliges, wohltuend erfrischendes Duschbad, um anschließend – in ihren sanft umschmeichelnden Stepphausmantel aus honigfarbener Seide gehüllt – wieder auf dem luxuriösen, braunseidenen Bett Platz zu nehmen, auf welchem sie auch ihr Mittagsmahl genoß. Christa hatte den Beginn ihrer Rückreise nach Deutschland entgegen ihren ursprünglichen Planungen unterdessen vom nachfolgenden Tag in den beginnenden Abend des hier beschriebenen Tages vorverlegt, um der hochsommerlichen Hitze und dem lebhaften Fernreiseverkehr im Verlauf ihrer Heimfahrt größtenteils zu entgehen; Christa sah sich jedoch nicht nur durch die vorangehend genannten Widrigkeiten zu einer vorzeitigen Heimreise gedrängt – ein weiterer Beweggrund war ihre Vorliebe für zügige Fernfahrten auf möglichst leeren, nächtlichen Autobahnen!

Christa verbrachte den größten Teil des verbleibenden Nachmittages, indem sie – mit ihrem seidenen Stepphausmantel bekleidet und die Bequemlichkeit des seidenen Bettes genießend – Energien sammelte, die sie während ihrer neun bis zehn Stunden dauernden Heimreise benötigen würde. Am späten Nachmittag gesellte sich Edward zu Christa, denn er hatte mittlerweile ebenfalls von ihrer vorzeitigen Rückreise nach Deutschland erfahren und nutzte nun jene vorerst letzte Gelegenheit, um sich nochmals ungestört an Christas Gegenwart erfreuen zu können – eine Freude, die sie ihm gerne gewährte! Nachdem Edward ihr Penthaus – durch sanfte und liebevolle Zuwendung, sowie durch nützliche Ratschläge für den zukünftigen Umgang mit Sarah nachhaltig gestärkt – in der letzten Nachmittagsstunde wieder verlassen hatte, erhob sich Christa schließlich, um für ihre Heimfahrt abschließende Vorbereitungen zu treffen, die sie mit dem Genuß eines delikaten und nachhaltig sättigenden Abendessens beendete; nachdem dies geschehen war, vertauschte Christa ihr luxuriöses Hausgewand gegen einen weit geschnittenen und relativ warmen Hosenanzug aus bordeauxroter Seide, der sich für ausgedehnte, nächtliche Autoreisen aufgrund seiner vorgenannten Eigenschaften besonders gut eignete.

In eleganter und bequemer, zugleich aber auch zweckmäßiger Weise gekleidet, fuhr Christa nun ins Erdgeschoß hinab, um an der Rezeption die letzten Abreiseformalitäten zu tätigen, wobei sie sich auch von Sarah verabschiedete, die ihr hierbei mit gemischten Gefühlen entgegentrat, welche jedoch auch diesmal nur für Christa bemerkbar waren; eine abermalige Begegnung mit Edward ergab sich während Christas kurzem Aufenthalt an der Rezeption (zu Sarahs Befriedigung) nicht – Edward, der zu dieser Zeit in einem anderen Teil des weitläufigen Hotels seine beruflichen Pflichten erfüllte, konnte diesen Verlust jedoch verschmerzen, da sich Christa bereits am Nachmittag in beglückender Weise von ihm verabschiedet hatte!

Die Ausfahrtrampe der Tiefgarage des Hotels hinaufgleitend, bemerkte Christa, das die blau glimmende Zeitanzeige des Bordcomputers auf 19 Uhr umsprang, woraufhin sie ihr Autoradio einschaltete, um die Nachrichten eines überregionalen Rundfunksenders anzuhören, wobei sie ihr besonderes Interesse dem abschließenden Verkehrslagebericht zuwandte; die detaillierten Verkehrsmeldungen bestätigten jedoch zunächst nur Christas Annahme, daß der abendliche Berufsverkehr ein weiträumiges Umfahren der zentrumsnahen Stadtbereiche als angeraten erscheinen lassen würde, weshalb sie nun den Weg zur nächstgelegenen Auffahrt einer Schnellstraße einschlug, auf welcher die Autobahn nach Dover selbst in der Hauptverkehrszeit relativ rasch und bequem zu erreichen war. Nachdem sie sich in die mäßig befahrene Schnellstraße – die das Londoner Innenstadtgebiet im Bereich seiner südlichen Peripherie umrundete – eingefädelt hatte, nahm Christa ihr Autotelephon in Betrieb, das zwischen den Vordersitzen in die Mittelkonsole eingelassen war.

Christa wählte zunächst Jonathans Hausanschluß an – sie erinnerte sich jedoch noch während des Verbindungsaufbaus daran, daß er am späten Vormittag eine Reise zu einer kleinen aber vielversprechenden Kunstmesse in Exeter angetreten hatte, von welcher er erst im Verlauf des Abends zurückkehren würde, weshalb sie den Wählvorgang vorzeitig abbrach und die Nummer **seines** Autotelephons aus dem Speicher abrief. Nachdem einige Sekunden vergangen waren, drang tatsächlich Jonathans Stimme in Christas Ohr, der mit fühlbarem Bedauern zur Kenntnis nahm, daß sie London zum Zeitpunkt dieses Telefongesprächs in außergewöhnlich belebender Reisestimmung und mit bereits recht hoher Geschwindigkeit verließ, um bald von der Schnellstraße auf die Autobahn nach Dover überzuwechseln. Jonathan wußte, daß jeder Versuch, Christa zu einer Verlängerung ihres Aufenthaltes in England zu bewegen, zum Scheitern verurteilt sein würde, weswegen er sich damit beschied, Christa während eines großen Teiles ihrer Fahrt nach Dover in ein beiderseitig anregendes Gespräch hineinzuziehen, welches ihr die Zeit, die sie auf der Autobahn verbrachte, in sehr angenehmer Weise vertrieb!

* * * * *

Die vorangehend ausführlich beschriebenen Ereignisse der Vergangenheit liegen nun *(im Jahr 1985)* vier Jahre zurück, in deren Verlauf Christa sechs weitere Englandreisen von verschiedener Dauer unternahm. Christas Freundschaft zu Jonathan gewann im Verlauf mehrerer wechselseitiger

Besuche und einiger Begegnungen an verschiedenen Orten West- und Mitteleuropas bald an Tiefe, weshalb sie das Kensington-Towers Hotel nur anläßlich ihrer vier ersten Englandreisen als Unterkunft in Anspruch nahm, um im Rahmen der drei nachfolgenden Reisen bereits von Jonathans weiträumigem, komfortablen und geschmackvoll eingerichteten Landhaus Gebrauch zu machen, das Christa auf sein Anerbieten hin als gemeinsames und infolgedessen auch während seiner Abwesenheit stets zur unbeschränkten Nutzung bereitstehendes Eigentum ansah.

Die „Haßliebe", die Sarahs Verhältnis zu Christa in dessen früher Phase geprägt hatte, wurde in demjenigen Maß durch ein zuletzt unverkennbar dominierendes Gefühl der Sympathie verdrängt, in welchem sich Christa aus Sarahs Eheleben zurückzog und Sarah die über eine lange Zeit unerkannten Qualitäten ihres – durch Christas Therapie – wieder selbstbewußt gewordenen Ehemannes (zunächst höchst widerwillig und von tiefsitzenden Zweifeln geplagt) zu schätzen lernte; hieraus entstand zwischen Sarah und Christa – innerhalb eines langwierigen Prozesses – eine letzten Endes ebenfalls außergewöhnlich haltbare und auf grundlegenden Gemeinsamkeiten fundierende Freundschaft, zumal sich Christa darauf verstand, Sarah bei ihren Bemühungen um ein ausgeglicheneres Seelenleben in angemessener Weise zu unterstützen.

* * * * *

Wir kehren jetzt zu demjenigen stürmischen, wolkenverhangenen und recht kalten Herbstsonntag zurück, an welchem Christa die Vorbereitungen für ihre nunmehr achte Englandreise trifft, die zugleich ihre erste **gemeinsam mit Frank** unternommene Fernreise sein wird, da Frank Christa im Rahmen ihrer mehrmonatigen Bekanntschaft bisher nur bei Tagesausflügen und Kurzreisen nach Kassel, Frankfurt, Stuttgart oder München begleitet hatte. Christa hätte Jonathans weiträumiges Landhaus gerne abermals als standesgemäßes, komfortables Domizil genutzt, wovon sie jedoch Abstand nahm, da sie diesmal nicht allein nach England reist und eine Begegnung zwischen Jonathan und ihrem sensiblen jungen Verehrer Frank – der durch ein solches verfrühtes Zusammentreffen allzusehr verunsichert werden könnte – zumindest während **dieser** Reise in jedem Falle vermeiden will; Christa befürchtet hingegen nicht, daß **Edward** ernstzunehmende Eifersuchtsgefühle gegen Frank hegen könnte, da sie ihm im Laufe der letzten vier Jahre zu einem durchaus befriedigenden Eheleben mit Sarah verholfen hatte, das seine Freizeit mittlerweile nahezu gänzlich ausfüllt.

Christa gewinnt dem Gedanken an den bevorstehenden dreiwöchigen Aufenthalt im Kensington-Towers Hotel auch einen gewissen Reiz ab, da sich hieraus relativ häufige Begegnungen mit Sarah Hales ergeben, deren ausgeprägte Abneigung gegen Christa in bereits beschriebener Weise und aus bereits genannten Gründen gegenteiligen Gefühlen gewichen war, die Christa in entsprechender Weise erwidert; die Freundschaft, die Sarah und Christa inzwischen miteinander verbindet, hatte sich in der jüngeren Vergangenheit bereits in wiederholten gegenseitigen Besuchen und hiermit verbundenen gemeinsamen Unternehmungen kultureller und sportlicher Art ausgedrückt, die während Christas bevorstehendem Londonaufenthalt ihre Fortführung finden sollen.

Christa hatte Sarah anläßlich ihrer vorletzten Englandreise im Rahmen eines gemeinsamen Abendessens, das im Restaurant Hamilton stattfand, außerdem mit Jonathan bekannt gemacht, der Sarah aufgrund ihrer außergewöhnlichen Intelligenz und verbalen Schlagfertigkeit als Gesprächspartnerin zu **manchen** Zeiten sehr zu schätzen wußte, wohingegen er ihre bereits gemilderte, aber auch jetzt noch deutlich spürbare Herbheit, die sich überdies in ihrem Erscheinungsbild widerspiegelte, als recht unangenehm empfand, weshalb sich **beabsichtigte** Begegnungen zwischen Sarah und Jonathan relativ selten, und zudem nur in Christas Beisein ergaben. Sarah nahm die zwiespältigen Gefühle, die Jonathan ihr entgegenbrachte, jedoch mit einem Gleichmut zur Kenntnis, der ihr durch ihre rationalistische Denkweise ermöglicht wurde. Sie fand sich rasch damit ab, daß Jonathan Christa aufgrund ihrer Eigenschaften als wesentlich attraktivere und begehrenswertere Frau ansah; dies wurde Sarah durch die Feststellung erleichtert, daß Jonathan derjenigen ausgeprägten Disputierfreudigkeit entbehrte, welche einen Mann in ihren Augen vollends interessant werden ließ.

* * * * *

Nachdem Frank – der seiner freudigen Erregung über die bevorstehende gemeinsame Londonreise nur allmählich Herr wird – auf ihr Anraten in seine Dachwohnung zurückgekehrt ist, um sich für den dreiwöchigen Auslandsaufenthalt zu rüsten, wendet sich Christa in der zweiten Nachmittagsstunde ihrerseits ihren Reisevorbereitungen zu, die sie in gewohnheitsmäßiger planvoller Weise und mithin in relativ kurzer Zeit tätigt; anschließend steigt Christa ebenfalls in Franks Schriftstellerklause hinauf, denn sie weiß, daß sich Frank – wie manch andere sensible und ein wenig weltfremde Künstlernaturen – durch Geschehnisse und Notwendigkeiten des wirklichen Lebens mitunter vor erhebliche (scheinbare) Probleme gestellt sieht, wobei ihm **Entscheidungen** oft ein besonderes (und zuweilen sogar körperlich spürbares) Unbehagen bereiten!

Während Christa Frank mit hilfreichen gezielten Ratschlägen und gelegentlichen kleinen Handreichungen bei der Auswahl seiner Reiseutensilien unterstützt, schweifen ihre Blicke gezwungenermaßen mehrere Male durch seine kleine, beengte Dachwohnung und über seinen schlichten, weitgehend aus zweiter Hand erworbenen und Christas Schönheitssinn beleidigenden Hausrat. Mit **Wohlgefallen** bemerkt sie lediglich einige geschmackvolle Einrichtungsstücke, welche Frank im Laufe der Zeit von ihr als Geschenk erhielt – eine ungetrübte Freude kommt in Christa jedoch auch bei deren Anblick nicht auf, denn sie empfindet den Ort, an welchem jene sorgfältig ausgewählten und zum Teil kostspieligen Geschenke aufbewahrt werden, als sehr unpassend. Frank entgehen die abschätzigen Blicke, die Christa zuweilen durch seine Künstlerklause wandern läßt, keineswegs; sie erinnern ihn vielmehr wieder an die weitgreifenden Renovierungsarbeiten, die Christa – nach ihrem eigenen jüngsten Bekunden – während ihrer gemeinsamen dreiwöchigen Englandreise zum Zweck einer Luxusmodernisierung und erheblichen Erweiterung seiner Mansardenwohnung im Dachgeschoß ihres Hauses ausführen lassen wird.

Obwohl Frank den finanziellen und baulichen Aufwand, den Christa um seinetwillen treiben wird, als außergewöhnlich schmeichelhaft empfindet, sieht er dem bevorstehenden „Umzug" in seine „neue" und nach ihrer Fertigstellung gewiß geradezu luxuriöse Atelierwohnung mit gemischten Gefühlten entgegen: wenngleich er sich ihrer Unzulänglichkeiten bewußt war, hatte er seine bisherige einfache Behausung doch immer als recht gemütlich empfunden und er befürchtet, daß sein literarisches Talent in der zweifelsohne sehr komfortablen neuen Wohnung – die einen mit vertretbaren Mitteln nicht mehr zu überbietenden Gegensatz zu seiner geradezu klischeegerechten bisherigen Dichterklause bilden wird – empfindliche Einbußen erleiden könnte. Die Sorge um die Erhaltung seiner ungeschmälerten literarischen Fähigkeiten und der Unwille über ihren möglicherweise bedeutsamen, unverlangten Eingriff in sein Leben rufen in Franks Geist einmal mehr einen schlummernden Widerstand wach, der sich gegen Christas fortgesetzte und **bisher** letzten Endes stets erfolgreiche Bemühungen, seinen Lebensstil dem ihren unter Ausnutzung ihrer außergewöhnlichen psychologischen und erotischen Fähigkeiten – bei Bedarf auch mit sanfter Gewalt – weitestgehend anzupassen, richtet.

Franks unausgesprochener Unmut bleibt Christa auch diesmal nicht verborgen; sie ist an diesem Nachmittag jedoch ebensowenig wie zu allen anderen Zeiten gewillt, sich mit Frank auf eine Diskussion über Entscheidungen einzulassen, die sie im Hinblick auf eine **ihren Vorstellungen entsprechende** Entwicklung seiner Persönlichkeit bereits getroffen hat. Christa empfindet es als ein wenig unbefriedigend, Franks gelegentlich aufflackernden Widerstand stets nur durch den Einsatz ihrer Weiblichkeit einzuschläfern; da ihr Geist zu dieser Stunde außerdem weitestgehend durch Gedanken an die bevorstehende dreiwöchige Fernreise in Anspruch genommen wird, beschränkt sich Christa nun darauf, Frank einen kurzen, aber in unmißverständlicher Weise warnenden Blick ihrer unergründlichen dunklen Augen zuzuwerfen, der ihn an die zahlreichen positiven

Veränderungen seines Lebens, die er ihr zu verdanken hat, ebenso nachdrücklich erinnert wie an die Tatsache, daß ihm eine zwangsweise Entfernung aus ihrem Lebenskreis spürbare finanzielle und sehr schmerzhafte seelische Probleme bereiten würde.

Christas warnender Blick und die Vermutung, daß ihrer Seele durch seinen Weggang höchstwahrscheinlich nur eine relativ rasch verheilende, kleine Wunde zugefügt würde, lassen Frank ein weiteres Mal zu dem Schluß kommen, daß ihm ein offenes Aufbegehren gegen Christa gegenwärtig nur zum Nachteil gereichen könnte, weshalb er sich nun müht, den Eindruck zu erwecken, daß er sich mit ihrer Handlungsweise vorerst abgefunden hat. Angesichts der erwartungsgemäßen Wirkung ihres warnenden Blickes und ungeachtet des von ihr rasch durchschauten Täuschungsversuches eine angenehme, maßvolle Befriedigung empfindend, kehrt Christa nach einer halben Stunde wieder in ihre Wohnung zurück, um sich in ihrem luxuriösen und außergewöhnlich bequemen, cremefarbenen Seidenbett bis zum Anbruch des morgigen Abreisetages einer entspannenden Kräftesammlung hinzugeben.

Entgegen ihrer Gewohnheit, ihren Schlaf bis zu seinem naturgegebenen Ende zu genießen, läßt sich Christa am Tage der Abreise nach England bereits zur morgendlichen Dämmerungsstunde durch ihr Uhrenradio wecken: Obwohl sie mehrstündige Autofernreisen mit Vorliebe nachts und somit in Zeiten relativ schwachen Verkehrs unternimmt, hatte Christa die ausgedehnte Fahrt von Göttingen nach London in Anbetracht des stürmischen und regenreichen Herbstwetters bereits gestern aus der kommenden Nacht in die helleren Stunden des heutigen Tages vorverlegt, da sie bei schlechtem Wetter nur ungern nachts unterwegs ist; einen weiteren Grund für die Vorverlegung der Reise bildete Christas wiederholte Feststellung, daß Frank – der sich während der neun- bis zehnstündigen Fahrt etappenweise als Chauffeur betätigen soll – durch längere **nächtliche** Autofahrten im Gegensatz zur ihr selbst rasch ermüdet wird.

Christas elfenbeinfarbenes Uhrenradio ähnelt konstruktiv in gewisser Hinsicht ihrer Nachttischlampe, denn es verfügt über eine Vorrichtung, welche die Lautstärke der Radiowiedergabe nach deren automatischer Einschaltung allmählich bis zu einem einstellbaren Höchstwert anheben kann, wodurch gleichfalls ein sanftes Erwachen ermöglicht wird. Durch die unmittelbar bevorstehende Fernreise psychisch offenbar kaum berührt, die unablässig Regengüsse mit sich bringenden Sturmböen hingegen deutlich vernehmend, verläßt Christa ihr schlafförderndes Seidenbett **auch an diesem Morgen** nicht nur ohne die geringste Eile, sondern überdies sichtlich widerstrebend. In ihrem Bemühen, dem morgendlichen Frösteln – welches sie auch in gut geheizten Räumen beim Verlassen des Bettes bisweilen zu befallen droht – weitestmöglich zu entgehen, kleidet sich Christa schon während des Aufstehens in ihr bereitliegendes weites Hohepriesterinnengewand aus schokoladenbrauner Seide, das ihren noch immer schlaferfüllten Körper in sehr angenehmer und beruhigender Weise wärmend umhüllt.

Von ihrem knöchellangen, weiten Seidengewand umschmeichelt, legt sich Christa nochmals in ihr nun aufgeschlagenes Bett, um eine innere Stimme ihres Körpers, die energisch gegen das ungewohnte frühe Verlassen der luxuriösen Schlafstätte protestiert, verstummen zu lassen. Nach einem viertelstündigen quälenden, letzten Endes aber doch erfolgreichen Versuch, ein erneutes Einschlafen zu verhindern, erhebt sich Christa mit leidlich stabilisiertem Kreislauf, um eine weitere Viertelstunde im lebhaft wirbelnden warmen Wasser ihres Sprudelbades zu verbringen, wodurch sie schließlich in einen Zustand versetzt wird, in welchem es ihr zumindest gelingt, sich ein nachhaltig sättigendes Frühstück zu bereiten und ihre Fahrtvorbereitungen mit einer letzten kurzen Kontrolle der Vollständigkeit ihrer Reiseutensilien zu beschließen.

Während sie sich für die neunstündige Reise mit einem bequemen dunkelblauen Hosenanzug und – im Hinblick auf die feuchtkalte Witterung – mit einem sandfarbenen, wollenen Trenchcoat bekleidet, verspürt Christa befriedigt ein zunehmendes Erwachen ihrer Lebensgeister, welches durch Franks Hinzukommen überdies gefördert wird: Frank hatte sich gemäß ihres nachdrücklichen

Wunsches in einem unkonventionellen, jedoch ebenfalls sehr geschmackvollen, sportlich-eleganten Stil gekleidet, der Christas eigenen Kleidergeschmack trotz einer gewissen Anpassung an Franks Geschlecht unverkennbar wiedergibt und Franks Zugehörigkeit zu Christa auf diesem Wege zweifelsfrei zum Ausdruck bringt. Sich ankleidend, war Frank in einen ihm bereits vertrauten Zwiespalt geraten: Wenngleich er seine gegenwärtige unkonventionell–elegante und von Christa gewissenhaft ausgewählte hochwertige Garderobe als sehr kleidsam und angenehm empfindet, sieht er in dieser einen wesentlichen Teil ihrer in beunruhigender Weise erfolgreichen Bemühungen um eine fortschreitende Veränderung seiner Persönlichkeit.

Obwohl Frank akzeptiert, daß ihm aus den nicht unerheblichen, dankenswerten Investitionen, welche Christa bereits seinetwegen getätigt hat, eine Verpflichtung, sich ihren Wünschen und Ansprüchen in erweiterten Grenzen zu fügen, erwachsen ist, setzt sich ein bedeutender Teil seines Geistes auch jetzt noch gegen Christas zielgerichtete Bestrebungen, Franks Wesen in ihrem Sinne zu verändern, zur Wehr, um einen drohenden unheilbringenden Verlust seiner eigenen, ursprünglichen Identität zu verhindern. Der obengenannte und soeben beschriebene, vertraute Zwiespalt klafft jedoch nur für sehr kurze Zeit in Franks Seele, da er auch diesmal rasch durch Christa bemerkt und verschlossen wird, indem sie – ihre bezwingende weibliche Aura gänzlich entfaltend – mit einem warmen, liebevollen Lächeln gemessenen Schrittes auf Frank zugeht, vor ihm stehend sanft aber bestimmend seine Hände umfaßt und den Blick ihrer unergründlichen, dunklen Augen schließlich für einige Minuten in den seinen ruhen läßt, bis sie spürt, daß sein aufgeflackerter innerer Widerstand abermals einer gänzlichen Hingebungsbereitschaft gewichen ist.

Christa stellt befriedigt fest, daß Frank – dessen Denken und Fühlen nun wieder unter dem beherrschenden Einfluß einer bedingungslosen Liebe und tiefempfundenen Zuneigung zu ihr steht – überdies in rasch zunehmendem Maße von einem zurückkehrenden unbedingten Verlangen nach ihr erfaßt wird, welches sie trotz ihres nunmehrigen, drängenden Wunsches nach einem unverzüglichen Reiseantritt sehr gerne erfüllt, indem sie Franks Rücken und Schulter umfaßt und ihn genußvoll an sich drückt, um ihn einmal mehr die pulsierenden Energien ihres Körpers wahrnehmen zu lassen, wobei sie erfreut bemerkt, daß er es mittlerweile versteht, ihre Bedürfnisse auch aktiv in bereits recht ansprechender Weise zu befriedigen! Nachdem sich Frank, in besonderem Maße belebt und in sehr angenehmer Weise berauscht, und dennoch – **oder gerade deswegen – ein wenig widerwillig** von Christa gelöst und sein Reisegepäck aus seiner „Literatenklause“ herunter geholt hat, begleitet er Christa – die ihrerseits unterdessen einen abschließenden Rundgang durch die inzwischen abgedunkelten Räume ihrer Wohnung unternommen hatte – zu ihrem schwarzen Zwölfzylinder-Jaguar, um gemeinsam mit ihr nach Großbritannien aufzubrechen.

Christa und Frank verbringen eine ereignisarme, ruhige und infolgedessen sehr entspannte Fahrt, zu deren Beginn Frank jedoch einen beispielhaften Eindruck der Wirkungen, welche Christa auf ihre Mitmenschen beiderlei Geschlechts ausübt, erhält: Christa gerät noch innerhalb des Göttinger Stadtgebietes in eine allgemeine Verkehrskontrolle, die von einem recht gut aussehenden Polizeibeamten mittleren Alters, sowie von einer geringfügig älteren, herben und hierdurch an Sarah Hales erinnernden Beamtin vorgenommen wird. Während sich ihr Kollege anläßlich der kurzen Ausweis- und Führerscheinkontrolle als von Christa in erwartungsgemäßer Weise beeindruckt erweist, gibt sich die Polizistin dienstlich kühl und reserviert, um ihren wachsenden Unmut über das Verhalten ihres langjährigen – und ansonsten sehr geschätzten – Mitarbeiters möglichst zu verbergen, was ihr Christa gegenüber jedoch nicht gelingt; ihre Reise fortsetzend und hierbei einen raschen Blick in ihren Rückspiegel werfend, bemerkt Christa überdies amüsiert, daß die Polizeibeamtin ihre Verstimmung ihrem Kollegen gegenüber in der gebotenen Knappheit, jedoch mit beinahe ehelichen Gesten zum Ausdruck bringt!

Frank, der das soeben geschehene aufmerksam beobachtet hat, wirft Christa einen bewundernden Blick zu, woraufhin sie ihm zufrieden lächelnd – und in einer ihn sanft erregenden Weise seine Hand streichelnd – erklärt, das es keinem ihr bisher begegneten, erwähnenswerten Menschen gelungen ist, ihr gegenüber gleichgültig zu bleiben, da ihr hierbei von Männern, sowie von ihr zumindest annähernd ebenbürtigen Frauen stets nur Bewunderung entgegen gebracht wird, wohingegen sichtlich weniger begünstigte Frauen einen zuweilen rasch an Intensität gewinnenden Neid verspüren lassen; Christa fügt ergänzend hinzu, daß Frauen, welche die Natur in durchschnittlichem Maß mit erstrebenswerten Eigenschaften gesegnet hat, in ihrer Gegenwart oft sowohl Bewunderung als auch Neid empfinden.

Christa und Frank – der sich während des mittleren Drittels der Fahrt als Chauffeur bewährte – treffen in der letzten Nachmittagsstunde bei recht kühlem aber trockenem Herbstwetter im Kensington-Towers Hotel ein. Christa hatte Sarah eine Viertelstunde zuvor telephonisch über ihre unmittelbar bevorstehende Ankunft in Kenntnis gesetzt, weshalb sie von ihr bereits in der Hotelhalle erwartet und in einer Weise empfangen wird, die eine allmählich gewachsene, nunmehr aber gefestigte und tiefgehende Freundschaft zwischen zwei selbstbestimmten, anspruchsvollen und geistig hochstehenden Frauen erkennen läßt, die sich einander ungeachtet mancher Unterschiede durch einige ihnen gemeinsame, grundlegende Charaktereigenschaften und Sichtweisen dauerhaft verbunden fühlen. Nachdem die Empfindungen der ersten Wiedersehensfreude zum Ausdruck gebracht sind, führt Sarah Christa und Frank in ihr komfortables, geräumiges Dienstbüro, das sich oberhalb der Rezeption in der zweiten Etage des Hotels befindet und vermittels eines breiten Schwingfensters einen ansprechenden Ausblick auf einen nahegelegenen kleinen Park gewährt.

Sarah komplimentiert Christa und Frank sogleich auf eine bequeme, hellbraune Ledercouch, weist ihre Sekretärin an, ihren Gästen einen – besonders dankbar angenommenen – schmackhaften Imbiß, sowie zwei Tassen Kaffees – den Christa nach der weiten Autofahrt sehr zu schätzen weiß – zuzubereiten, und nimmt ihnen gegenüber dann ihrerseits auf einem hellbraunen Ledersessel Platz, um mit Christa – deren Müdigkeit durch den pikanten Imbiß und den Kaffee zunächst unterdrückt wird – ein beiderseits bald recht lebhaftes und anregendes Gespräch zu beginnen, das sich in einer für Frank zuweilen recht interessanten und aufschlußreichen Weise auf Sarahs und Christas gemeinsame Vergangenheitserlebnisse bezieht.

Frank bemerkt ein wenig irritiert, daß Sarah während ihrer lebhaften Unterhaltung mit Christa hin und wieder einen kurzen, freundlich–forschenden Blick auf ihm ruhen läßt: Christa hatte Sarah in der jüngeren Vergangenheit anläßlich verschiedener Telephongespräche manches Wissenswerte über Frank erzählt, was Sarah nun durchaus bestätigt findet, denn sie kommt rasch zu dem Ergebnis, daß es sich bei Frank ungeachtet seines Alters von bereits 25 Jahren tatsächlich um einen noch beinahe „unverdorbenen" und – trotz eines allmählich wachsenden Selbstbestimmungsdranges – bei geschickter Wahl der Mittel und Besitz entsprechender Fähigkeiten recht gut beeinflußbaren jungen Mann mit angenehmen Manieren handelt!

Christa nimmt Sarahs Interesse an Frank mit (unsichtbar lächelndem) Verständnis, Franks Beunruhigung über Sarahs Aufmerksamkeit hingegen mit leiser Belustigung, aber gleichfalls auch mit einem nicht geringen Verständnis wahr, da sie diejenigen unangenehmen Empfindungen, die ihn in der unmittelbaren Gesellschaft **zweier** dominierender Frauen besitzergreifenden Charakters nach kurzer Zeit zwangsläufig bedrängen müssen, durchaus nachvollziehen kann. Zu Franks Erleichterung verspürt Christa nach einer Viertelstunde des angeregten Gespräches, daß die belebende Wirkung des Kaffees und der kleinen, herzhaften Mahlzeit zunehmend dem drängenden Verlangen nach einem ausgedehnten Schlaf in einem komfortablen Bett weicht, weshalb sie gegenüber Sarah – der die jetzt endgültige Erschöpfung ihrer Freundin überdies nicht verborgen bleibt – ihr unbedingtes Bedürfnis, sich nunmehr in das Penthaus zurückzuziehen, äußert.

In demjenigen Augenblick, in welchem sich Christa gemeinsam mit Sarah und Frank erhebt, betritt Edward – dem Christa während ihrer vierten Englandreise letztmalig begegnet war – zu Sarahs stiller Verärgerung ihr Büro, um sich mit ihr über eine Detailfrage der momentanen Hotelführung zu beraten. Obwohl Sarah wußte, daß es ihr unmöglich sein würde, Christas Aufenthalt im

Kensington-Towers Hotels vor Edward zu verbergen, hatte sie ihn noch nicht über deren heutige Ankunft in London informiert, weshalb seine Psyche durch Christas unverhoffte Anwesenheit in Sarahs Büro zunächst freudig erschüttert wird; Christa erkennt, daß sie durch ihre Freundestreue zu Sarah und durch das jener Treue entgegenstehende, unerwartet aus einem langen Schlaf erwachte, erneute Verlangen nach Edward zu einer recht unbehaglichen, unvorhergesehenen Gratwanderung genötigt wird, welche ihren Reisegenuß in empfindlicher Weise mindern könnte!

Sarah erkennt Christas drohendes seelisches Ungleichgewicht ebenfalls – sie bemerkt **zu ihrer Beruhigung** allerdings auch, daß Christa nach einem raschen, systematischen Abwägen ihre überdurchschnittlichen Geisteskräfte in Anspruch nimmt, um ihr aufgeflackertes Verlangen nach einem kurzen, heftigen inneren Kampf von neuem nachhaltig in den Tiefen ihres Unterbewußtseins einzuschließen. Obgleich Edward im Gegensatz zu Christa und Sarah – deren diesbezügliche Fähigkeiten gewiß nicht als alltäglich zu bezeichnen sind – nur ein durchschnittliches psychologisches Wahrnehmungsvermögen gegeben ist, nimmt er den enttäuschenden Umstand, daß Christas soeben für ihn aufgeflammte Empfindungen sehr rasch wieder geschwunden sind, durchaus wahr. Nicht verborgen bleibt ihm allerdings auch Sarahs kurzer, unmißverständlich warnender Blick, der ihn daran erinnert, daß sie ihre Interessen – auch und gerade bezüglich ihres Ehemannes – trotz einer relativ weitgehenden positiven Veränderung ihres Charakters im Bedarfsfall nach wie vor zu schützen gewillt ist!

Nachdem sich Edward – der Stimme seiner Vernunft gehorchend – von unausgesprochenem Widerwillen erfüllt zurückgezogen hat, um sich erneut seinen beruflichen Pflichten zu widmen und nebenbei sein weiteres Verhalten gegenüber Christa abzuwägen, schickt sich Sarah nochmals an, Christa und Frank in das Penthaus hinaufzubegleiten, wobei sie bemerkt, daß Frank – welcher die Geschehnisse, die Edwards kurzes Erscheinen in ihrem Büro mit sich brachte, aufmerksam beobachtet hatte – durch ihre Anwesenheit mit einer gewissen Unsicherheit und Scheu erfüllt wird, die er im Rahmen seiner noch begrenzten Möglichkeiten jedoch vor ihr zu verbergen sucht; Sarah geht auf Franks Verhalten allerdings weder in beruhigender, noch in anderer Weise ein, denn sie empfindet es lediglich als fair, ihn ihre unveränderte Bereitschaft, ihre grundlegendsten Interessen nötigenfalls auch mit unerfreulichen Mitteln zu wahren, ebenfalls frühzeitig erkennen zu lassen.

Nahe der breiten Fensterwand des wohnlich–luxuriösen Hauptraumes des Penthauses neben Christa auf einer beigefarbenen Ledercouch sitzend und die wohltuende Wärme ihres Körpers unmittelbar genießend, spürt Frank, daß die Nervosität, die in Sarahs Beisein von ihm Besitz ergriffen hatte, zunehmend von ihm weicht. Während er den abendlichen Wolkenhimmel und das zu großen Teilen tief unter ihm liegende Häusermeer des Großraums London betrachtet, spricht Frank Christa – die sanft und zuneigungsvoll einen Arm um seine Schultern gelegt hat – schließlich auf Sarahs Charakter an, den er ungeachtet ihrer berufsbedingten tadellosen Umgangsformen als unterschwellig strapaziös empfindet, wobei er allerdings eingesteht, daß dies auch auf seine erhöhte Sensibilität – derer er sich durchaus bewußt ist – zurückgeführt werden könnte; Christa geht auf Franks Fragen ein, indem sie sich gewissenhaft und erfolgreich bemüht, ihm Sarahs Wesen, sowie ihre – durch Christa selbst ausgelöste und innerhalb der zurückliegenden vier Jahre entscheidend geförderte – erfreuliche charakterliche Weiterentwicklung nahezubringen.

Sich an Christas stillen, sanften Zuneigungsbeweisen erfreuend, bemerkt Frank mit leichtem Unbehagen, daß sich ein Teil ihres Bewußtseins in einer ihm unvertrauten Weise von ihm abwendet; Christa wendet jenen Teil ihres Bewußtseins nun Edward zu, um angesichts der unvermeidbaren Begegnungen, die sich während ihres dreiwöchigen Hotelaufenthalts mehrfach ergeben werden, hinsichtlich ihres Umgangs mit ihm eine Entscheidung zu fällen. Christa schließt nicht aus, daß diese Begegnungen in Edward ungeachtet der Tatsache, daß er mit Sarah inzwischen eine zufriedenstellende Ehe führt, ein erneutes beträchtliches Verlangen nach ihr selbst entstehen lassen könnten – eine Entwicklung, der Christa im Dienste ihrer Freundschaft mit Sarah gegebenenfalls entgegenwirken will, indem sie Edward in möglichst schonender Weise begreiflich macht, daß sie in ihm gleichfalls und unverändert einen Freund, aber keinen Geliebten mehr sieht; erleichtert würde ihr dieses Vorgehen durch die Tatsache, daß ihr **tiefergehendes** Interesse an Edward unter dem Eindruck ihrer Beziehung zu Jonathan **tatsächlich** spürbar geschwunden ist.

Ihre Gedanken wieder von Edward abwendend, wird sich Christa erneut ihrer unterdessen angewachsenen Müdigkeit und ihres Hungers, den Sarahs kleiner Imbiß nur kurzzeitig zu stillen vermochte, bewußt, weshalb sie nun für sich und Frank – der zwischenzeitlich ebenfalls sein Bedürfnis nach einer nachhaltiger sättigenden Mahlzeit geäußert hat – ein reichhaltiges Abendessen bestellt, um anschließend gemeinsam mit Frank ein ausgiebiges und nach der mehrstündigen Autofernreise sehr wohltuendes, erfrischendes Duschbad zu genießen, wodurch es ihr gelingt, sich von ihrer Müdigkeit zumindest während des Essens nochmals weitgehend zu befreien. Das Badezimmer in Franks Begleitung – und ebenso wie er mit einem weiten und flauschigen, cremefarbenen Morgenmantel bekleidet – wieder verlassend und in den Schlafraum zurückkehrend, bemerkt Christa das offensichtlich erst vor wenigen Minuten unbemerkt servierte, warm gehaltene Abendmahl.

Nachdem sie die Servierglocke abgehoben, das Hauptgericht gekostet und hierbei mit besonderem Wohlgefallen festgestellt hat, daß die Zubereitungskünste des Hotelkoches keinerlei Einbußen erlitten haben, legt Christa freudig amüsiert das heimatlich anmutende, luxuriöse cremefarbene Seidensteppbett auf, in welchem sie sogleich einen weiteren (freundschaftlich augenzwinkernden) Willkommensgruß Sarahs erkennt, den sie nach ihrer – im Nachhinein – sehr ermüdenden Reise besonders gern entgegen nimmt. Im aufgelegten cremefarbenen Seidenbett sitzend und sich dankbar und entspannt gegen dessen halb aufgerichtetes Kopfteil lehnend, fordert Christa Frank nun mit einem zuneigungsvollen, jedoch auch ihre nunmehrige tiefe Erschöpfung andeutenden Lächeln auf, ihr das Abendessen zu reichen und sich sodann zu ihr zu gesellen. Frank kommt jener Aufforderung sehr gern nach, denn er gewahrt nun eine Christa umgebende, sich zunehmend verdichtende Aura schläfriger Sanftheit und Zufriedenheit, die während des gemeinsam im luxuriösen, bequemen Seidenbett eingenommenen Abendessens auch ihn selbst erfaßt und seine verbliebene, noch von der ausgedehnten Anreise herrührende innere Unruhe – zu Christas besonderem Behagen – bald gänzlich schwinden läßt.

Nachdem sie ihr Abendessen beendet und sich ihres cremefarbenen Morgenmantels entledigt hat, zieht sich Christa genußvoll seufzend in die angenehm wärmende und wohltuend weiche, geräumige Tiefe des sanft umschmeichelnden Seidenbettes zurück – ein Beispiel, dem Frank, unter dem Einfluß einer verheißungsvollen, **unbewußten** Vorahnung, sogleich folgt; Christas geschlossene Augen, ihre entspannten Gesichtszüge und ihr regelmäßiger, ruhiger Atem lassen Frank allerdings zunächst die enttäuschende, scheinbare Gewißheit erlangen, daß sie sich nunmehr unwiderruflich, und bis weit in den folgenden Vormittag hinein, ausschließlich einem regenerierenden Schlaf hingibt – ein Schlaf, dessen unzureichend gerechtfertigte Unterbrechung höchstwahrscheinlich in einer wenig erfreulichen Weise durch Christa beantwortet würde! Nach wenigen Minuten des stillen und auch seinerseits zunehmend entspannten Liegens im luxuriösen, warmen Bett bemerkt Frank jedoch mit zunächst ungläubigem, freudigen Erstaunen, daß sich ihm Christas Hand unter der seidenen Steppdecke behutsam und zielsicher nähert, um sich schließlich an einer besonders empfänglichen Stelle seines Körpers in einer bestimmten, von Frank sehr geschätzten Weise niederzulassen, wodurch ihm Christa eine stete, sanft wogende und auch seinen Schlaf begleitende Erregung zu bereiten versteht!

* * * * *

Christa zieht aus ihrer Vertrautheit mit London, die sie im Verlaufe ihrer bisherigen sieben Englandaufenthalte zunehmend erlangt hatte, während ihrer jetzigen achten und erstmals gemeinsam mit Frank unternommenen, dreiwöchigen Großbritannienreise abermals erheblichen Nutzen, indem sie Frank ein eindrucksvolles, von ihren persönlichen Erlebnissen mitgeprägtes, unvergeßliches Bild Londons vermittelt, welches überdies einige sehenswerte Orte und Plätze in der ländlichen Umgebung Großlondons umfaßt. Die erste Londonwoche, während derer Frank in Christas führender Begleitung unter anderem die Saint Paul's Cathedral, den Parlamentssitz „Palace of Westminster" und den Buckingham Palace erlebt, vergeht in einer sowohl für ihn, als auch für Christa selbst gänzlich befriedigenden Weise; zu Beginn der zweiten Woche ihres Londonaufenthaltes trifft Christa jedoch eine Entscheidung, an welche sie im nachhinein nur ungern zurückdenken wird: sie beschließt, mit Frank einige Stunden in der weitläufigen Nationalgalerie zu verbringen, obwohl sie weiß, daß er ihr tiefgehendes Kunstinteresse lediglich bezüglich anspruchsvoller Literatur gänzlich teilt und durch mehrstündige Museumsbesuche oft rasch ermüdet wurde!

Während der ersten Stunde ihres gemeinsamen Ganges durch die Ausstellungsräume des Museums gelingt es Frank durchaus noch, Christas kenntnisreiche Beschreibungen und tiefgreifende Deutungen der ausgestellten Gemälde angemessenen zu würdigen; im Verlauf der zweiten Stunde beginnt sein Geist jedoch, sich in bereits vertrauter Weise zunehmend gegen Christas ihn übersättigendes Wissensangebot zu wehren – diese innere Abwehr findet ihren Ausdruck diesmal jedoch nicht allein in einer wachsenden Ermüdung, sondern auch in einer aufkommenden Gereiztheit Franks, die er selbst zuletzt nur noch unter Mühen zu verbergen weiß. Christa gewahrt Franks Leid indessen **ungewöhnlicherweise** nicht sogleich, da sie ihre Aufmerksamkeit mittlerweile fast ausschließlich den gezeigten Kunstwerken zuwendet und Franks Gegenwart zu seinem wachsenden Verdruß – welcher sich darin äußert, daß Frank Christa jetzt sichtlich widerwillig und in zunehmendem Abstand nachfolgt – nur noch beiläufig zu Kenntnis nimmt.

Franks unheilvolle Gemütsverfassung bleibt **dennoch** keineswegs unbemerkt: während der hier beschriebenen Mittagsstunden hält sich in den weiten Räumen der Nationalgalerie eine ebenfalls attraktive und selbstbewußte, aber auch einen Eindruck sanfter, einfühlsamer Klugheit vermittelnde Künstlerin von fünfunddreißig Jahren auf, die ein weit außerhalb Londons in einem wenig besiedelten Wald- und Heidegebiet gelegenes, altenglisches Landdomizil bewohnt, in welchem sie – in lockere Anlehnung an historische Vorbilder – kunstvolle und infolgedessen durchaus einträgliche Ölgemälde und Skulpturen anfertigt, um sie anschließend – vorwiegend innerhalb des Großraums London und seiner nahen Umgebung – mit stetem Erfolg an Kunstsammler und -händler zu veräußern.

Helen Brentwood – die sich allwöchentlich einen ausgiebigen, inspirierenden Besuch der Nationalgalerie gönnt – war Christa und Frank an diesem Herbstmittag in den Hallen und Gängen des Museums bereits mehrmals begegnet, wobei sie bemerkte, daß Frank Christa – die mit einem sandfarbenen, seidenen Hosenanzug, sowie mit einem entsprechenden überlangen, breiten Seidenschal bekleidet ist, und auch den weiten, braunblau gemusterten, edlen Pelz, den sie sich angesichts des recht kühlen Herbstwetters umlegte, nicht in die Obhut der Garderobenfrau des Museums gegeben hat – zuletzt tatsächlich nur noch sehr ungern und mit wachsendem Abstand begleitete! Helen Brentwood entgehen auch nicht die hilfesuchenden Blicke, die ihr Frank – ihr zuspruchsvolles Lächeln bemerkend – bald zuwirft, während er den Abstand zu seiner genußvoll die Museumsräume durchschreitenden und hierbei mit beiläufiger Eleganz pelz- und seidenwedelnden Kunstführerin weiterhin wachsen läßt, um sich schließlich ganz von ihr zu lösen und hoffnungsvoll zu Helen zurückzukehren, die sich in einem abgelegenen kleinen „Meisterkabinett" auf einer Couch niedergelassen hatte, um ein Gemälde, welches sie in besonderer Weise zu neuen, eigenen Schöpfungen inspiriert, eingehender zu betrachten.

Helen – die ihrerseits in nicht minder elegante, weite Gewänder aus naturfarbener Wolle gehüllt ist, welche farblich in angenehmster Weise mit ihrem weichen und vollen, schulterlangen, schokoladenbraunen Haar harmonieren – **empfängt Frank** – der mit einem hoffnungsvoll fragenden Blick „ihr" kleines, stilles Kabinett betritt – mit einem sanften, vertrauenerweckenden Lächeln, welches Frank rasch zu Helen auf die einladend bequeme Couch zieht und ihn wenig später auch behutsam ihre Hand berühren läßt. Christa hatte Franks anfänglich nur gelegentliches, im Laufe der Zeit jedoch allmählich häufigeres und zunehmend länger währendes Zurückbleiben noch nicht **bewußt** wahrgenommen; Sein abschließendes, sich im nachhinein als dauerhaft erweisendes Ausbleiben läßt Christas unbewußte Zweifel an Franks Verhalten jedoch nach nicht allzu langer Zeit zu einer bewußten, beunruhigenden Ahnung und schließlich zu einem offenen Verdacht heranreifen, der sich gegen Helen Brentwood richtet.

Christa ist sich jetzt nahezu gewiß, daß sich Frank bei Helen befindet, in welcher ihr Unterbewußtsein bereits während der ersten Begegnungen in den Räumen des Museums eine nicht zu vernachlässigende Gefahr für ihre Beziehung zu Frank erkannt hatte. Glücklicherweise liegt das dezent erleuchtete kleine Meisterkabinett weitab der Hauptkorridore und belebteren Bereiche des weitläufigen Museums, weshalb Frank und Helen bis zu Christas Eintreffen eine ungestörte Stunde verbleibt, innerhalb derer beide bald besonderen Gefallen aneinander finden; Frank lernt die beständige sanfte Freundlichkeit, Geduld und nie bevormundende Klugheit, die Helen im Umgang mit ihm zeigt, hierbei ebensosehr zu genießen, wie sie die seinigen Vorzüge – die jedoch auch Christas Willen, Frank dauerhaft an sich zu binden, bestärken – zu schätzen lernt.

Helen schafft sich während des einstündigen Zusammenseins mit Frank anhand ihrer eigenen Beobachtungen und gestützt auf sein zunehmend bereitwilligeres, leises Erzählen ein deutliches Bild seiner bisherigen Beziehung zu Christa; obwohl sie Christas fortgesetzte und **mit gutem Recht** auch eigennützige Bemühungen um eine Weiterentwicklung Franks **grundsätzlich** durchaus würdigt, widerstrebt es Helen sehr, daß Christa ihr außergewöhnliches Beeinflussungsvermögen fortwährend nutzt, um Frank – in durchaus guter Absicht, **jedoch unter geringer Berücksichtigung seiner eigenen Interessen!** – mit sanfter Gewalt sukzessive ihrem Wunschbild eines kultivierten, adäquaten Partners anzupassen, der ein in ihrem Sinne luxuriöses Leben ebenfalls zu schätzten weiß.

Helen verspürt Christas Herannahen frühzeitig und gibt Franks Hand, die sie zuletzt sanft umfaßt hatte, bedauernd wieder frei, denn sie befürchtet, daß Christa durch einen solchen Ausdruck weitgehender verbindender Zweisamkeit allzusehr provoziert werden könnte; Christas regelmäßige und feste, zugleich aber auch ihren wachsenden Unmut verratende Schritte zunehmend deutlicher wahrnehmend, wendet sich Helen bald mit aufmerksamer Ruhe dem Eingang des Meisterkabinetts zu, um ihre unmittelbar bevorstehende Ankunft zu erwarten, wobei sie den neben ihr sitzenden Frank – der durch die nahenden festen Schritte sichtlich beunruhigt wird – in einer für Christa nicht sogleich erkennbaren, unauffälligen Weise abermals sanft berührt.

Christa – die das kleine, indirekt beleuchtete Kabinett innerhalb des nächsten Augenblicks in der ihr eigenen selbstsicheren und beherrschten Weise betritt – erfaßt binnen weniger Sekunden die gegebene Situation, auf welche sie sogleich ihrem Charakter gemäß reagiert, indem sie Helen während eines langen Moments (scheinbar emotionslos) prüfend betrachtet und einen ihn zutiefst verstörenden Blick auf Frank ruhen läßt, um das Museum sodann – von stillem Zorn und verhüllter, bitterer Enttäuschung erfüllt – raschen, harten Schrittes mit wehendem Seidenschal und bald lebhaft schwingendem weiten Pelz zu verlassen. Nachdem sie das Hauptportal der Nationalgalerie durchschritten und den Weg zu ihrem schwarzen Jaguar eingeschlagen hat, der am Rande des Trafalgar Square geparkt ist, beruhigt sich Christas zorngetriebener rascher Gang wieder ein wenig – ihr verborgener, durch die erlittene schmerzhafte Enttäuschung hervorgerufener Zorn mindert sich hingegen noch nicht!

Bei ihrem Zwölfzylinder-Jaguar angelangt, legt Christa zunächst ihren edlen braunblau gemusterten Pelz in den Fond ihres Wagens, um anschließend hinter dem Lenkrad Platz zu nehmen und den Motor anzulassen, wobei sie – einen kurzen Blick in ihren linken Außenspiegel werfend – auf dem Bürgersteig zu ihrer durchaus nicht unangenehmen Überraschung Sarah Hales bemerkt, die sich – langsam und sichtlich entspannt gehend – allmählich ihrem Auto nähert. Sarah bemerkt Christas offensichtlich abfahrbereiten Jaguar nach wenigen Sekunden ebenfalls und beschleunigt nun ihre Schritte, um ihrer seelenverwandten Freundin noch zu begegnen; Christa reagiert auf Sarahs sichtliche plötzliche Eile, indem sie den Motor ihres Wagens wieder abstellt und die Fahrertür (die aufgrund des in Großbritannien üblichen Linksverkehrs dem Bürgersteig zugewandt ist) nochmals ein wenig öffnet, um Sarah auf ihre Bereitschaft, ihr Eintreffen abzuwarten, unmißverständlich hinzuweisen.

Sarah beantwortet Christas Geste, indem sie aufatmend ihre Schritte verlangsamt und kurz darauf dankbar lächelnd an der nunmehr ganz geöffneten Wagentür erscheint, um Christa mit einer kurzen warmen Handberührung zu begrüßen. Christa entdeckt in Sarahs Gesicht bald einen Ausdruck leichter, fragender Besorgnis, aus dem sie schließt, daß es ihr nicht gelungen ist, ihren kaum geschwundenen inneren Zorn über Franks enttäuschendes Verhalten vollständig zu verschleiern, weshalb sie Sarah nun auffordert, sich zu ihr zu gesellen. Während Sarah die Beifahrertür öffnet, regen sich in Christas Geist bereits höchst unwillkommene erste Zweifel an der Richtigkeit ihres eigenen Verhaltens gegenüber Frank – es gelingt ihr jedoch, den mahnenden Gedanken an ein eventuelles eigenes Verschulden seines verletzenden Verhaltens unter Zuhilfenahme ihrer Geisteskräfte – zumindest vorerst – wieder weitestgehend aus ihrem Bewußtsein zu verbannen.

Sarah erkennt, daß es angebracht ist, Christa zunächst noch nicht auf den Grund ihrer Verstimmung anzusprechen, weshalb sie ihr lediglich mitteilt, daß sie Edward während des heutigen, sowie während der nachfolgenden vier Tage die alleinige Leitung des Hotels übergeben hat und hierdurch bis zum Wochenende von ihren beruflichen Pflichten befreit ist. Christa nimmt Sarahs unausgesprochenes Angebot eines mehrtägigen gemeinsamen Ausflugs gerne an und startet erneut den Motor ihres Wagens, um sich anschließend aus der Parkreihe heraus in den Verkehrsstrom des Trafalgar Square einzuordnen. Nachdem sie gemeinsam mit Sarah nochmals in das Kensington-Towers Hotel zurückgekehrt ist, um sich dort mit einer Auswahl ihrer Garderobe und einigen weiteren Reiseutensilien zu versorgen, wählt Christa in Übereinkunft mit Sarah eine Fahrtroute aus, die sie in relativ kurzer Zeit in südöstlicher Richtung aus dem Großraum London herausführt und bei New Romney schließlich an die östliche Kanalküste gelangen läßt.

Christa hatte an jenem Küstenabschnitt während einer zurückliegenden Englandreise ein ruhig gelegenes, luxuriöses Strandhotel aufgetan, das Sarah ebenfalls bekannt ist und – ungeachtet der dann spürbar geringeren Gästezahl – auch während des oft nebelreichen, regnerischen, britischen Winterhalbjahrs einen in charmanter Weise nostalgisch anmutenden, besonderen Luxus bietet, der dem „New Romney–Küstenhotel" ein häufig wiederkehrendes, wohlhabendes Publikum und somit zugleich ein langfristiges Überleben sichert! Im Verlaufe der mehrstündigen entspannenden Landstraßenfahrt durch die mitunter hügeligen Wald-, Park- und Heidelandschaften der Grafschaft Kent verliert Christas Zorn zu Sarahs stiller Befriedigung sichtlich an Kraft, da die belastende Erinnerung an Franks Verhalten zunehmend in den Hintergrund ihres Bewußtseins tritt und Christas Sinne hierbei wieder den **Freuden** ihrer Englandreise öffnet.

In demjenigen Maße, in welchem sich Christa und Sarah zielstrebig, doch ohne unangebrachte Eile der Kleinstadt New Romney nähern, gewinnt auch der britische Nebel, der seine Existenz im Londoner Stadtgebiet lediglich durch herbstlichen Dunst angedeutet hatte, zusehends an Substanz, um das unmittelbare Küstenhinterland schließlich bereits größtenteils in mitunter kaum mehr zu durchblickende, dichte Schwaden zu hüllen, die Christa bisweilen zu einer erheblichen Verminderung der Fahrgeschwindigkeit zwingen und sie bald veranlassen, nicht nur die

Nebelscheinwerfer und -schlußleuchten, sondern überdies auch die Fernlichter ihres schwarzen Jaguars einzuschalten. Christa und Sarah überwinden die letzten Kilometer, die sie noch vom New Romney–Küstenhotel trennen, gezwungenermaßen fast ausschließlich mit niedrigster Geschwindigkeit, wobei Christas Blick – von keiner nennenswerten Beunruhigung gestört, aber dennoch ihre äußerste Konzentration verratend – unablässig den vier weißen und zwei gelben Lichtkeulen folgt, die ihr Wagen in die vor ihm liegenden Nebelbänke sendet.

Christa und Sarah erreichen das New Romney–Küstenhotel erst in der einsetzenden Dämmerung eines bereits relativ weit fortgeschrittenen und auch jetzt noch von zuweilen beinahe undurchdringlichen Nebeln erfüllten, britischen Herbstnachmittages, weshalb sie angesichts des kurz nach der Jahrhundertwende eröffneten Hotels eine nicht zu leugnende, aufatmende Dankbarkeit empfinden; es handelt sich hierbei um ein Gebäude, das – ungeachtet seiner soliden, durch die unmittelbare Meeresnähe bedingten Bauweise – die gewissenhaft erhaltene Eleganz eines luxuriösen Kurhotels einer vergangenen Epoche erkennen läßt – eine Gegebenheit, deren Ursache darin liegt, daß das heutige New Romney–Küstenhotel bis zum Ausbruch des zweiten Weltkriegs tatsächlich als Lungensanatorium genutzt wurde und sich des regen Zuspruchs der vermögenden britischen Oberschicht erfreute!

Christa parkt ihren schwarzen Zwölfzylinder-Jaguar auf dem hellerleuchteten, jedoch von umso deutlicher sichtbaren, dichten Nebelschwaden durchzogenen Hotelvorplatz und geht gemeinsam mit Sarah die niedrige, halbrunde Freitreppe des vierstöckigen, von einer verglasten Kuppel gekrönten Gebäudes hinauf. Christa und Sarah werden als bekannte, gutsituierte Gäste des „New Romney“ schon auf der Freitreppe von einem leitenden Angestellten des Hotels empfangen, welcher sich – über die berufsbedingte Höflichkeit und Ehrerbietung hinaus – als nicht nur von Christa beeindruckt erweist, die nun wieder ihren langen Seidenschal trägt und sich erneut ihren braunblau gemusterten, weiten Pelz umgelegt hat, sondern auch Sarah – deren Äußeres Christas zunehmenden lobenswerten Einfluß verrät – mit stiller männlicher Bewunderung und leisem, anerkennendem Erstaunen betrachtet.

Vor ihrer Abreise aus London hatte Sarah für Christa und sich selbst jeweils eine der fünf geräumigen, lichten Suiten reservieren lassen, welche die oberste, vierte Etage des „New Romney“ größtenteils einnehmen und einen besonders eindrucksvollen Ausblick auf die stets bewegten Weiten der „Straße von Dover“ bieten, wobei das gegenüberliegende französische Festland an klaren Tagen ebenfalls zu erkennen ist – ein Sehgenuß, der durch die Tatsache, daß die Suiten aufgrund ihrer Breite einen besonders großen Anteil an der Balkonfront des erhöht gelegenen ehemaligen Lungensanatoriums haben, in zusätzlicher Weise gefördert wird. Christa verspürt nun mit zunehmender Intensität die Nachwirkungen ihrer mehrstündigen und zuletzt in außergewöhnlichem Maße kräftezehrenden Autoreise nach New Romney, weshalb sie sich gemeinsam mit Sarah sehr bald zu ihrer Suite hinauffahren läßt, die – ebenso wie alle anderen Gästeräume des Hotels – in ansprechender, luxuriöser Weise den Zeitgeschmack des beginnenden zwanzigsten Jahrhunderts wiedergibt.

Nachdem sie den äußerst zuvorkommenden Hoteldiener mit einem angemessenen Trinkgeld verabschiedet hat, nimmt Christa – noch mit Schal und Pelzmantel bekleidet – zunächst auf einem bequemen Polstersessel Platz, um eine erste kurze Phase der Erholung von den Beanspruchungen ihrer Nebelfahrt einzuleiten. Christa läßt auf diese Weise einige Minuten der ungestörten Entspannung vergehen, wonach sie sich – bereits ein wenig erholt – wieder langsam erhebt, um die Balkontür zu öffnen und in die feuchte, kühle Dunkelheit hinauszutreten; eine nebelerfüllte Finsternis, die das Meer vor Christas Blicken zu Gänze verbirgt und sie lediglich das gedämpfte Rauschen der tief unter ihr liegenden Brandung wahrnehmen läßt.
Obwohl die Gegenwart des offenen Meeres unzweifelhaft eine gewisse belebende Wirkung auf ihren Körper und Geist ausübt, verspürt Christa die bisher nur wenig gemilderten Nachwirkungen

ihrer Herfahrt bald von neuem, weshalb sie sich nach einer Viertelstunde schließlich wieder in ihre angenehm temperierte, luxuriöse Suite zurückzieht, ihre Tagesbekleidung gegen einen weinroten seidenen Hausanzug vertauscht und sich – genußvoll seufzend – in einer ihr eigenen Weise im komfortablen Jugendstilbett einrichtet, indem sie ihre Beine auf das zurückgeschlagene Oberbett legt, um sich anschließend mit dem ebenfalls angenehm wärmenden, braunseidenen Steppüberwurf zu bedecken.

Bald, nachdem sie sich – nunmehr sichtlich entspannt und zufrieden lächelnd – vollends der sanft einhüllenden Wärme ihrer bequemen Schlafstätte hingegeben hat, nimmt Christa an der Doppeltür, die ihre Suite mit der von Sarah bewohnten und nahezu gleichartig gestalteten Nachbarsuite verbindet, Sarahs kurzes, fragendes Klopfen wahr, welches sie mit der freundlichen Aufforderung, sogleich einzutreten, beantwortet. Christa betrachtet ihre Freundin, die im folgenden Augenblick den behaglich–luxuriösen Schlafraum betritt, mit besonderem Wohlgefallen, da Sarah jetzt – erstmals in Christas Gegenwart – ihren neuen knöchellangen, pflaumenblauen Seidenhausmantel mit entsprechendem breitem Seidengürtel trägt – ein Geschenk, das Christa im Rahmen ihrer fortgesetzten erfolgreichen Bemühungen, Sarahs Wesen in positivem Sinne zu beeinflussen, mit besonderer Sorgfalt ausgewählt hatte.

Christa bemerkt mit Genugtuung, daß Sarah zunehmenden Gefallen an ihrem neuen, geschmackvoll–luxuriösen Hausgewand findet, welches sie unter anfänglichen, unausgesprochenen Vorbehalten entgegengenommen hatte, da es in ihren Augen einen **zunächst** allzu deutlichen Kontrast zu ihrer sonstigen, weitestgehend von strenger Eleganz geprägten Hauskleidung bildete; während sie Sarah – die sich nun entspannten Schrittes ihrer komfortablen Ruhestätte nähert – mit freundlicher Aufmerksamkeit betrachtet, findet Christa überdies ein weiteres Mal eine Bestätigung der Richtigkeit ihrer Bemühungen um ihre seelenverwandte Freundin:

Sie stellt mit nicht geringer Befriedigung fest, daß der edle pflaumenblaue Seidenhausmantel, den sie – ihrem eigenen gehobenen Geschmack weitgehend folgend – für Sarah erworben hatte, tatsächlich einen durchaus erfreulichen Einfluß auf das Verhalten seiner nunmehrigen Trägerin nimmt, indem er ihre ehemals in krankhafter Weise ausgeprägte, durch Christas Bemühungen jedoch schon erheblich gemilderte Herbheit weiterhin abschwächt – eine Wandlung, die in der jüngeren Vergangenheit in einer sich allmählich herausbildenden, weiblich–entspannten, eleganten Lässigkeit der Bewegungen Sarahs ihren augenfälligsten Ausdruck fand und an diesem Abend – unter dem fördernden Einfluß des edlen Geschenkes Christas – in besonderem Maße abermals finden wird.
Die rettende Entspannung und innere Ausgeglichenheit, nach der sich Sarah unbewußt seit langem gesehnt hatte, äußert sich am heutigen Abend unerwarteterweise überdies in der Tatsache, daß sie ihr dereinst sichtlich ergrautes, in streng–eleganter Weise aufgestecktes Haar – welches sie gemäß Christas Rat bald zunehmend lockerer frisierte und zuletzt in einen mittleren Blondton gefärbt hatte – erstmals offen trägt. Christa betrachtet Sarahs neue Frisur, die ihrem Gesicht weitere Herbheit nimmt und es verjüngt, ebenfalls mit Wohlgefallen, zumal sie hierbei – trotz der zweifellos gegebenen geschmacklichen Eigenständigkeit – auch unverkennbare erneute Anzeichen ihrer bewußten und unbewußten Einflußname auf Sarah bemerkt.

Bald, nachdem Sarah zufrieden lächelnd dicht neben Christa auf dem Rande des Jugendstilbettes Platz genommen hat, um ihre Hand mit schwesterlicher Vertrautheit sanft zu umfassen, wird Christa eines zunehmenden Windgeräusches und eines wiederholten, leisen Rüttelns an den geschlossenen, hölzernen Balkontüren gewahr, welches sich wenig später als das erste Anzeichen eines herannahenden, schweren Küstensturmes erweisen wird. Der Gedanke an jenen nächtlichen Sturm, der die östliche Kanalküste – und hiermit auch New Romney – in den folgenden Stunden mit besonderer Intensität heimsuchen wird, beunruhigt Christa und Sarah jedoch kaum, denn sie wissen durch ihre früheren Besuche, die sie ebenfalls in der Herbst- oder Winterzeit unternahmen, bereits um die Sturmfestigkeit des solide gebauten Hotels.

Christa und Sarah verbringen die nun folgende halbe Stunde größtenteils mit freundschaftlich–entspannten Gesprächen über interessante Erlebnisse ihrer gemeinsamen Vergangenheit, wobei sich Sarah hin und wieder erhebt, um für einige Augenblicke nachsinnend im weiträumigen Schlaf- und Aussichtszimmer der Suite umher zu wandeln, wonach sie sich jeweils erneut auf den Rand des komfortablen Bettes setzt, in welchem Christa – von tiefer Zufriedenheit erfüllt dem aufkommenden Sturm lauschend – noch immer ruht. Es zeigt sich bald, daß der Sturm – zumindest vorerst – nur schnell fliegende graue Wolken, hingegen aber noch keine Niederschläge mit sich bringt, weshalb Christa nach dem Ende der soeben beschriebenen und bereits in sehr angenehmer Weise verbrachten halben Stunde den luxuriösen, braunseidenen Steppüberwurf zurückschlägt um das Bett zu verlassen, den weinroten seidenen Hausanzug gegen ihren – in angenehm erregender Weise umhüllenden – pelzgefütterten Seidenmantel zu vertauschen und abermals auf den Balkon hinauszutreten.

Christa schreitet den geräumigen Balkon ab, bis sie an einen Platz gelangt, an welchem ihr weites, warm umschmeichelndes Gewand durch die Luftwirbel in einer bestimmten Weise in regelmäßige, schwingende Bewegungen versetzt wird, was zur Folge hat, das Christas Haut durch das mitschwingende weiche Pelzfutter ihres cremefarbenen Seidenmantels auf eine besondere Art sanft gestreichelt wird, welche sie als außerordentlich genußbringend und anregend empfindet. Christa gibt sich nun für einige Minuten vollends der wohltuenden Umschmeichelung ihres luxuriösen, windbewegten Gewandes hin, wobei sie im Bemühen um eine weitere Steigerung des Genusses schließlich auch ihre Arme ausbreitet, weshalb sie Sarah, die ihr bald – in einen knöchellangen, hellbraunen, edlen Nerz gehüllt – auf den Balkon gefolgt war und ihr Tun mit Bewunderung und Amüsement beobachtet hatte, erst recht spät bemerkt.

Christa reagiert auf Sarahs Anwesenheit, indem sie genußvoll seufzend ihre Arme sinken läßt, um sich ihr anschließend mit einem Lächeln, das tiefste Zufriedenheit erkennen läßt, langsam zuzuwenden. Während sie Sarah betrachtet, die sich – dank ihrer sorgsamen, fördernden Beeinflussung – im Verlaufe der letzten vier Jahre in eine nunmehr durchaus attraktive Frau verwandelte hatte, verspürt Christa – der sexuelle Kontakte mit Angehörigen ihres eigenen Geschlechts bisher als wenig interessant und somit nicht erstrebenswert erschienen waren – in sich ein aufkommendes, ihr bis zu diesem Abend unbekanntes Verlangen, das sie mit wachsender Intensität drängt, auf Sarah zuzugehen, um sie sanft zu umfassen und in die Weiten ihres Gewandes hineinzuziehen.

Das erregende sanfte Streicheln des weichen Pelzfutters ihres windbewegten Seidenmantels hatte in Christa bereits den tiefen Wunsch nach einer weitergehenden Befriedigung ihrer körperlichen Bedürfnisse geweckt, weshalb es ihr nicht schwerfällt, sich von ihren eigenen Zweifeln an der Richtigkeit der Erfüllung ihres jetzigen, unvertrauten Verlangens rasch zu befreien, zumal sie in Sarah Gefühlsregungen bemerkt, die den ihren nicht unähnlich sind! Durch die gemeinsame Abreise aus London waren in Sarah ihrerseits schon erste Urlaubsempfindungen wachgerufen worden, welche im Verlaufe der mehrstündigen Autoreise nach New Romney – ungeachtet des sich verdichtenden Nebels und der durch ihn bedingten, zunehmenden Verlangsamung der Fahrt – kontinuierlich an Tiefe gewannen, so daß es zuletzt nur noch des geschmackvollen Luxus des „New Romney“ bedurfte, um aus Sarahs gehobener Stimmung heraus eine wachsende, nicht alltägliche Unternehmungslust entstehen zu lassen.

Unter dem Einfluß dieser Unternehmungslust gelingt es Sarah erstmals, sich selbst ein körperliches Verlangen nach ihrer außergewöhnlich attraktiven, selbstbewußten und über bemerkenswerte geistige Fähigkeiten verfügenden, seelenverwandten Freundin Christa einzugestehen – ein

Verlangen, das in aller Stille in Sarah erwachsen war und die Energie, die es benötigte um ihren eigenen inneren Widerstand zu entkräften, schließlich durch Christas erregenden, genußvollen „Windtanz" erhielt! Während Christa – zuneigungsvoll lächelnd und mit sanft schwingendem Gewand – langsam auf Sarah zugeht, bemerkt sie in deren Augen einen Ausdruck besonderer freudiger Erwartung, welcher die tatsächliche Gemeinsamkeit ihrer augenblicklichen Wünsche und Empfindungen vollends bestätigt, weshalb Christa bald in sanfter, vielversprechender Weise Sarahs Hand ergreift, um sie in ihre Suite zu führen.

* * * * *

Sarah erwacht in der zweiten Vormittagsstunde des neuen Tages neben der noch tief und **sichtlich befriedigt** schlafenden Christa, mit der sie während der nun vergangenen, in mehrfachem Sinne **sturmerfüllten** Nacht gemeinsam erotisches Neuland betreten hatte, wobei sie ein berauschendes sexuelles Abenteuer erlebte, das die bereits hohen, berechtigten Erwartungen, die sie in Christas Fähigkeiten gesetzt hatte, noch bei weitem übertraf und sowohl ihr als auch Christa ein zunächst unverhofftes, überaus angenehmes Bild der gleichgeschlechtlichen Liebe vermittelte. Sarah befreit sich behutsam aus Christas entspannter, aber selbst im Schlaf noch sanft besitzergreifender Umarmung um sich leise zu erheben, wonach sie die Bettdecke mit schwesterlicher Fürsorglichkeit wieder bis über Christas entblößte Schultern hinaufzieht.

Nachdem sie sich für einige Augenblicke in ihre eigene Suite zurückgezogen hat, um das gemeinsame Morgenmahl ohne vermeidbare, vorzeitige Störung des genußreichen Schlafes ihrer Freundin telephonisch bestellen zu können, geht Sarah – in einen warmen, luxuriös–eleganten, braunsamtenen Hausmantel gehüllt – auf den morgendlichen, von grauem Dämmerlicht erfüllten, weiträumigen Balkon hinaus, um ihren Blick über das gleichfalls graue, von kräftigem Wind bewegte Meer schweifen zu lassen, welches sich unter einer geschlossenen, mäßig strukturierten Wolkendecke bis zu nur noch schemenhaft wahrnehmbaren Horizonten ausdehnt.

Während sie mit ihren Blicken dem befestigten Fußweg folgt, der auf dem breiten, grasbewachsenen Plateau der Steilküste eine angenäherte Parallele zur Küstenlinie bildet, regt sich in Sarah der Wunsch, gemeinsam mit Christa entlang der nahezu menschenleeren Küste eine Wanderung von einigen Kilometern Länge zu unternehmen, um Christa in deren Verlauf auf den Grund ihrer mittlerweile geschwunden, aber ursprünglich deutlich spürbaren Verstimmung anzusprechen. Sarah weiß, daß Christa gelegentliche, ausgedehntere Wanderungen an herb–romantischen, nordeuropäischen Meeresküsten als sehr angenehm empfindet und – bei trockenem Wetter – auch durch kräftigen Wind und niedrige Temperaturen noch nie von einer solchen Wanderung abgehalten werden konnte, da sie während jener Wanderung stets eine nachhaltige und zuverlässig eintretende Erfrischung ihres Geistes und Körpers erfahren hatte.

Sarah hatte die breite Fenstertür während ihres Aufenthaltes auf dem Balkon nicht wieder verschlossen, weshalb sie Christa bei der Rückkehr an ihr Bett bereits durch die frische, kühle Seeluft und das deutlich vernehmbare Rauschen des lebhaft bewegten Meeres geweckt findet. Sarah wird von ihrer entspannt im komfortablen Jugendstilbett ruhenden Freundin mit einem Lächeln tiefster Zufriedenheit begrüßt, welches auf sehr angenehme Erinnerungen an die Geschehnisse der jüngst vergangenen Nacht schließen läßt und Sarah dazu bewegt, jene Erinnerungen – die sie durchaus mit Christa teilt – nochmals durch ein sanftes, wissendes Streicheln aufzufrischen, welches Christa beantwortet, indem sie sich im Bett aufrichtet, um Sarah während eines langen, genußvollen Augenblicks an ihre angenehm schlafeswarme Seite zu ziehen.

Im Verlauf des gemeinsam genossenen Frühstücks äußert Sarah ihre Idee, eine Küstenwanderung zu unternehmen – ein Vorschlag, welcher von Christa (die sich, das Bett verlassend, in ihren honigfarbenen seidenen Stepphausmantel gehüllt hatte) sogleich beifällig aufgenommen wird, da in ihr schon während ihres gestrigen, abendlichen „Windtanzes" angesichts des in der Tiefe rauschenden, weiten nächtlichen Meeres ein drängendes Bedürfnis, sich am heutigen Tage auf eine solche Wanderung zu begeben, erwacht war. Christa nimmt ihr wohlschmeckendes und in geschätzter Weise reichhaltiges Frühstück in angenehmer, belebter Erwartung des bevorstehenden Ausflugs durchaus mit Genuß, aber dennoch von einem wahrnehmbaren wohligen Tatendrang erfüllt, ein, wonach sie sich ebenso wie Sarah, die sich zu diesem Zweck in ihre eigene Suite zurückzieht, für die gemeinsame, mehrstündige Küstenwanderung vorbereitet.

Christa bekleidet sich in Anbetracht des kühlen, stets windigen und nicht selten stürmischen, herbstlichen Seewetters mit einem sandfarbenen Hosenanzug und einer ebenso bequemen wie eleganten, seidig schimmernden, braunen Stepplangjacke, die ihr während früherer, unter vergleichbaren Wetterbedingungen unternommener Wanderungen durch komfortable, wärmende Umhüllung bereits sehr gute Dienste geleistet hatte. Nachdem sie ihrem grundlegenden Bedürfnis, in jeder Lebenslage in angenehmer, luxuriöser Weise gekleidet zu sein, auch im Hinblick auf die bevorstehende Küstenwanderung vollends gerecht geworden ist, geht Christa in Sarahs Suite hinüber, in welcher sie von ihrer Freundin – die sich für die gemeinsame Wanderung ihrerseits in ländlichem, sportlich–britischem Stil gekleidet hat – seit wenigen Minuten erwartet wird.

Während sie auf Sarah zugeht, bemerkt Christa in den Augen ihrer Freundin einen Ausdruck unverhohlenen, bewundernden Amüsements, der sie sogleich an Sarahs Reaktion auf ihren gestrigen abendlichen „Windtanz" denken läßt. Sarah zieht aus Christas Gedankenbewegungen – die sie dank ihrer außergewöhnlichen Wahrnehmungsfähigkeiten zumindest in recht deutlicher Weise zu **erahnen** vermag – nach einigen Sekunden den Schluß, daß es Christa – im Gegensatz zum gestrigen Abend – im jetzigen Augenblick offenbar nicht gelingt, die Ursache der Gefühlsregung ihrer Freundin zu ergründen; Sarah weist Christa deshalb nun in sanft–belustigtem Ton darauf hin, daß man sie angesichts ihrer edlen, sportlich-eleganten Bekleidung beispielsweise durchaus in einem mondänen Wintersportort, aber wohl kaum in einer herbstlichen, von Stürmen und Nebeltagen geprägten, britischen Küstenlandschaft vermuten würde.
Christa räumt hierauf mit verstehendem Lächeln ein, daß ihre Bekleidung tatsächlich nicht unbedingt auf ihre unmittelbare Absicht, eine Küstenwanderung zu unternehmen, schließen läßt; sie weist Sarah allerdings auch darauf hin, daß ihr eine andere als die ihr eigene, luxuriös–komfortable Bekleidungsweise ein stetes, ihr Wohlbefinden spürbar beeinträchtigendes Unbehagen bereiten würde!

Christa findet die Wahl ihrer Kleidung bereits in demjenigen Augenblick bestätigt, in welchem sie die wohnlich–luxuriöse Eingangshalle des „New Romney" durch eine mehrfarbig verglaste Jugendstil–Doppeltür verläßt, um gemeinsam mit ihrer Freundin zunächst den oberen Absatz der halbrunden Freitreppe zu betreten: Der erfrischende, salzhaltige Seewind hatte während der schon vergangenen Morgenstunden gegenüber der Nacht kaum an Kraft verloren, weshalb Christa bald den angenehm und zuverlässig wärmenden, breiten Kragen ihrer bequemen langen Steppjacke hochschlägt und am Halse verschließt.

In komfortabler, sportlich–<u>eleganter</u> Weise warm eingehüllt, wirft Christa einen kritisch prüfenden Blick auf die Bekleidung ihrer Begleiterin, welche einen unleugbaren geschmacklichen Widerspruch zu ihrem sandfarbenen Hosenanzug und ihrer schokoladenfarbenen, seidig schimmernden Steppjacke bildet, indem sie Sarah das Aussehen einer eher konservativ geprägten, selbstbestimmten Besitzerin eines englischen Landgutes und Jagdreviers verleiht; Christa begnügt sich jedoch nicht mit jenem wortlosen Hinweis auf die offensichtliche Unterschiedlichkeit der Bekleidung, die Sarah und sie selbst für ihre Küstenwanderung ausgewählt hatten: sie zieht – erkennend, daß ihr Blick zutreffend gedeutet worden ist – überdies in freundschaftlich–kritischem Ton in Zweifel, daß Sarahs Jagdkostüm und -mantel einen ausreichenden Schutz gegen den lebhaften, frischen Seewind bieten werden.

Sarah beantwortet Christas Zweifelsäußerung zunächst mit einem Hinweis auf ihr erfolgreiches Bemühen, ihre Gesundheit und allgemeine Widerstandsfähigkeit durch regelmäßige und planvolle sportliche Betätigungen zu erhalten und zu fördern; hernach nutzt sie die sich bietende Gelegenheit, um Christa (nicht zum ersten Male) daran zu erinnern, daß sie sich – trotz ihrer gegenwärtig gewiß über jeden Zweifel erhabenen körperlichen Verfassung – im Interesse der Erhaltung ihrer eigenen Gesundheit und unbestreitbaren Attraktivität nicht nur auf Tennisplätzen sportlich betätigen sollte.

Die breite Eingangstreppe entspannt hinab schreitend und die Lebhaftigkeit des kühlen Seewindes, der ihr Gesicht erfrischt und ihr volles, schulterlanges Haar angenehm durchlüftet, zufrieden lächelnd genießend, erinnert Christa nun daran, daß sie das Tennisspiel – wenn auch als einzige Sportart – mit regelmäßiger Häufigkeit auf anerkanntem, beinahe professionellem Niveau betreibt, wodurch es ihr gelingt, die Notwendigkeit der Erhaltung ihrer körperlichen Leistungsfähigkeit mit dem Vergnügen an der kämpferischen Beweisstellung ihres außergewöhnlichen Reaktions- und Ausdauervermögens zu verbinden. Sarah sieht sich außerstande, Christas Argumente in glaubhafter Weise zu widerlegen – sie sähe sich (sofern sie durch ihre Freundin zu einer Stellungnahme aufgefordert würde) sogar genötigt, ihr vorbehaltlos zuzustimmen (eine Einsicht, die sie während eines kurzen Augenblicks mit einer Empfindung leichten Unbehagens erfüllt!).

Christa hüllt sich für einige Minuten in entspanntes Schweigen, um ihre Gedanken – zu Sarahs stiller Erleichterung – wieder von Fragen des Kleidergeschmacks oder der persönlichen Gesunderhaltung abzuwenden und sich sinnlich in weitestmöglicher Weise den angenehm belebenden Eindrücken des windbewegten, weiten, grauen Meeres, sowie der herb–romantischen südostenglischen Küstenlandschaft zu öffnen. Nachdem sie einen ersten kleinen Teil des in westlicher Richtung bis in den 24 km weit entfernt liegenden Hafenort „Rye Harbour“ führenden Küstenwanderweges größtenteils in gemeinsamer, entspannter Stille zurückgelegt und die – zu dieser Jahreszeit fast immer anzutreffende – weitestgehende Menschenleere dieses Küstenabschnitts genossen haben, sieht Sarah den richtigen Zeitpunkt für ein Gespräch über Christas gestrige Verstimmung als gekommen an:

Indem sie ihre Freundin und Wandergefährtin auf die bereits erahnte Ursache ihres abgeklungenen Unmuts anspricht, bemüht sich Sarah um einen gemessenen, ruhigen Tonfall, denn sie weiß, daß es wenig ratsam ist, sich gegenüber Christa in provozierender Weise über eine möglicherweise von ihr getroffene Fehlentscheidung zu äußern – Christa würde ein solches „Mißverhalten“ beantworten, indem sie Sarah in höflichen, aber unmißverständlichen Worten, sowie vermittels eines kurzen, eindringlichen Blickes ihrer unergründlichen dunklen Augen darauf hinwiese, das sie augenblicklich keinesfalls gewillt sei, sich über einen **eventuell** begangenen Fehler mit ihr auszutauschen. Auf unmittelbar nachfolgende nochmalige Erinnerungen an den möglicherweise begangenen Irrtum würde Christa anfänglich mit auch jetzt noch höflichen, aber dennoch eine rasch zunehmende Kälte der Empfindungen erkennen lassenden Antworten reagieren, um das unerwünschte Gespräch mit dem mißliebigen Kritiker bald gänzlich zu verweigern!

Christa honoriert Sarahs kluges Vorgehen, indem sie ihre Erinnerungen an den Verlauf des – aus ihrer Sicht zuletzt sehr unerfreulichen – gestrigen Museumsbesuches anfänglich ein wenig widerstrebend, aber bald zunehmend bereitwilliger wiedergibt und schließlich auch ihre nicht zu leugnende eigene Mitschuld an Franks Verhalten einräumt; Christa irritiert Sarah überdies dadurch, daß sie einer vorhersehbaren Äußerung ihrer Freundin zuvorkommt, indem sie selbst darauf hinweist, daß sie durch die Künstlerin Helen Brentwood in eine Situation gebracht wurde, in der sich Sarah – **durch Christas damalige Einwirkung auf Edward** – vor vier Jahren ihrerseits befand; Sarah gibt das Gesprächsthema schweigend und von nicht gänzlich verborgenem Unbehagen erfüllt vorerst auf!

* * * * *

Wir verlassen Christa und Sarah nun für einige Zeit, um zum beginnenden gestrigen Nachmittag und in die Londoner Nationalgalerie, und somit auch zu Frank und Helen Brentwood zurückzukehren:

Helen verläßt die Nationalgalerie nach Christas raschem, von stillem Zorn und verhüllter, bitterer Enttäuschung bestimmtem Fortgang ebenfalls recht bald, wobei sie ihren **durch Christas stillen, kalten Zorn zutiefst erschütterten**, dankbaren neuen Verehrer und „Schützling" Frank mit sich nimmt; sein bereits während der ersten kurzen Begegnungen mit ihr erwachtes, in der gemeinsam verbrachten, stillen Stunde herangereiftes und nun offenbar vollständiges Vertrauen erfüllt Helen einerseits mit einer warmen Empfindung weiterhin wachsender Sympathie und Zuneigung zu Frank – andererseits bestärkt es sie allerdings auch abermals in ihrer Überzeugung, daß Christa im Umgang mit ihrem um zwanzig Jahre jüngeren „jungfräulichen" Verehrer manche **im nachhinein** folgenschwere Fehler begangen haben muß, wobei sie jetzt einen **letztendlich ausschlaggebenden** Fehler beging, indem sie Franks Interessen und Bedürfnisse während ihres heutigen Museumsbesuches bald zunehmend vernachlässigte und schließlich – nur noch dem Kunstgenuß hingegeben – gänzlich ignorierte!

Helen verspürt nun erneut ihr – mittlerweile gewachsenes – inneres Widerstreben gegen die Art und Weise, in der Christa bisher von ihren außergewöhnlichen psychologischen und erotischen Fähigkeiten Gebrauch machte, indem sie Frank – unter unzureichender Berücksichtigung seiner eigenen Zukunftsvorstellungen – fortschreitend ihren persönlichen Wünschen anpaßte, wobei sie seine Unerfahrenheit offenbar ebensosehr ausnutzte wie sein Anlehnungsbedürfnis, welches aus jener Unerfahrenheit resultiert.

Helen bringt Frank nun auf direktem Wege zu ihrem geräumigen, komfortablen Geländewagen, den sie in einer nahegelegenen Seitenstraße geparkt hatte, wobei sie sanft und zufrieden lächelnd bemerkt, daß er ihre zuneigungsvolle, sein bereits sehr weitgehendes Vertrauen zu ihr abermals bestätigende Führung von **besonderer Dankbarkeit** erfüllt annimmt. Im noch stehenden Auto neben Frank sitzend und ihn in beruhigender Weise sanft berührend, stellt Helen nach einigen Minuten bereits erleichtert fest, daß die Anzeichen seiner durch Christa hervorgerufenen Bestürzung und schmerzhaften Verwirrung zunehmend den Ausdrücken eines wieder einkehrenden inneren Gleichgewichts, sowie der offenen Erleichterung und erneuten ungetrübten Freude über seine schon sehr beglückende erste Begegnung mit seiner wohltuend einfühlsamen „Retterin" weichen.

Franks Lebensgeister erwachen **dank des in angenehmster Weise belebenden Einflusses seiner unmittelbar neben ihm sitzenden, neu gewonnenen und ebenso attraktiven wie vertrauenerweckenden Freundin Helen** bereits während der gemeinsamen Fahrt durch Londons Innenstadtstraßen innerhalb eines Zeitraums, dessen Kürze auch Helen selbst angenehm überrascht, zu neuen Taten: Frank rückt bald sehr nahe an seine neue Freundin heran, um zu Beginn der Überlandfahrt schließlich sanft ihre Seite zu berühren und ihren Arm zu umfassen, wobei er den Umstand ausnutzt, daß Helens komfortabler amerikanischer Geländewagen mit einem automatischen Getriebe ausgestattet ist und auch vorne eine – in Europa eher unübliche – bequeme, ungeteilte Sitzbank aufweist (hierbei glaubt Helen bald beinahe, aus Franks Kehlkopf das Schnurren eines außergewöhnlich zufriedenen Katers zu vernehmen!).

Frank empfindet Helens Weise, sich an kühlen Tagen in bequeme, weite und überdies sehr angenehm wärmende lange Kleider und Mäntel aus edlen, naturfarbenen Wollstoffen zu hüllen, als sehr ansprechend und – gemessen an Christas pelzerner und seidener Herbst- und Wintergarderobe – als jetzt noch wesentlich anziehender und reizvoller, da sie in seinen Augen einen gelungenen äußeren Ausdruck der ihm nun zufließenden klugen Sanftheit und einfühlsamen Zuneigung seiner neu gewonnenen Freundin bildet.

Ebenso wie Christa und Sarah Hales geraten auch Frank und Helen Brentwood im Verlaufe ihrer mehrstündigen Fahrt (die sie jedoch nicht an die Kanalküste, sondern in den nordwestlichen Teil Englands führt) in ausgedehnte Felder zunehmend dichteren Nebels, der ihnen außerhalb der durchfahrenen Siedlungen, Ortschaften und Städte zuweilen nur die Straßenrandmarkierungen als Orientierungspunkte läßt. Helen hatte angesichts der Jahreszeit und Wetterlage bereits frühzeitig mit einer baldigen spürbaren Verdichtung des Nebels gerechnet, weshalb sie für ihre Heimfahrt nun weitestgehend Landstraßen auswählt und Autobahnen meidet, um nicht in nebelbedingte Staus und Auffahrunfälle hineinzugeraten. Helen ist ebenso wie Christa und Sarah eine versierte und in größeren Teilen Englands ortskundige Autofahrerin, weshalb ihr die Auswahl eines nicht allzusehr zeitraubenden Weges zu ihrem Wohnort auch abseits der Fernschnellstraßen nicht schwerfällt.

Die mehrstündige, von keiner wahrnehmbaren Eile geprägte Landstraßenfahrt durch die zunehmend in nicht unromantischer Weise in Nebelschwaden gehüllte englische Provinz gefällt Frank durchaus; er empfindet es als sehr wohlseinsfördernd, im angenehm beheizten und ruhig dahinrollenden Auto (angesichts der vorbeiziehenden, in Nebel und beginnende spätherbstliche Nachmittagsdämmerung gehüllten Felder und Waldstücke) die wohltuende seelische und körperliche Wärme seiner unmittelbar neben ihm sitzenden und sehr angenehm gekleideten, attraktiven Freundin in sich aufzunehmen, wobei er auch jetzt stets sanft ihre Seite berührt – Helen beantwortet Franks Verhalten mit zuneigungsvollem Lächeln und indem sie ihre sanft aufliegende Hand nur selten von ihm nimmt!

Der zusehends dichter werdende Nebel läßt bald nur noch ein spürbar gemäßigtes Fahrttempo zu, so daß Frank und Helen erst im Verlauf der vierten Nachmittagsstunde in Helens Wohnort Moorhill („Heidehügel") eintreffen, in dem sie vor etwa zehn Jahren ein altenglisches Landanwesen angenehmer Größe gekauft hatte, daß von seinem damaligen Besitzer – einem passionierten Londoner Freizeitjäger – zu jener Zeit bereits nur noch sehr unregelmäßig und überdies zunehmend seltener als Wochenendaufenthalt und Ausgangsort seiner Jagdausflüge genutzt worden war. Helen hatte das mäßig gut erhaltene Wohngebäude des auf einer leichten Anhöhe gelegenen und den äußersten westlichen Rand des Ortes bildenden Anwesens in sehr ansprechender, geschickter Weise renoviert, wobei sie sich bei der Einrichtung ihrer behaglichen Wohn- und Atelierräume im Rahmen des Angebrachten erfolgreich um eine weitgehende Wiederherstellung und Erhaltung der kunstvollen historischen Außenfassaden bemühte.

Helen und Frank passieren Helens Grundstückseinfahrt im schwindenden blaugrauen Zwielicht der fortschreitenden Dämmerung, wobei ihr Weg in unverminderter Weise von träge ineinander fließenden Schwaden des nun sehr dichten Landnebels gesäumt wird. Frank empfindet den bereits jetzt wahrnehmbaren warmen Schein der weit in den Nebel hinausstrahlenden, helligkeitsgesteuerten Außenbeleuchtungsanlage des in einladender Weise illuminierten mittelgroßen Fachwerkhauses nach der ausgedehnten Nebelfahrt als sehr beruhigend und – vor dem Hintergrund der bisherigen Erzählungen Helens – hinsichtlich ihres Domizils als in angenehmer Weise verheißungsvoll; Helen nimmt Franks wohlige, erwartungsvolle Vorfreude zuneigungsvoll lächelnd und ihrerseits von einer äußerst angenehm befriedigenden Empfindung der Richtigkeit ihres Handels erfüllt zur Kenntnis – ihr jetziges besonderes Wohlbefinden äußert sich jedoch auch darin, daß sie ihre Hand während des verbleibenden kurzen Augenblicks der Fahrt zum Haupteingang ihres Hauses abermals in besonders sanfter, wissender Weise auf Frank ruhen läßt, der dies als sehr anregend und wohltuend empfindet!

Helen bringt ihren Geländewagen schließlich mit einer routinierten weichen Bremsung auf dem leise knirschenden feinen Kies des hell erleuchteten Vorplatzes ihres Hauses zum Stehen. Während sie den Motor abstellt und die Fahrertür öffnet, weist Helen Frank mit zuneigungsvollem Blick und warmer Stimme an, noch nicht auszusteigen, wonach sie lächelnd und leichten Schrittes um ihr Auto herumgeht und die Beifahrertür öffnet, um Frank mit sanft leitender Hand in ihre bald stimmungsvoll erhellten und in angenehmster einladender Weise eingerichteten Wohnräume zu führen – Frank genießt die ihm jetzt zuteil werdende Behandlung zu Helens Freude und Befriedigung sichtlich in besonderem Maße und er bemerkt, daß es ihm dank ihrer unterstützenden Hilfe bereits möglich ist, die Bemühungen seiner neuen Freundin zu belohnen indem es ihm gelingt, sich von seinen bedrückenden Erinnerungen an seine jüngste Begegnung mit Christa allmählich zu lösen!

Helen führt Frank mit sanfter warmer Hand in ihr geräumiges Kaminzimmer, das als Hauptwohnraum den westlichen Teil des Erdgeschosses bildet, weshalb es während des Hausumbaus unter anderem mit zwei breiten doppelflügeligen Fenstertüren versehen wurde, welche seitdem einen sehr bequemen, direkten Zugang zum diesseitigen Garten ermöglichen und tagsüber außerdem einen ansprechenden Ausblick auf die nahegelegene offene Heidelandschaft bieten, wobei die ersten Vorboten der Heidevegetation bereits auf Helens Grundstück zu finden sind. Frank fühlt sich in Helens angenehm beleuchteten und beheizten Kaminzimmer, welches seit der grundlegenden Renovierung ebenso wie alle anderen Wohnräume baulich kaum mehr als Bestandteil des Inneren eines altenglischen Fachwerklandhauses zu erkennen ist, bald außergewöhnlich wohl, zumal ihn Helen gleich zu Beginn zu einer besonders bequemen zweisitzigen Couch geleitet, die den angenehmen Farbton der Wollgewänder Helens wiedergibt und von zwei niedrigen, warm leuchtenden Milchglas–Kugellampen flankiert wird.

Helen zieht Frank bereits während des gemeinsamen Niedersetzens in nun schon vertrauter und besonders geschätzter Weise ein weiteres Mal zuneigungsvoll an ihre Seite und in den warmen Duft ihrer weichen, weiten Wollgewänder hinein, wodurch sie ihm (ungeachtet des Umstands, daß er sich in Augenblicken wie diesem **auch in *Helens* ausschließlichem Beisein** zumindest unterschwellig an Christas **beunruhigende Vorgehensweise** erinnert fühlt) abermals eine überaus angenehme und erstrebenswerte Empfindung sanfter Wärme bereitet, welche seine Psyche und Physis wohltuend durchdringt und bald gänzlich ausfüllt.

Helen schließt aus Franks bisherigen Erzählungen, daß ihr jetziges Tun bei oberflächlicher Betrachtung durchaus an Christas Verhalten zu erinnern vermag, weshalb sie in demjenigen Augenblick, in welchem ihr selber unerwartet bewußt wird, daß sie seine offenen und in anrührender Weise vertrauensvollen Sympathiebeweise auch als zutiefst befriedigende Bestätigung ihrer persönlichen Fähigkeiten genießt, eine zwar leise, aber dennoch wahrnehmbar fragende Stimme ihres eigenen wachsamen Gewissens vernimmt; Helens Genuß ihres ersten gemeinsam mit Frank verbrachten Abends wird durch jenen kurzen „inneren Zwischenruf“ indessen nicht im Mindesten beeinträchtigt, da sie sich selbst **mit durchaus gegebener Berechtigung** als Wohltäterin ihres jungen Verehrers ansieht – eine Rolle, die sie ihrerseits als ausgesprochen angenehm und beibehaltenswert empfindet!

Frank empfindet die sanft vereinnahmende Art und Weise, in welcher er sich jetzt in Helens bequeme, weite Wollgewänder miteingehüllt sieht, ebenfalls als sehr ansprechend und wohlseinsfördernd, zugleich fühlt er sich jedoch bereits zum zweiten Male in leicht beunruhigender Form an Christas wohlkalkulierten verführerischen Umgang mit ihm erinnert. Helen weiß um die Natur des unliebsamen Zwiespalts, in den ihr „Schützling“ und Verehrer soeben in einer für ihn unverhofften Weise hineingeraten ist, und aus welchem er sich nunmehr zu befreien sucht. Helen unterstützt Franks innere Wegsuche, indem sie die sanfte Umhüllung ihrer weiten Gewänder mit liebevoller Hand zum größten Teile wieder von ihm nimmt, um ihn hiernach mit freundschaftlich aufmunterndem, zuneigungsvollem Blick erneut zu betrachten, wobei es ihr schließlich gelingt, Franks aufgekommene Zweifel durch warme, klug gewählte Worte in der erhofften Weise zu entkräften, um seinen Geist wieder gänzlich den bevorstehenden Genüssen des gemeinsamen Abends zu öffnen.

* * * * *

Das von Christa anfänglich wenig geschätzte, aber dennoch unvermeidbare Gespräch über die Ursachen ihrer gestrigen, tiefgreifenden Verstimmung zieht zunächst ein Verstummen der beiden entspannt dahinwandernden Frauen nach sich, welche nun angesichts des weiten, windbewegten, grauen Meeres und der herb romantischen Küstenlandschaft einige Minuten in nachsinnendem Schweigen verbringen. Der Anblick eines großen, in dunstgrauer Ferne scheinbar äußerst langsam vorbeiziehenden Containerfrachtschiffes ruft in Sarah eine bereits einige Wochen zurückliegende und aus ihrem Gedächtnis beinahe schon wieder entschwundene Idee wach, die angesichts eines alten amerikanischen Spionage- und Seekriegsfilmes an einem ruhigen Abend in ihr erwachsen war:

Während sie der Besatzung des von Clark Gable „kommandierten" amerikanischen U-Bootes bei ihren Bemühungen, den hinterhältigen Überfällen der japanischen Kriegsmarine ein Ende zu bereiten, zugesehen hatte, hatte sich in Sarah unerwartet die leise Frage nach ihrer eigenen Bereitschaft, sich im Falle einer äußeren Bedrohung – und unter Inkaufnahme eines gewissen persönlichen Risikos – auch selbst für ihr Heimatland einzusetzen, erhoben. In sich gehend, hatte Sarah ungeachtet ihrer Liebe zu ihrer landschaftlich reizvollen westenglischen Heimat bald ein ausgeprägtes Gefühl des Widerwillens gegen eine Einordnung in ein nicht von **ihr** dominiertes behördliches oder militärisches Hierarchiesystem empfunden, weshalb sie eine freiwillige Mitwirkung in entsprechenden Organisationen hinsichtlich ihrer eigenen Person entschieden ausschloß.

Ihre wiedererweckte Idee in die Tat umsetzend, breitet Sarah nun ein erdachtes Szenario vor ihrer Freundin Christa aus, um deren voraussichtliche Reaktion auf eine mögliche indirekte äußere Bedrohung ihrer weitgefaßten Lebenswelt zu ermitteln: sie fordert Christa auf, sich anstelle des fern der Küste vorbeiziehenden Containerfrachtschiffes ein sowjetisches Spionageunterseeboot zu denken, welches sich getaucht in britischen Hoheitsgewässern bewegt, um verschlüsselte Nachrichtenübertragungen des nationalen Geheimdienstes abzuhören und unentdeckt sowjetische Spione nach Großbritannien zu bringen; Sarah führt weiterhin aus, daß diese Spione auf militärische Anlagen der britischen Marine angesetzt wären, welche im Rahmen der Verteidigung der westlichen Welt von nicht unerheblicher Bedeutung seien, da von ihnen aus Einsatzbefehle an Nuklearwaffen tragende Atom-U-Boote der britischen und US-amerikanischen Atlantikflotte ausgesendet würden.

Sarah fordert ihre Freundin abschließend auf, sich einen an sie selbst gerichteten Anwerbungsversuch des britischen Geheimdienstes vorzustellen, welcher seitens des Anwerbungsbeamten mit dem Eingeständnis, daß man Christas Aktivitäten bereits seit einiger Zeit beobachtet habe und ihre Weltgewandtheit, ihre Intelligenz, sowie ihre außergewöhnlichen psychologischen Fähigkeiten im Sinne seiner Organisation als sehr verlockend ansehe, begründet würde – infolgedessen trete man nunmehr in der Hoffnung, Frau von Drostenburg als gewiß bald sehr geschätzte Mitarbeiterin gewinnen zu können, an Christa heran!
Christa bringt sichtlich amüsiert ihre Bewunderung des eindrucksvollen und äußerst schmeichelhaften, phantasievollen Gedankenbildes ihrer Freundin zum Ausdruck – sie gibt ihr allerdings auch zu verstehen, daß ihre Abneigung gegen eine gewiß sehr interessante, aber ursächlich in jedem Falle fremdbestimmte Tätigkeit nicht minder ausgeprägt ist; überdies sei sie nicht bereit, im Interesse meist fremder Personen persönliche Risiken auf sich zu nehmen!

Christa unternimmt ausgedehntere Küstenwanderungen stets nur in Gebieten, in welchen Landrestaurants gehobenen Niveaus in ausreichender Zahl und relativ geringer Entfernung an ihr bekannten Plätzen zu finden sind, wodurch sie sich die Möglichkeit schafft, eine Wanderung bei Bedarf ohne vermeidbare Beschwernisse zu unterbrechen oder auch vorzeitig zu beenden, indem sie sich – nach dem Genuß eines deliziösen, ihre Kräfte regenerierenden Males – ein Taxi bestellen läßt, das sie zu ihrem Hotel oder eigenen Auto zurückbringt. Christa und Sarah treffen im nahe der

Steilküste auf einer Anhöhe gelegenen und somit einen eindrucksvollen Ausblick auf Meer und Küstenzug bietenden Traditionsrestaurant „Coast View“ („Küstenblick“) zur rechten Zeit ein, da der bisher lediglich recht kräftige Wind bald darauf einem erneuten langanhaltenden Sturm atlantischer Herkunft weicht, welcher überdies intensive Niederschläge mit sich bringt.

Christa und Sarah hatten das „Coast view“–Restaurant ebenso wie das „New Romney Küstenhotel“ bereits im Rahmen früherer gemeinsamer Ausflüge kennen und schätzen gelernt, wobei sie während ihres ersten Besuches im „Coast view“ angenehm überrascht die auffallende Ähnlichkeit der äußeren und inneren Gestaltung beider Häuser bemerkten; durch ihr tiefergehendes langjähriges Interesse an kunstvoller Architektur und Wohnraumgestaltung geleitet, erfuhr Christa bald, daß beide Gebäude tatsächlich nahezu zur gleichen Zeit sowohl im Auftrage als auch unter der persönlichen Aufsicht des selben kunstinteressierten Eigentümers mehrerer luxuriöser Sanatorien und Kurhotels entstanden waren, und sich mittlerweile im Besitz einer vermögenden Erbengemeinschaft befanden. Als seither jährlich wiederkehrende, gut zahlende und sichtlich kultivierte, anspruchsvolle Besucherin ist Christa im „Coast view“ ebenso wie im „New Romney“ inzwischen ein stets gerngesehener Gast, weshalb sie – gleich einigen anderen besonders geschätzten Gästen – während jedes Aufenthaltes in diskret bevorzugender Weise bedient wird.

Während sie sich in den erhöht gelegenen Aussichtssaal des zweistöckigen Restaurants hinauf geleiten lassen, bemerken Christa und Sarah bereits das zunächst noch böig an- und abschwellende Brausen des auflaufenden schweren Atlantiksturmes, das im Verlaufe der nun folgenden halben Stunde in ein stetes, durch die solide Bauweise des Restaurantgebäudes angenehm gedämpftes Rauschen übergehen wird, als welches es auch hinter den großen, doppelt verglasten Holzschiebefenstern des Aussichtssaales zu vernehmen sein wird, da jene während der Sturmmonate fest verschlossen und durch zusätzliche Riegel gegen das Rütteln der Böen gesichert sind.

Christa und Sarah empfinden die mäßige Besetzung des Restaurants – welches während der Sturm- und Regenmonate mehrheitlich den Stamm- und Langzeitgästen des „New Romney Küstenhotels“ als Ausflugsziel dient – als sehr angenehm, zumal sich ihnen hierdurch die Möglichkeit eröffnet, sogleich an einem der bevorzugten, fensternahen Tische Platz zu nehmen; ungeachtet der Tatsache, daß der Aussichtssaal des „Coast view“ einen nahezu ungehinderten Panoramablick auf den Küstenverlauf und die Straße von Dover ermöglicht und lediglich die holzvertäfelte breite Rückwand mit der ihr vorgelagerten luxuriösen Bar keine Fenster aufweist, schätzen Christa und Sarah – gleich einigen anderen Kennern des regionalen Wettergeschehens – an Tagen wie dem heutigen vor allem die in unmittelbarer Nähe der Fensterfront der westlichen Schmalseite des geräumigen Saales gelegenen Tischplätze, von welchen aus ein besonders eindrucksvoller Ausblick auf ein herannahendes schweres Unwetter gegeben ist.

Während Christa und Sarah angesichts des sturmbewegten grauen Meeres und der sich weit hinziehenden regengrauen Steilküstenlandschaft entspannt plaudernd ihr zweites Frühstück erwarten, biegt von der landeinwärts gelegenen Küstenstraße her ein großes rotes Luxus–Sportcoupé, welches offenbar einer amerikanischen Produktionsreihe der frühen 70er Jahre entstammt, in die Zufahrtsstraße des Restaurants ein; das Lenkrad dieses ebenso komfortablen wie leistungsfähigen Sport- und Reisecoupés wird von **Juanita María Fernández** gehalten, einer lebensdurstigen Mexikanerin spanischer Herkunft und mittleren Alters mit erheblichem Vermögen, sowie einer kennzeichnenden Vorliebe für unterschiedliche Rottöne, die sich auf ihre Automobile ebenso bezieht, wie auf ihre Hauseinrichtung und Kleidung, welche somit einen wechselnden Kontrast zu ihren tiefschwarzen Augen und Haaren bildet, wobei Juanita letztere meist offen und mehr als schulterlang trägt.

Als Ergebnis des Zusammenspiels ihrer wilden iberischen Schönheit und ihrer genußvollen, intensiven Lebensweise ist Juanita Maria Fernández eine beunruhigende Attraktivität zu eigen, welche ihr die tiefempfundene Verehrung zahlreicher naher und ferner Bewunderer beiderlei Geschlechts garantiert, wobei ihr Einfluß auf jüngere männliche Verehrer bereits des öfteren eine letzten Endes recht fatale Wirkung zeitigte, da selbst „gestandene“ Männer nach einer mit Juanita verbrachten Nacht stets den Eindruck eines zweifellos beglückten, aber gewiß auch nachhaltig beanspruchten und strapazierten Liebhabers vermittelten! Ihre jetzige, ausschließlich durch finanzielle Interessen bedingte und ansonsten äußerst ungeliebte Reise in das naßkalte und windige, herbstliche England unternimmt Juanita ebenfalls in der Gesellschaft eines ihr verfallenen, unterhaltsamen jungen Mannes, welcher seine Bereitschaft, Juanita während ihrer voraussichtlich zwei- bis dreiwöchigen Englandreise zu begleiten, jedoch bereits in zunehmendem Maße bereut:

Manuel Fonseca, ein gebildeter und beruflich bereits durchaus erfolgreicher, in mancher Hinsicht aber noch recht unerfahrener und daher unsicherer junger Anwalt aus vermögender Familie, hatte Juanita Maria Fernández erst wenige Wochen zuvor anläßlich einer sehr ansprechend gestalteten Galerieeröffnung kennengelernt, in deren Verlauf er sich recht rasch – und augenscheinlich nahezu unrettbar – in die unheilvoll attraktive und verlockende Juanita verliebt hatte; Obwohl er durch Bekannte und Freunde verschiedentlich auf die Gefahren des Umgangs mit der heißblütigen und lebensdurstigen Juanita Maria Fernández hingewiesen worden war, gelang es Manuel bisher nicht, sich wieder von seiner strapaziösen neuen Geliebten zu lösen.

Juanita hatte anläßlich ihres mehrwöchigen Englandaufenthaltes die Überführung eines ihrer eigenen luxuriösen Sportcoupés arrangiert, um auf das ihr vertraute, belebende Reisegefühl – welches sie während jeder ausgedehnteren Fahrt in einem ihrer sorgsam ausgewählten Automobile von neuem genießt – auch in Europa nicht verzichten zu müssen; Manuel hatte diese Extravaganz seiner anspruchsvollen, vermögenden Geliebten jedoch schon mehrfach im Stillen verflucht, da Juanita auf diesem Wege auch ihren betont sportlichen und bisweilen beinahe als brutal zu bezeichnenden Fahrstil mit sich nach England brachte; während Juanita nach der gemeinsamen Ankunft auf dem überdachten Restaurantparkplatz sichtlich angeregt ihrem Auto entsteigt, empfindet Manuel – dessen Gesicht während der soeben beendeten Fahrt recht häufig seine Farbe gewechselt hatte – angesichts der Tatsache, daß das Auto nun unzweifelhaft steht, vorerst nur ein tiefes Gefühl wahrer Dankbarkeit!

Ihr Auto verlassend, hüllt sich Juanita angesichts des ihr bereits vollends verhaßten, naßkalten, englischen Spätherbstes sogleich in einen im Fond ihres Wagens bereitliegenden, edlen und zweifellos sehr warmen, knöchellangen Pelz intensiver dunkelroter Färbung mit breiten Ärmelumschlägen und einem ebenso breiten Kragen, welchen sie fröstelnd zuzieht, um der peinigenden Nässe und Kälte möglichst vollends zu entgehen; da sie an die stete Wärme ihrer Heimat gewöhnt ist und auch unter nur mäßiger Kühle bereits empfindlich leidet, führt Juanita bei gelegentlichen Reisen in von der Sonne sichtlich weniger begünstigte Erdteile stets zumindest einen ihrer besonders warmen und beinahe gänzlich einhüllenden, extravaganten Pelze mit sich, mit welchen sie nicht selten sowohl die bewundernden, als auch die irritiert fragenden Blicke ihrer Mitmenschen auf sich zieht!

Jetzt in sehr angenehmer und wirkungsvoller Weise gegen die Unbilden des englischen Herbstes geschützt, geht Juanita nunmehr zur Beifahrertür ihres roten Sportcoupés hinüber, um sich ihrem noch immer sehr angegriffen erscheinenden Reisebegleiter zuzuwenden, welcher auch angesichts des ihm ebenfalls sehr unangenehmen britischen Herbstwetters nur zögernd und sichtlich widerwillig die Beifahrertür entriegelt. Juanita verbringt einige Sekunden, indem sie ihren wenig tatendurstigen Begleiter durch das geschlossene Türfenster hindurch prüfend betrachtet, um die Beifahrertür hernach in auffordernder Weise gänzlich zu öffnen, woraufhin sich Manuel schließlich unter stillem Protest in sein offenbares Schicksal ergibt, indem er Juanita durch Wind und feuchte Kälte zum Eingang des glücklicherweise gut geheizten Restaurants folgt.

Im Restaurant angekommen, läßt sich Juanita ebenfalls recht bald in den Aussichtssaal hinaufführen, wo sie gemeinsam mit ihrem Begleiter an der zu dieser Tageszeit noch wenig besuchten Bar Platz nimmt; sich ihren voluminösen, edlen, knöchellangen Pelz nunmehr ebenso genußvoll wie dekorativ offen umgelegt habend und entspannt neben ihrem (allmählich wieder ein wenig lebhafter erscheinenden) Begleiter auf einem Barhocker sitzend, bemerkt Juanita – das Geschehen im weiträumigen Saal müßigen und gelassenen Blicken beobachtend – nach relativ kurzer Zeit Christa von Drostenburg und Sarah Hales, welche ihre Aufmerksamkeit inzwischen ihrerseits Juanita Maria Fernández und Manuel Fonseca zugewandt haben.

Sonnenverwöhnte Reisende südeuropäischer oder mittelamerikanischer Herkunft besuchen das „New Romney Küstenhotel" und „Coast view"–Aussichtsrestaurant eher selten, wobei sie beide Orte während der kühlen, regenreichen Herbst- und Wintermonate üblicherweise schließlich gänzlich meiden – auch aus diesem Grunde, vor allem jedoch vermittels ihres eindrucksvollen, von selbstbewußter Exzentrik geprägten Auftrittes zieht Juanita Maria Fernández rasch Christa von Drostenburgs und Sarah Hales Interesse auf sich, wobei Christas Aufmerksamkeit überdies in besonderem Maße Juanitas edlem, dunkelroten Pelz gilt, welchen sie bald als exklusive Kreation eines bekannten spanischen Modeschöpfers erkennt; Christa erweckt ihrerseits indessen ebenfalls rasch Juanitas Interesse, da jene in ihr bald eine gleichfalls selbstbestimmte, anspruchsvolle und in luxuriöser Weise exzentrische Seelenverwandte erkennt, welche sich aufgrund ihrer Eigenschaften allerdings auch frühzeitig als ernstzunehmende Konkurrentin erweisen könnte.

Ihr Mahl beendend, beschließen Christa und Sarah, sich nunmehr ebenfalls der noch wenig besetzten Bar zuzuwenden, an welcher sie – weiterhin sichtlich entspannt plaudernd – kurz darauf neben Juanita und Manuel Platz nehmen, um ihr persönliches Bild der beiden hinzugekommenen Restaurantgäste zunächst in dezenter Weise zu erweitern, woraufhin sich Juanita und Manuel (ebenso entspannt plaudernd) ihrerseits mit diskret geäußertem Interesse Christa und Sarah zuwenden. Juanita nimmt Christas sachkundige, interessierte Blicke, welche in bewundernder, beifälliger Weise ihrem eindrucksvollen, edlen Pelz gelten erwartungsgemäß geschmeichelt entgegen; auf dieser Grundlage entwickelt sich eine bald lebhafte, angeregte Unterhaltung über Kunst und Wohnkultur im Allgemeinen, sowie über die beiderseitige Freude an luxuriöser und genußbringender Kleidung für Heim und Reise im Besonderen, welche an einer Seelenverwandtschaft Christas und Juanitas trotz aller unbestreitbaren Unterschiede keine Zweifel mehr läßt.

Nachdem in sehr anregender und aufschlußreicher Weise eine halbe Stunde verstrichen ist, sieht sich Juanita schließlich genötigt, sich für einige Minuten zurückzuziehen; Christa nutzt Juanitas Abwesenheit, um sich nun erstmals ausschließlich Manuel zuzuwenden, welcher sich während Christas Gespräch mit Juanita seinerseits in angenehmer und informativer Weise mit Sarah unterhalten hatte, die sein besonderes Interesse für gehobene klassische Musik teilt und mit ihm soeben den gemeinsamen Besuch eines in einer Woche in London stattfindenden Konzertabends vereinbarte; Sarah bemerkt, daß Christa jetzt in der ihr eigenen Art und Weise auf Manuel einzugehen gedenkt, weshalb sie mit wissendem Lächeln ein wenig zurücktritt, um Manuels Reaktion auf Christas sanft bezwingende Einflußnahme zu beobachten.

Sarah wohnt nun einem ihr nicht mehr unvertrauten, eindrucksvollen Geschehen bei, welches sie angesichts der gegebenen Umstände erneut mit besonderem erwartungsvollem Interesse verfolgt: Wahrnehmend, daß Christa – groß, schlank, sportlich–elegant gekleidet, außergewöhnlich attraktiv und ein sichtlich befriedigendes, genußerfülltes Leben führend – verheißungsvoll und genußvoll vereinnahmend lächelnd näher an ihn herantritt, sieht sich Manuel – einer beunruhigend–anregenden Ahnung folgend – unvermittelt bereits in der Rolle eines von zwei besonders attraktiven, erfahrenen Frauen begehrten jungen Mannes.

Juanitas bald zu erwartende Rückkehr bedenkend und Manuels aufkommende sichtliche Nervosität zu Recht als Ausdruck seines inneren Bemühens um eine Möglichkeit, sich einerseits Juanitas zuweilen verzehrende Gunst zu bewahren, sich andererseits aber auch Christas bereits unverkennbar wahrzunehmender, sanft überwältigender Vereinnahmung hingeben zu können, erkennend, legt Christa in besonders behutsamer und scheinbar beiläufiger Weise zunächst nur ihre angenehm warme Hand auf die seine – eine zarte Geste, welche Manuel als wohltuenden Ausdruck eines Gegenbildes zu Juanitas Wesen und Verhalten empfindet, weshalb in ihm ungeachtet seiner berechtigten Furcht vor Juanitas zuweilen verheerender Eifersucht ein rasch an Kraft gewinnendes Bedürfnis nach einem weitergehenden Austausch mit Christa von Drostenburg erwacht.

Nach einigen Minuten entspannter Unterhaltung und sanfter Verführung Juanitas wiederkehrende Schritte auf der zum Aussichtssaal herauf führenden Treppe vernehmend, umfaßt Christa abschließend in zuneigungsvoll bestärkender Weise nochmals Manuels Hand, wobei sie ihn mit nunmehr rascher gesprochenen verheißungsvollen Worten zu einem abendlichen Besuch in ihrer luxuriösen Hotelsuite einlädt, um sich – in Erwartung der Ereignisse des heutigen Abends bereits äußerst angenehme Gedanken und Vorahnungen hegend – schließlich sichtlich befriedigt zu ihrer Freundin Sarah Hales zu begeben, welche die Geschehnisse der letzten Minuten gleichermaßen amüsiert und beeindruckt beobachtet hat.

Ihren Platz an der Bar wieder einnehmend, schließt Juanita Fernández dank ihrer Menschenkenntnis aus der mühsam unterdrückten Erregung Manuels ungeachtet der unbeteiligt–entspannten Haltung Christas zum Leidwesen ihres Reisebegleiters sehr bald in beunruhigend zutreffender Weise auf seinen bereits sehr bestimmenden Wunsch nach einer ungestörten Zusammenkunft mit Christa von Drostenburg. Gemäß ihrer Gewohnheit, ihren jeweiligen Favoriten – einem wertvollen persönlichen Eigentum gleich – mit allen ihr angebracht erscheinenden Mitteln dem Einfluß einer potentiellen Konkurrentin zu entziehen, zeigt Juanita bald nach ihrer Rückkehr an die Bar gegenüber Christa und Manuel ein in unmißverständlicher Weise verändertes Verhalten:

Manuel nunmehr mit gelegentlichen streng zurechtweisenden Blicken sowie entsprechenden verbalen Mißfallensäußerungen halblaut bedenkend, bringt Juanita in ihren wiederaufgenommenen lebhaften Austausch mit Christa von Drostenburg und Sarah Hales statt des bisherigen angeregten positiven Interesses einen warnenden Ausdruck kritischen Abschätzens ein, welchen Christa jedoch keineswegs als abschreckend, sondern vielmehr als Auftakt einer gewiß besonders interessanten Phase ihrer Bekanntschaft mit Juanita Maria Fernández und Manuel Fonseca ansieht.

Juanita, Christa und Manuel sehen einem Nachlassen des bis weit in den Nachmittag hinein recht intensiven Sturms und Regens mit denkbar unterschiedlichsten Empfindungen entgegen: Während Juanita – welche angesichts des jüngsten Verhaltens ihres offenbar allzu rasch zur Untreue neigenden Reisebegleiters von ausgeprägtem unverhohlenem Zorn beherrscht wird – die Rückfahrt zum Hotel New Romney (in welchem sie seit dem heutigen Vormittage ebenfalls wohnt) zum Zwecke einer ungestörten „Aussprache“ mit Manuel möglichst bald antreten möchte, nimmt ihres Begleiters begreifliche tiefgreifende Beunruhigung mit jeder Andeutung einer Abschwächung des Sturms spürbar zu.

Sich in Erwartung der Ereignisse des bevorstehenden Abends sehr angenehmen und interessanten Gedanken und Vorstellungen hingebend, nimmt Christa die zunehmend unerfreuliche Seelenverfassung Manuels hingegen zunächst leider kaum wahr, weshalb sich Sarah während der gemeinsam mit ihrer Freundin in einem beizeiten bestellten Taxi unternommen Rückkehr zum Küstenhotel zu ihrem eigenen Leidwesen verpflichtet sieht, Christa in freundschaftlicher aber dennoch mahnender Weise auf Manuels Leiden im Spannungsfeld zwischen ihr und Juanita Maria Fernández hinzuweisen.

Im Rahmen ihrer nach anfänglichen erheblichen Differenzen bald in kaum erwarteter Weise stetig gewachsenen Freundschaft hatten sich Sarah und Christa im Verlaufe der letzten Jahre bereits sehr oft mit wohlgemeinten und berechtigten Ratschlägen gegenseitig wertvolle Hilfe geleistet, weshalb Christa auch jetzt bereitwillig auf die bedachtsam formulierten Mahnungen ihrer unmittelbarsten und einzigen wirklichen, seelenverwandten Freundin eingeht. Während sie sich im Stillen ihre eigenen, in der Vergangenheit oft folgenschweren unbedachten Egoismen ins Bewußtsein ruft, stellt Sarah befriedigt fest, daß Christa unter dem Einfluß sorgfältig gewählter mahnender Worte angesichts ihrer gegenüber Manuel jüngst gezeigten Selbstsucht nach relativ kurzer Zeit von einer wachsenden inneren Unruhe ergriffen wird, welche nach der gemeinsamen Rückfahrt zum „New Romney“ bald auch ihren unverkennbaren äußeren Ausdruck findet:

Nach der Rückkehr in ihre komfortable Hotelsuite und der gemeinsamen, aber wenig entspannenden Einnahme einer kleinen stärkenden Mahlzeit, beginnt Christa – von einer ihr unvertrauten, sie nicht wenig irritierenden zunehmenden Nervosität getrieben und nunmehr wieder mit ihrem beinahe bodenlangen pelzgefütterten Seidenmantel bekleidet – bald recht raschen Schrittes und in eindrucksvoller Weise durch ihr elegant mitschwingendes edles Haus- und Abendgewand umhüllt, mehrmals ihr geräumiges Wohn- und Schlafgemach sowie den vorgelagerten Balkon zu durchwandern; als Ergebnis jenes dramatischen inneren Widerstreits ihrer Bedürfnisse und Wertgrundsätze verfaßt Christa schließlich eine kurze begründende Absage des heutigen, sowie jedes möglichen weiteren Rendezvous, welche sie Manuel Fonseca durch einen Hotelpagen überbringen läßt – Manuel erhält Christas Absage zu seiner verständlichen Erleichterung nicht in Juanitas Beisein, da sie sich zu dieser Zeit – von ihrer weiten Anreise nun doch erschöpft – bereits in ihrem luxuriösen Schlafgemach zur Ruhe begeben hat.

Während Manuel Fonseca – angesichts des ihm nunmehr versagten Rendezvous mit Christa von Drostenburg von schmerzender Enttäuschung erfüllt, im Hinblick auf eine ihm infolgedessen jedoch erspart bleibende weitere, äußerst unerfreuliche Auseinandersetzung mit Juanita Fernández allerdings auch ein nicht geringes Gefühl der Erleichterung verspürend – Christas kurzgefaßte Absage zur Kenntnis nimmt, kleidet sich Christa selbst – von nunmehr ein wenig gemilderten, ihr seelisches Gleichgewicht aber auch jetzt noch allzusehr beeinträchtigenden unangenehmen Empfindungen geplagt – für eine mehrstündige abendliche und nächtliche Autofahrt auf südostenglischen Landstraßen an, von welcher sie ihren bisherigen Erfahrungen gemäß eine wohltuend ablenkende und nachhaltig entspannende Wirkung erwartet.

Nachdem sie sich mit ihrem elegantesten und bequemsten sandfarbenen Hosenanzug bekleidet und sich in angenehmster, ihr Wohlsein rasch fördernder Weise in eine besonders lebhaft gemusterte, in luxuriösester Weise gewiß auch sibirischer Kälte standhaltende, lange Pelzjacke gehüllt hat, verabschiedet sich Christa in noch nicht gänzlich, aber doch bereits sichtlich gebesserter Stimmung von Sarah, um einige Minuten später bei sorgfältig ausgewählter, anspruchsvoll anregender, klassischer Instrumentalmusik und schon erkennbar fortschreitender spätherbstlicher Dämmerung in ihrem komfortablen schwarzen Zwölfzylinder-Jaguar einen ausgedehnten, sie zugleich entspannenden und wohltuend belebenden Ausflug durch die ländlichen Weiten Südostenglands zu unternehmen.

Christa genießt während der nun folgenden Stunden einmal mehr das weitgehend ungestörte, zügige Reisen auf dunklen, meist nur durch die vier weißen Lichtkegel der Scheinwerfer ihres schwarzen Jaguars erhellten Landstraßen, wobei sie das gelegentliche Passieren oft nur diffus erleuchteter Ortsdurchfahrten nächtlicher Provinzdörfer angesichts ihres zuweilen noch recht gut erhaltenen Ausdrucks provinzieller Verschlafenheit als mitunter reizvolles Intermezzo betrachtet. Zu Beginn des neuen Tages wendet sich Christa, nunmehr wieder wohltuend entspannt und ausgeglichen, im helleren Licht eines nur noch wenig bewölkten, ländlichen Vollmondhimmels schließlich der Rückkehr nach New Romney zu, um hier im ersten Morgendunst angesichts eines noch kaum wahrnehmbaren zarten Schimmers der beginnenden Morgendämmerung, von innerer Zufriedenheit und jetzt rasch zunehmender angenehmer Müdigkeit erfüllt, einzutreffen und sich nach einer kurzen Unterhaltung mit Sarah sehr bald in ihr Bett zu begeben.

Während der frühen Nachmittagsstunden des nunmehr dritten Tages ihres Aufenthaltes im New Romney–Küstenhotel unternehmen Christa und Sarah einen Spaziergang durch den nahegelegenen beschaulichen Ort New Romney – einer ehemaligen Fischer- und Seefahrersiedlung mit meist gut erhaltenen oder sorgsam restaurierten Wohnhäusern sowie einigen geschmackvoll hergerichteten ehemaligen Schifferkneipen, welche jetzt oft vielseitige Gaumenfreuden in ansprechender ländlich–britischer Atmosphäre ermöglichen. Das ihnen bereits vertraute Ortsbild New Romneys in angenehmer Weise unverändert findend, wenden sich Christa und Sarah nach einer halben Stunde entspannten Umhergehens schließlich einem vergleichsweise kleinen und äußerlich eher unscheinbaren, den meist anspruchsvollen weiblichen Stammgästen des Küstenhotels jedoch wohlbekannten Damenmodengeschäft zu, in welchem beide schon manches nicht alltägliche, edle Kleidungsstück erworben haben.

Christa findet die Entscheidung, dem kleinen aber feinen Damenmodengeschäft auch während ihrer diesjährigen Englandreise einen Besuch abzustatten, bereits angesichts der geschmackvollen Schaufensterdekoration in außergewöhnlich interessanter und ansprechender Weise gerechtfertigt: Als zweifellos exklusivstes und wertvollstes Dekorationsstück dient ein knöchellanger, in sehr eleganter und gewiß besonders angenehmer Weise auch eisigste Winterwinde vergessen lassender, blau schattierter Pelz mit warm umschließendem breiten Kragen und schimmerndem blauen Seidenfutter. Christa läßt sich in den edlen, ein dezentes Muster sorgsam ausgewählter und geschmackvoll aufeinander abgestimmter Blauschattierungen aufweisenden Pelzmantel sogleich lustvoll seufzend einhüllen, um sich ungeachtet des vergleichsweise milden britischen Spätherbstnachmittages bereits während der Rückkehr zum Hotel der genußvoll erregenden Umschmeichelung des im Takt ihrer entspannten Schritte sanft hin und her schwingenden voluminös–eleganten und beinahe bodenlangen Pelzgewandes hinzugeben.

Im Foyer des New Romney angekommen, begegnen Christa und Sarah unvermittelt der erst wenige Minuten zuvor aus London zurückgekehrten Juanita Maria Fernández, die sich in der Themsemetropole während der Vormittagsstunden in erfolgversprechender Weise einer finanziell bedeutsamen Erbschaftsangelegenheit widmete, welche ihre höchst widerwillig angetretene Reise ins meist kühle und regnerische spätherbstliche England notwendig werden ließ. Wie nahezu während ihrer gesamten, wenig geliebten Reise nach Europa ist Juanita ihrerseits auch jetzt in ihren zuverlässig wärmenden und ebenfalls in eindrucksvoller eleganter Weise polartauglichen, dunkelroten Pelz eingehüllt, den sie als sonnenverwöhntes Kind ihrer mexikanischen Heimat selbst bei Mahlzeiten nur sehr ungern ablegt.

Sarah Hales sieht sich durch das unerwartete Zusammentreffen der beiden, jeweils in sehr eindrucksvoller und luxuriöser Weise in edle Pelze gekleideten, selbstbewußten Frauen an die Begegnung zweier verfeindeter Großfürstinnen erinnert, welche einander von ausgeprägten Empfindungen anerkennender Gegnerschaft beherrscht betrachten. So wie Christa bereits während der gestrigen ersten Begegnung im Coast View–Restaurant ihr besonderes Interesse an Juanitas exklusivem dunkelroten Pelz durch Blicke wissender Bewunderung zum Ausdruck gebracht hat, kommt auch Juanita Maria Fernández während der jetzigen zweiten Begegnung mit Christa von Drostenburg und Sarah Hales nicht umhin, Christas voluminös–elegantem, geschmackvoll blau schattiertem Pelz stille sachkundige Anerkennung zu zollen.

Christa nimmt die Aufmerksamkeit Juanitas – mit der sie einen kurzen, nur scheinbar unverbindlichen Gruß wechselt, welchem sie tatsächlich jedoch einen augenzwinkernden Hinweis sowohl auf ihre verborgenen, als auch auf ihre offen sichtbaren Gemeinsamkeiten beifügt – befriedigt und angenehm geschmeichelt zu Kenntnis; Juanita bedenkt Christa hierauf mit einem abschließenden süßsauren Lächeln, welches ihren Wunsch, angesichts ihrer gegensätzlichen

Empfindungen der Seelenverwandtschaft und der unzweifelhaften Rivalität einen ausgleichenden Weg des Umgangs mit Christa zu finden, erkennbar werden läßt.

Gemeinsam mit Sarah in ihre Suite zurückkehrend und das in unerwarteter, jedoch durchaus ansprechender Weise nur noch sanft erhellte, geräumige Schlafzimmer betretend, sieht sich Christa unvermittelt einer durchaus angenehmen Überraschung gegenüber: in ihrem Bett ruht äußerlich entspannt, aber dennoch von einer nunmehr rasch wachsenden Unruhe erfüllt und sich in eigenmächtiger, aber zweifellos geschmackvoller Weise mit ihrem warm umschmeichelnden honigfarbenen Seidensteppmantel zugedeckt habend, Manuel Fonseca; Wissend, daß Juanitas Aufenthalt in London mehrere Stunden währen würde, war es ihm dank der Unterstützung einer ihm zugetanen Hotelangestellten bereits unmittelbar nach Christas und Sarahs Weggang gelungen, sich in sehr komfortabler Weise in Christas Bett einzurichten, um hier ihre Rückkehr aus New Romney zu erwarten.

Nachdem sie ihren edlen Pelz sorgsam abgelegt und ihre – sich bereits verständnisvoll lächelnd zurückziehende – Freundin Sarah durch die Verbindungstür einige Schritte weit in deren benachbarte eigene Suite hinüber begleitet und mit einer kurzen sanften Berührung verabschiedet hat, wendet sich Christa angenehm entspannt lächelnd wieder ihrem Bett mit dem luxuriös eingehüllten, aber nichtsdestoweniger sichtlich nervös darin wartenden Manuel zu. Auf dem Bettrand neben Manuel Platz nehmend, bemerkt Christa still amüsiert, daß er ihren seidenen Stepphausmantel hierbei unbewußt erneut über seine Schultern hinauf zieht, wobei er sie in einer Unsicherheit und gespannte Erwartung in gleichem Maße ausdrückenden Weise betrachtet – Christa empfindet Gesten wie diese bei jüngeren, in Liebesdingen noch weniger erfahrenen Männern zuweilen als durchaus nicht als störend; bei Manuel vermutet sie jedoch keine durch mangelnde Erfahrung bedingte Scheu, sondern vielmehr Juanitas auch und gerade in erotischer Hinsicht oft wenig sensiblen Umgang mit ihm als Ursache seines jetzigen Verhaltens.

Christa fördert den Gang der Dinge nun, indem sie sich infolge ihrer jetzt besonders ausgeglichenen Verfassung in einer Art und Weise entkleidet und zu Manuel gesellt, welche er schon als wohltuenden Kontrast zu Juanitas stets beunruhigender, seine Kräfte oft allzu rasch aufzehrender und ihn zuweilen bereits gegen ihr ganzes Wesen einnehmender, wild besitzergreifender Entschlossenheit empfindet. Manuel erlebt die nun folgenden, im luxuriösen warmen Bett in angenehmster Weise verbrachten Stunden entspannter, genußvoller Zweisamkeit und kaum merklich fortschreitender, sanft bindender Vereinnahmung durch Christa von Drostenburg als Prozeß seiner zunehmenden Emanzipation und Loslösung von Juanita Maria Fernández, wobei er sich jedoch unbewußt in eine erneute, wenn auch ungleich angenehmere emotionale Abhängigkeit ergibt.

Juanita wendet sich nach ihrer Rückkehr aus London und der sich hierbei ergebenden kurzen Begegnung mit Christa und Sarah zunächst dem Hotelrestaurant des New Romney zu, das – gemessen an den Qualitäten des geräumigen und höher gelegenen Coast View–Aussichtsrestaurants – zwar einen eher ansprechend als eindrucksvoll oder zuweilen gar dramatisch zu nennenden Ausblick auf den Himmel, das Meer und die hier endlos erscheinende Steilküste bietet, aber hiervon unberührt dennoch nicht minder vollendete Gaumenfreuden ermöglicht. Angenehm gesättigt und durch ihren mehrstündigen, in zufriedenstellender Weise ihren Erwartungen entsprechend verlaufenen, aber trotzdem anstrengenden, mehrstündigen Aufenthalt in London nun doch erschöpft, empfindet Juanita die Abwesenheit ihres Reisebegleiters Manuel nach der Rückkehr in ihre Suite durchaus noch nicht als beunruhigend.

Die ihr verhaßte feuchte Kälte des englischen Spätherbstes nach der – in ihrem Sinne letzten Endes erfolgreich abgeschlossenen, zunächst jedoch von scheinbar nicht enden wollenden rechtlichen Auseinandersetzungen geprägten – ermüdenden Erbschaftsverhandlung ungeachtet des nahen Kaminfeuers als peinigende Erinnerung empfindend, und deshalb auch jetzt noch in ihren besonders warm und angenehm einhüllenden, knöchellangen dunkelroten Pelz gekleidet in einem bequemen Liegesessel ruhend und den Verlauf des heutigen und gestrigen Tages im Allgemeinen, sowie den aus ihrer Sicht mehr als beunruhigenden Einfluß Christa von Drostenburgs auf ihren Begleiter im Besonderen bedenkend, sieht sich Juanita Maria Fernández angesichts des unerwartet langen Ausbleibens Manuels jedoch nach einiger Zeit in allmählich zunehmendem Maße zu der unerfreulichen Vermutung, daß sich Manuel in Christas Suite aufhält, veranlaßt.

Von Gefühlen wachsenden Unbehagens und Mißtrauens getrieben, erhebt sich Juanita schließlich widerstrebend aus ihrem bequemen Sessel, wobei sie sich angesichts des wieder an Kraft gewinnenden böigen Windes und der wieder dichteren, baldigen erneuten Regen verheißenden Wolkendecke besonders sorgsam in ihren edlen dunkelroten Pelz hüllt, um ein bereits aufkommendes, ihre tiefempfundene Abneigung gegen den feuchtkalten englischen Spätherbst geradezu verkörperndes Frösteln auf ebenso angenehme wie wirkungsvolle Art zu unterdrücken. Juanita bemüht sich gedanklich trotz ihres wachsenden berechtigten Zorns um eine vernunftbestimmte Austragung ihres Interessenkonflikts mit Christa von Drostenburg, wobei sie jedoch zunehmend rascheren, ihren voluminös–eleganten Pelz bald in eindrucksvoller Weise lebhaft hin und her schwingen lassenden Schrittes auf ihrem gänzlich überdachten und somit noch ausreichend vor Wind und Regen geschützten, geräumigen Balkon umhergeht.

Juanita Maria Fernández erliegt beinahe dem in ihr bereits sehr mächtigen Verlangen, sich unmittelbar zu Christa zu begeben, um sie – sofern sie Manuel tatsächlich zu sich geholt hat – in entsprechender Weise diesbezüglich zur Rede zu stellen und Manuel selbst wieder mit sich zu nehmen; der mahnenden Stimme ihrer Vernunft in **diesem** Falle **besonders schweren** Herzens gehorchend, entschließt sich Juanita in Anbetracht ihrer ebenfalls außergewöhnlich selbstbewußten und offenbar ebenso intelligenten, ebenbürtigen Gegenspielerin im Kampf um Manuel jedoch, zunächst die Wiederkehr ihres bisherigen Verehrers und Reisebegleiters abzuwarten, um aus seinem gewiß veränderten Verhalten hinsichtlich seiner nunmehrigen Einstellung gegenüber ihr und Christa ihre Schlüsse ziehen zu können.

Juanita verbringt die bis zu Manuels Rückkehr verbleibenden Stunden – zumindest äußerlich gefaßt und entspannt – zunächst lesend, später jedoch meist dem erneut aufkommenden atlantischen Sturm lauschend und die sanft einhüllende Wärme ihres edlen dunkelroten Pelzes hierbei umso mehr genießend, wieder in ihrem komfortablen drehbaren Liegesessel, wobei sie sich dessen ungeachtet allerdings weiterhin nicht wenig durch teilweise widersprüchliche Empfindungen des Mißtrauens und der Verachtung gegenüber Manuel, sowie der entschiedenen Gegnerschaft, aber auch der unbestreitbaren Seelenverwandtschaft und des unbedingten Verständnisses gegenüber Christa von Drostenburg bedrängt sieht.

Während sich Christa und Manuel schließlich in angenehmster Weise befriedigt und von durchweg äußerst positiven Empfindungen beherrscht (vorerst) voneinander verabschieden, fühlt sich Juanita – die bevorstehende Rückkehr ihres untreu gewordenen Verehrers zumindest unbewußt erahnend – von einer wieder spürbar zunehmenden Unruhe abermals aus ihrem bequemen Liegesessel getrieben und zu erneutem lebhaftem Umherwandern in ihrer weiträumigen luxuriösen Suite gedrängt, welches ihre gegenwärtige Anspannung zwar nicht sonderlich mindert, aber doch zumindest deren weiterem Anwachsen entgegenwirkt.

In demjenigen Maße, in welchem er sich der Eingangstür der nahegelegenen Räumlichkeiten Juanitas nähert, wird Manuel Fonseca ungeachtet seiner bestärkenden und beglückenden Erlebnisse mit Christa von Drostenburg von einem Gefühl allmählich zunehmender Unsicherheit ergriffen, das den Glanz seiner Freude an den genußreichen zurückliegenden Stunden im nachhinein schon ein wenig zu nehmen droht. Juanita hatte Manuel während ihrer noch kurzen Bekanntschaft mit ihm in vorsorglicher Weise bereits einen jeder Ungewißheit nachhaltig vorbeugenden Eindruck ihrer konsequent besitzergreifenden Eifersucht vermittelt, die an der Zwangsläufigkeit einer ihm nunmehr unmittelbar bevorstehenden und in jedem Falle sehr unangenehmen Auseinandersetzung mit ihr jetzt keinen Zweifel mehr läßt.

Juanita durchmißt ungeachtet der Wiederkehr Manuels weiterhin raschen Schrittes stets von neuem den Hauptwohnraum ihrer Suite, wobei sie sich – von der bereits sichtlich zunehmenden peinigenden Nervosität und Unsicherheit ihres Reisebegleiters zunächst offenbar gänzlich unberührt – mit bitter sarkastischen, schmerzhaft treffenden Worten nach den Genüssen seines gewiß gemeinsam mit Christa von Drostenburg verbrachten Nachmittags und Abends erkundigt; Manuel ist sich des Umstands, daß ihn Juanita in zweifellos berechtigter Weise der offensichtlichen Untreue beschuldigt, hierbei ebensosehr bewußt wie der Tatsache, daß ihr Zorn durch ein Schuldeingeständnis seinerseits nicht nur gemindert, sondern möglicherweise auch in sodann bald besonders unangenehmer Weise weiterhin genährt werden könnte.

Von nicht schwinden wollender Unsicherheit und ihm bereits zunehmende Kopfschmerzen bereitenden Zweifeln geplagt, enthält sich Manuel vorerst jedes ohnehin vergeblichen Versuchs, sein während der letzten Stunden gezeigtes Verhalten gegenüber Juanita zu rechtfertigen, die ihr Interesse an einem Austausch mit ihrem bisherigen Verehrer angesichts seiner enttäuschenden Passivität und scheinbaren Schicksalsergebenheit ihrerseits relativ rasch verliert – Manuel wird ihrer gänzlich unerwarteten Reaktion nicht wenig erleichtert gewahr, zugleich erfüllt ihn allerdings auch eine unterschwellige Empfindung einer enttäuschenden Kränkung und Beeinträchtigung seines Selbstwertgefühls. Juanita legt Manuel schließlich beunruhigend distanziert und ungewohnt emotionslos nahe, sich bis zu ihrer Rückreise nach Mexiko für einen Verbleib bei ihr oder Christa von Drostenburg zu entscheiden und für seine Unterkunft im „New Romney“ nunmehr selber Sorge zu tragen, wobei sie bereits die Nummer der Rezeption wählt, um ihm den Telefonhörer hernach in bestimmender Weise zu überreichen.

Dank eines – in Anbetracht seines noch vergleichsweise geringen Alters – bereits ansehnlichen Einkommens, sowie der finanziellen Zuwendungen seiner unvermindert liebevoll besorgten Mutter, ist es Manuel Fonseca auch nach seiner unfreiwilligen, letzten Endes jedoch auch befreienden, einstweiligen Trennung von Juanita Maria Fernández möglich, sich den ihm vertrauten Wohnkomfort in einer nicht weniger luxuriösen dritten, Christas Räumlichkeiten ebenfalls benachbarten Aussichtssuite in unverminderter Weise weiterhin zu bewahren und die verstörende unvermittelte Loslösung von Juanita in jener sehr angenehmen Umgebung seelisch allmählich zu bewältigen.

Manuels Bedürfnis nach entspannender Zerstreuung überwiegt nach einiger Zeit seinen ausgeprägten Widerwillen gegen das windige, feucht–kühle englische Herbstwetter; während er mit einem unzureichend wärmenden Trenchcoat bekleidet durch die nur noch wenig belebten abendlichen Straßen des Provinzortes New Romney wandert und sich angesichts bereits geschlossener Restaurants zunächst vergeblich um einen ansprechenden, gemütlichen Ort für eine oder zwei in möglichst angenehmer Weise zu verbringende Stunden bemüht, sieht sich Manuel in zunehmendem Maße mit den unerfreulichen Folgen seiner ehemaligen Bereitschaft, Juanitas berauschende unbedingte Dominanz oft allzu kritiklos zu akzeptieren, konfrontiert.

In dankenswertester Weise gerettet wird Manuel schließlich durch Christa von Drostenburg und ihre Freundin Sarah Hales, die sich nach ihrem gemeinsam genossenen Abendmahl ebenfalls noch zu einem Spaziergang durch die zu dieser Zeit schon nahezu dörflich ruhigen Straßen des beschaulichen Küstenorts New Romney entschlossen hatten:
In ein angenehm anregendes Gespräch vertieft entspannt dahingehend und nebenbei mitunter still amüsiert die zuweilen mit anrührender Mühe gestalteten und dennoch – oder auch gerade deswegen – oft kitschig–naiv erscheinenden Schaufensterdekorationen der Andenken- und Kunstgewerbegeschäfte betrachtend, bemerken Christa und Sarah den ihnen auf der

gegenüberliegenden Straßenseite entgegenkommenden, in seinen wenig erbaulichen Selbstbetrachtungen bereits gänzlich befangenen Manuel Fonseca erst recht spät.

Christa wechselt nach einem kurzen Augenblick der Überraschung von Sarah gefolgt auf die jenseitige Straßenseite, wobei sie durch ihre jetzt raschen und auf dem Kopfsteinpflaster der schmalen Fahrbahn wesentlich deutlicher wahrnehmbaren Schritte nun auch Manuels Aufmerksamkeit auf sich lenkt; ihm erscheint die eindrucksvoll und luxuriös in ihren sanft schwingenden blau schattierten Pelz gehüllte, sichtlich erfreut lächelnd auf ihn zugehende attraktive Christa begreiflicherweise tatsächlich wie ein rettender Engel, dem er sich ungeachtet seiner mahnend an seine unglückselige Abhängigkeit von Juanita erinnernden inneren Stimme nur allzu gerne sogleich hingeben möchte.

Christa greift die ihr jetzt zugedachte schmeichelhafteste Rolle in formvollendeter Weise genußvoll auf, indem sie sich nun mit besonders zuneigungsvollem Ausdruck, betont sanften und weichen Bewegungen und Gesten, sowie zuletzt sehr behutsamen Schrittes Manuel nähert, um unmittelbar vor ihm stehend in einer seinem Wohlbefinden ausgesprochen förderlichen Weise warm seine Hände zu umfassen und – seinen eigenen Worten sanft zuvorkommend – ihre Mitschuld an seiner folgenschweren Auseinandersetzung mit Juanita Maria Fernández einzugestehen.
Juanitas Forderung einer bindenden Entscheidung Manuels zwischen ihr und Christa von Drostenburg nimmt Christa – sanft Manuels Schultern umfassend und ihn mit ruhiger Freundlichkeit betrachtend – nicht erkennbar verwundert, aber dennoch ein wenig nachdenklich zur Kenntnis, um ihn – nach kurzem Abwägen auch diesmal zunächst ihren ureigensten Wünschen und Bedürfnissen gemäß handelnd – alsdann jedoch in einer ihm sehr angenehmen Weise an ihre Seite zu ziehen, wodurch sie Manuel an der ihm jetzt besonders willkommenen Wärme ihres voluminösen weichen Pelzes teilhaben läßt.

Mit ihrem bald sichtlich entspannteren, dankbaren jungen Begleiter zwischen sich, wenden Christa und Sarah ihre Schritte nun einem ihnen vertrauten, auch zu relativ später Stunde noch geöffneten und geschmackvolle Behaglichkeit bietenden, am Rande des eigentlichen Ortskerns in einer Seitenstraße gelegenen Restaurant zu, welches ortsfremde Besucher New Romneys meist erst während ausgiebigerer Aufenthalte entdecken. Manuel Fonseca fühlt sich zwischen seinen beiden, ihn sanft bestimmend und sichtlich zufrieden mit sich fortführenden, attraktiven „Schutzengeln" bald ausgesprochen wohl, weshalb ihn der gelegentliche Gedanke an Juanita Maria Fernández bei der gemeinsamen Ankunft im einladend erhellten „Fisherman´s Rest" bereits nur noch wenig zu beunruhigen vermag.

Feuchte Kühle und oft sehr lebhafter Wind lassen auswärtige Tagesbesucher zu dieser Jahreszeit nur selten ihren Weg an die englische Südostküste oder gar nach New Romney finden; infolgedessen begegnen Christa und Sarah im inzwischen in angenehmster Weise auch den Bedürfnissen anspruchsvoller Dauergäste des Küstenhotels gerecht werdenden, und am heutigen Abend zu Christas besonderer Zufriedenheit erwartungsgemäß nur wenig besuchten Fisherman´s Rest lediglich einer kleinen Gruppe alljährlich wiederkehrender, auch den englischen Spätherbst nicht scheuender Freunde des „New Romney", sowie dem – durch eine bedeutende Erbschaft und die Veröffentlichung einiger beunruhigender tiefenpsychologischer Romane und teilweise umstrittener Lehrbücher vermögend gewordenen – nicht mehr praktizierenden und nun ein wenig zurückgezogen lebenden, exzentrischen Seelenarzt und Privatwissenschaftler Doktor Graham Stokes, welcher das „New Romney" seiner relativen Abgelegenheit wegen schätzt und zumindest während des Winterhalbjahrs auch ständig bewohnt.

Regelmäßige Gäste des New Romney–Küstenhotels erschlossen sich das ländlich–britisch anmutende „Fisherman´s Rest" nach seiner jetzt schon einige Jahre zurückliegenden Neueröffnung neben dem vielbesuchten, weiträumigen Coast View–Aussichtsrestaurant frühzeitig als gern in

Anspruch genommene, ergänzende Alternative zum sorgsam erhaltenen, hoteleigenen Jugendstil–Restaurant des „New Romney“ und auch Christa und Sarah sehen sich in einer wiederkehrenden geschätzten Gästen zukommenden Weise empfangen und zu ihrem bevorzugten fensternahen Tisch geleitet.

Im sanften Schein der Tischkerze neben seiner Freundin Sarah Hales und vis-à-vis seiner elegant und angenehm in kupferfarbene Seide gekleideten Freundin und rettenden Geliebten Christa von Drostenburg den weiteren Verlauf des – dank seiner unerwarteten Begegnung mit seinen beiden nunmehrigen Begleiterinnen – jetzt auch für ihn bereits sehr erfreulichen Abends erwartend, wird Manuel Fonseca auch mit dem bald hinzukommenden Doktor Graham Stokes bekannt gemacht, der ihm als luxusliebender Eremit der Wissenschaft vorgestellt wird – eine durchaus zutreffende erste Darstellung seiner Persönlichkeit, welcher Doktor Stokes amüsiert und geschmeichelt beipflichtet.

Während Christa angenehm angeregt und sichtlich zufrieden Doktor Stokes geistreichen Komplimenten und hintersinnig humorvollen Erzählungen einiger interessanter Ereignisse der Zeit ihrer Abwesenheit lauscht, erfährt Manuel von Sarah Näheres über Doktor Stokes, den Christa und Sarah bereits vor einigen Jahren in New Romney kennen gelernt hatten:
Er entstammt ungeachtet seines ererbten, ihm jetzt das unabhängige, selbstbestimmte Leben eines Privatgelehrten und Freigeistes ermöglichenden Vermögens einer an wirklichen Traditionen noch armen Familie, welche in den ersten Jahren des zweiten Weltkriegs dank des Erfindungsgeistes und Schaffensdrangs seines ebenfalls der Wissenschaft verschriebenen Großvaters – der im Rahmen seiner anfänglichen erfolglosen Versuche, aus Pflanzenölen Treibstoffe für Kraftfahrzeuge zu synthetisieren, einen vielseitig verwendbaren, neuartigen Kunststoff erfand – jedoch zu unerwartetem beginnendem Reichtum und zunehmendem Ansehen gelangte.

Nach dem Tode seiner Eltern ging Graham Stokes – sich selber kaum als zum Unternehmer berufen empfindend – auf das Übernahmeangebot eines großen britischen Chemiekonzerns ein, um sich auf diesem Wege von der ungeliebten lastenden Verantwortung für das Werk seines Vaters und Großvaters zu befreien; aufgrund des beträchtlichen Verkaufserlöses und seiner nicht weniger bedeutsamen Erbschaft ist es ihm seitdem möglich, sich von finanziellen Sorgen unbelastet nach eigenem Ermessen seiner Forschungs- und Autorentätigkeit zu widmen, und sich an den Genüssen seines im wesentlichen sorgenfreien Lebens zu erfreuen.

Christa empfindet Graham Stokes Lebensweise – die ebenso wie die ihrige durch einen häufigen Wechsel zwischen ausgesprochener Aktivität und genußvollem Müßiggang geprägt wird – als interessanten und willkommenen Kontrast zur doch stets erkennbaren britisch–konservativen Grundhaltung ihres strebsamen, treuen Freundes und beständigen Verehrers Jonathan Rosewater, welcher seinen jetzigen Wohlstand durch eine oft nur von kurzen erholsamen Ruhepausen unterbrochene Reise- und Kunst–Handelstätigkeit erhält und vermehrt. Obwohl sie Jonathans Treue und planvolle Zielstrebigkeit in einer unbeständigen Welt sehr zu schätzen weiß, findet sich Christa in ihm allein nicht wieder, weshalb sie ihre gelegentlichen Begegnungen mit dem in seiner gemäßigt exzentrischen, humorvollen Weise ebenfalls recht britisch erscheinenden und – trotz seiner Vorliebe für Langzeitaufenthalte an der herbstlichen und winterlichen südostenglischen Kanalküste – weltoffenen und reisefreudigen Privatwissenschaftler und Buchautor als ihren Geist erfrischende Erlebnisse schätzt.

Als gut zahlender Langzeitbewohner und winterlicher Dauergast des New Romney–Küstenhotels genießt Doktor Graham Stokes inzwischen das Privileg, die geräumigen Zimmer seiner Suite weitestgehend seinen eigenen Vorstellungen und Wünschen gemäß einzurichten, weshalb sie mittlerweile nahezu gänzlich den Eindruck der Wohnung eines vermögenden, scheinbar harmlos exzentrischen Privatforschers vermittelt, welcher sich zwischen überfüllten Bücherschränken und -regalen, alten medizinischen Darstellungen und dickleibigen Nachschlagewerken, sowie ein wenig altväterlich anmutenden, im Wohnzimmer unter aufgestapelten Büchern und alten Fachzeitschriften teilweise verschwindenden Möbeln seiner Wissenschaft hingibt.

In Zeiten besonders intensiver Forschungsarbeit verläßt Doktor Stokes die Räume seiner Suite oft während ganzer Wochen nicht, um zwischen seinen dann nur kurzen Nächten und rasch eingenommen Mahlzeiten lesend, abwägend und seine späteren schriftlichen Darlegungen bereits im Geiste ausformulierend, oft stundenlang in seinen drei Zimmern umherzuwandern und sich zum Zwecke des besonders genauen Studiums einer wichtigen Textpassage oder der raschen Niederschrift seiner Gedanken hin und wieder während einiger kurzer Augenblicke an seinem Schreibtisch oder auf der einzigen nicht mit Büchern bedeckten Couch seines Wohnzimmers niederzulassen.

In solchen Phasen intensiver geistiger Schaffenstätigkeit läßt sich Graham Stokes als ansonsten sehr umgänglicher, kontaktfreudiger Mensch nur sehr ungern mit anderen als seinen ureigensten Angelegenheiten behelligen, weshalb die Zimmerkellner und Zimmermädchen des „New Romney" während solcher Zeiten in besonderem Maße bemüht sind, ihren Verpflichtungen in Doktor Stokes Räumlichkeiten möglichst rasch und unauffällig nachzukommen, wobei die betroffenen Hotelangestellten für diese vermehrte Belastung im nachhinein jedoch stets durch angemessene Zuwendungen entschädigt werden.

Während gelegentlicher tageweiser Ausflüge in seine Geburtsstadt London betreibt Doktor Stokes überdies psychologische Milieustudien, indem er auf Straßen und Plätzen, sowie in Museen, Theatern, Restaurants, Cafés und öffentlichen Verkehrsmitteln die Verhaltensweisen der ihn umgebenden Menschen beobachtet und analysiert, um die Ergebnisse jener Beobachtungen nach der Rückkehr nach New Romney in sein – langsam einer dereinstigen Veröffentlichung entgegen gehendes, jedoch bereits jetzt jeden mit nur durchschnittlicher Geduld und Sachkenntnis gesegneten Probeleser nach der Lektüre weniger Kapitel resignieren lassendes – „Bild der Psychologie des Gegenwartsmenschen" einzufügen, welches sogar einige seiner ebenfalls zu sehr ausführlichen und anspruchsvollen Formulierungen neigenden Fachkollegen als ein zweifellos seine unbestreitbare Kompetenz bezeugendes, aber dennoch langatmiges und übermäßig verklausuliertes Produkt seiner Forschungsarbeit bezeichneten, das seinen Platz in den Bücherschränken einiger Liebhaber gewichtiger fachliterarischer Kuriositäten finden wird.

Nach diesen Zeiten konzentrierter wissenschaftlicher Arbeit entspannt sich Graham Stokes ungeachtet des während seiner Aufenthalte an der englischen Kanalküste oft regnerischen und nicht selten stürmischen Wetters ebenso wie Christa meistens durch ausgiebige mehrstündige Wanderungen entlang der Steilküste, wobei er während eines Besuchs im Coast View–Aussichtsrestaurant auch Christa von Drostenburg und Sarah Hales erstmals begegnete, die dort – wie schon des öfteren – mehrere Stunden eines damals unerwartet verregneten Ausflugstages bei gutem Essen in angenehmer Atmosphäre verbrachten.

* * * * *

In der Zeit seiner ersten Begegnung mit Christa von Drostenburg und Sarah Hales hatte Doktor Graham Stokes bereits begonnen, sich im Stillen mit der Wahrscheinlichkeit, daß sein Buch – sofern es jemals veröffentlicht werden sollte – eine in relativ kleiner Auflage erscheinende Spezialität für Bibliophile sein würde, abzufinden; aus diesem Grunde unternahm er an einem jener windigen und wolkenreichen Herbsttage in der Absicht, einer aufkommenden unangenehmen Empfindung persönlichen Versagens entgegenzuwirken, einmal mehr einen ausgedehnten belebenden Spaziergang, in dessen Verlauf er auch das Coast View–Aussichtsrestaurant mit seinen nicht selten beobachtenswerten Gästen besuchte.

Im Aussichtssaal des – angesichts des bevorstehenden Wochenendes einerseits und des nur wenig zu Ausflügen verlockenden feuchtkalten, windigen Spätherbstwetters andererseits – an diesem Tage vor allem von regelmäßig wiederkehrenden Kennern des „Coast View“ besuchten Restaurants nahm Doktor Stokes – ebenso wie es eine Stunde zuvor bereits Christa und Sarah getan hatten – an einem nahe der breiten Fensterfront stehenden Tisch Platz, um von hier aus sowohl die lange, in weitem Bogen verlaufende und in der Ferne im Regendunst verschwinde Steilküste, als auch die Mehrzahl der anwesenden Restaurantbesucher bequem betrachten zu können, wobei ihm nach kurzer Zeit eine in geschmackvoller, sportlich–eleganter Weise gekleidete, hochgewachsene und außergewöhnlich attraktive Frau mit angenehmen, edlen Gesichtszügen und weich fallendem, schulterlangem dunkelblondem Haar auffiel, die er bald als Christa von Drostenburg kennen und schätzen lernen sollte.

Gegenüber dieser attraktiven, einen Eindruck ausgeprägten Selbstbewußtseins vermittelnden und ihr Leben erkennbar genießenden Frau saß eine etwas kleinere, aber ebenso schlanke zweite Frau, die durch eine ihr eigene Herbheit und die schlichte Eleganz ihrer Kleidung ein wenig älter erschien, wobei sie ihrerseits den Eindruck einer meist in strenger Weise leistungsorientiert denkenden und handelnden Geschäftsfrau vermittelte. Die beiden äußerlich einen bemerkenswerten Kontrast zueinander bildenden Frauen unterhielten sich sichtlich entspannt miteinander, wobei sie durch die regenbeschlagenen Scheiben der großflächigen Schiebefenster des öfteren die bewegte blaugraue Weite der Straße von Dover betrachteten.

Doktor Graham Stokes erkannte Sarah Hales rasch als Engländerin – schwerer fiel es ihm anfänglich hingegen, die Herkunft ihrer luxuriös und komfortabel mit einem seidig schimmernden, blauen Hosenanzug und einer langen, voluminösen und zweifelsohne wertvollen, cremefarbenen Pelzjacke bekleideten Gesprächspartnerin festzustellen: Ihr volles dunkelblondes Haar, ihre helle Haut, ihre auffallende Körpergröße und ihre infolgedessen ohne die Zierlichkeit mancher kleinerer Frauen angenehm schlanke Figur ließen ihn ein süd- oder osteuropäisches Geburtsland ausschließen; da ihr die Kühle vieler skandinavischer Frauen jedoch ebenfalls fehlte und sie – verglichen mit Sarah Hales und einigen anderen weiblichen Gästen – in seinen Augen auch nicht den Eindruck einer Engländerin erweckte, nahm er als wahrscheinlichstes Gebiet ihrer Herkunft schließlich einen privilegierten Teil Mitteleuropas an.

Doktor Stokes beglückwünschte sich im stillen selbst zu der Gelegenheit, jene beiden Frauen weitgehend ungestört beobachten zu können, welche durch ihr Erscheinungsbild zwei denkbar gegensätzliche Lebensweisen und -einstellungen bekundeten, wobei sie einander dessenungeachtet jedoch sichtbar nahestanden und das „Coast View“ offenbar bereits zum wiederholten Male gemeinsam besuchten. Sarah Hales hatte Doktor Stokes, dem sie ein wenig zugewandt war, auch im Verlauf ihres gleichermaßen interessanten und angenehmen Gesprächs mit Christa von Zeit zu Zeit bereits während kurzer Augenblicke betrachtet, wobei ihr das Interesse des Privatwissenschaftlers an Christa und ihr selbst in zunehmendem Maße auffiel.

Christa, die ihre Freundin ein wenig abgelenkt sah, wendete sich nach einigen Minuten ihrerseits dem durch Sarahs gelegentliche Blicke bezeichneten Teil des Saales zu, wobei sie Doktor Graham Stokes als denjenigen, ihr bereits als schrullig–sympathischen Intellektuellen beschriebenen, älteren Mann wiedererkannte, der einen großen Teil seiner Zeit augenscheinlich wandernd oder zurückgezogen in seiner Suite an einem privaten Forschungsprojekt arbeitend verbrachte, und ihr im „New Romney“ und seiner Umgebung bisher nur einige wenige Male – jeweils erkennbar intensiv nachdenkend und seine Umwelt deshalb bewußt kaum wahrnehmend – begegnet war.

Während ihres nächsten gemeinsamen Wochenendausflugs trafen Sarah Hales und Christa von Drostenburg – die im Herbst jenes Jahres drei Wochen in London und dessen Umgebung verbrachte

– in der angenehmen Atmosphäre der kleinen Bar des „Fisherman´s Rest" unerwartet mit Doktor Stokes zusammen:

Christa hatte die seit der ersten Begegnung mit dem nonkonformistischen Privatforscher vergangene Woche genutzt, um sich in einer Fachbibliothek einen tiefergehenden Eindruck seiner bisherigen wissenschaftlichen Tätigkeit zu verschaffen, an dem sie hernach auch ihre Freundin Sarah teilhaben ließ; so vorbereitet, war es Christa und Sarah möglich, den beobachtend, nachdenkend und in gewissen zeitlichen Abständen seine Gedankengänge niederschreibend neben ihnen an der Bartheke sitzenden ehemaligen Seelenarzt nach einigen einleitenden Sätzen gegenseitigen Kennenlernens in einer ihn sichtlich angenehm überraschenden, sachkundigen Weise auf seine jüngste Veröffentlichung anzusprechen, in welcher er am naheliegenden Beispiel Londons die Leiden und psychischen Probleme der von vielfältigem Streß geplagten Bewohner eines an Verkehr und Menschen überreichen Städtekonglomerats unserer Zeit veranschaulichte.

Diesem ersten, bald nicht nur für Christa und Sarah, sondern auch für Doktor Graham Stokes sehr interessanten gemeinsamen Gespräch folgten während Christas späteren Englandreisen weitere geistig anregende Begegnungen des diskutierfreudigen eigenwilligen Wissenschaftlers mit den beiden, an Sarahs arbeitsfreien Tagen oft zusammen in England umherreisenden Freundinnen nach; Doktor Stokes lernte die Gesellschaft Christa von Drostenburgs und Sarah Hales als Mensch und Wissenschaftler während wiederholter Begegnungen im „New Romney", „Coast View" oder „Fisherman´s Rest" sehr zu schätzen – sie ermöglichten ihm den fortgesetzten angenehm anregenden und psychologisch aufschlußreichen Umgang mit jenen beiden, sich auf den ersten Blick in unvereinbarer Weise zu unterscheiden scheinenden Frauen, welche sich bei näherem Kennenlernen hinsichtlich ihres erfolgreichen konsequenten Strebens nach weitestgehender Selbstbestimmtheit allerdings als einander sehr nahe verwandt erwiesen.

* * * * *

Nachdem sie Doktor Graham Stokes und Manuel Fonseca in bereits erste Sympathien schaffender Form einander vorgestellt haben, nehmen Christa und Sarah gemeinsam mit ihren beiden männlichen Begleitern an der vertrauten, stimmungsvoll beleuchteten kleinen Bar des „Fisherman´s Rest" Platz. Mit einem sportlich–eleganten seidenen Hosenanzug bekleidet und in angenehmster eindrucksvoll–luxuriöser Weise in ihren polartauglich anmutenden edlen, blau schattierten Pelzmantel gehüllt zwischen ihrer Freundin Sarah Hales und ihrem jungen Verehrer Manuel Fonseca an ihrer linken, sowie ihrem gemeinsamen geschätzten Bekannten Doktor Graham Stokes an ihrer rechten Seite an der Bartheke sitzend, erinnert sich Christa nach einiger Zeit ihres – zwischenzeitlich nahezu gänzlich aus ihrer bewußten Gedankenwelt entschwundenen – ursprünglichen Reisebegleiters Frank Spich; ihre Gedanken an ihn werden hierbei angesichts ihrer sehr angenehmen gegenwärtigen Stimmung allerdings nicht von erneuten Empfindungen des Unmuts, sondern von einem wiederkehrenden Interesse an seinem Schicksal im Allgemeinen und an seinem vermuteten oder tatsächlichen jetzigen Umgang mit der ihm im Museum begegneten jungen Frau im Besonderen bestimmt.

In das Küstenhotel zurückgekehrt und wieder allein mit Sarah, bringt Christa – in ihren hierbei sanft hin und her schwingenden pelzgefütterten, cremefarbenen Seidenmantel warm eingehüllt im kühlen Nachtwind auf ihrem geräumigen Balkon umhergehend – ihren entschwundenen jungen Verehrer im Gedankenaustausch mit der neben ihr gehenden Freundin schließlich zur Sprache. Mit dem Wesen Christas vertraut und an die meist rasche weitgehende Wiederherstellung ihres seelischen Gleichgewichts gewöhnt, nimmt Sarah Christas mit nahezu emotionslos erscheinender Gelassenheit geäußertes erneutes Interesse an Frank ohne Verwunderung zur Kenntnis; Christa sieht sich angesichts ihres sehr angenehmen Aufenthalts in New Romney in keiner Weiser zu einer vorzeitigen Rückkehr nach London und eventuellen Suche nach Frank gedrängt, den sie (unbewußt sogar in gewisser Weise beruhigt) zu Recht in der Obhut seiner offenbar neu gewonnenen, teilnahmsvollen Freundin vermutet.

* * * * *

Frank verbringt bei seiner ihm zugetanen neuen Freundin Helen Brentwood eine sehr angenehme Zeit, in deren Verlauf sie mit ihm als tier- und pflanzenkundige Naturfreundin mehrmals Wanderungen durch die waldreiche herbstliche Umgebung ihres Wohnortes Moorhill unternimmt, welche sowohl sein seelisches, als auch sein körperliches Wohlbefinden fördern und nebenbei sein Wissen erweitern. In Helens gemütlichem Heim läßt sich Frank bald mit wachsendem Interesse in die Anfangsgründe der Ölmalerei und des Schaffens dekorativer Keramiken einführen, wobei er seine noch ungeübten Finger bei letzterem mit besonderem Genuß von Helens sanfter, erfahrener Hand leiten läßt.

Die jenseits des Lichthofes ihres ringsum mit hellen Außenleuchten versehenen, ein wenig abseits des eigentlichen Ortes auf einer leichten Anhöhe gelegenen Hauses bald tiefdunklen, ländlichen Spätherbstabende genießt Frank angesichts des knisternden Kaminfeuers stets an Helens angenehm warmer Seite – den Duft ihres Körpers genießend und seine Hand in der Tiefe ihres sanft einhüllenden, weiten wollenen Hausgewandes in der ihren ruhen lassend. Helen Brentwood gewöhnt sich ihrerseits bald sehr an die stete Anwesenheit ihres ruhigen und dankbar–anhänglichen jüngeren Verehrers und Schützlings, weshalb sie jetzt – ebenso wie seinerzeit Christa von Drostenburg – den Wunsch, ihn nun dauerhaft bei sich zu behalten, hegt.

Frank nimmt Helens unausgesprochene, aber dennoch unmißverständliche Einladung, auch weiterhin bei ihr zu bleiben, – trotz eines ihn zuweilen leise bedrängenden Schuldempfindens gegenüber Christa von Drostenburg – von Glücksgefühlen beseelt an, welche er durch den Gedanken an seine nächste, eine gewiß unangenehme, aber dennoch unumgängliche Entscheidung seinerseits erfordernde Begegnung mit Christa in gelegentlichen Augenblicken stillen Nachsinnens jedoch getrübt sieht – wissend, daß er seinen Weg zwischen ihr und Christa letzten Endes selber wählen muß, bemüht sich Helen indes, Frank jene, ihr nie verborgen bleibende, belastende Befangenheit durch besondere einfühlsame Zuwendung stets möglichst rasch wieder zu nehmen, wodurch sie ihm seine Freude an ihrem Zusammensein erhält.

* * * * *

Christa von Drostenburg, Sarah Hales und Manuel Fonseca brechen nach zwei weiteren, zumeist sehr in ansprechender, interessanter Weise verbrachten Tagen in der Dämmerung des beginnenden Freitagabends schließlich zu einer gemeinsamen Reise nach London auf; Manuel hatte sich von Juanita Fernández – die ihren Aufenthalt in Großbritannien nach erfolgreicher Wahrnehmung ihrer finanziellen Interessen vorzeitig beendet hat und sich zu dieser Zeit ihrerseits bereits auf dem Heimweg nach Mexiko befindet – in der Zwischenzeit in einer Atmosphäre zuletzt äußerst kühler gegenseitiger Distanziertheit getrennt, wobei sie Manuel in einer ihn innerlich zunächst doch sehr schmerzenden Weise zu verstehen gab, daß sie auf seine Gesellschaft keineswegs unbedingt angewiesen sei; von Juanita in dieser Weise behandelt, sieht sich Manuel angesichts seines jetzigen Entschlusses, ihr nicht nach Mexiko zu folgen, sondern vorerst in England, und somit in Christas Nähe zu bleiben, nicht mehr von einer mahnenden Empfindung eigener Untreue geplagt, sondern vielmehr von dem nun unablässig drängenden Bedürfnis, sich mit Christa von Drostenburg dauerhaft zu verbinden, erfüllt.

Christa läßt den gutaussehenden, charmanten und ihr sichtlich ergebenen jungen Manuel während ihres weiteren (von ihr angesichts der inzwischen in mehrfacher Hinsicht gewandelten Umstände bis zu einem noch unbestimmten Zeitpunkt verlängerten) Aufenthaltes in England gern zumindest vorübergehend den Platz Franks einnehmen; durch Edwards Übermittlung einer Nachricht Franks weiß Christa bereits, daß sich Frank jetzt tatsächlich in der Obhut seiner in Moorhill wohnenden, neu gewonnenen Freundin Helen Brentwood befindet und gemeinsam mit ihr erst im Verlauf der neuen Woche wieder nach London zurückkehren wird, um Helen während eines Museumsbesuchs zu begleiten und sich mit Christa über die folgenreichen Geschehnisse der letzten Tage auszusprechen.

Christa, Sarah und Manuel erleben während ihrer Fahrt nach London eine schon winterlich kalte, sternklare Neumondnacht, die Manuel trotz der gut funktionierenden Heizung fern seiner sonnenverwöhnten Heimat zunächst nur wenig vermindert in seinem Innersten zu spüren glaubt, weshalb ihn Christa – neben ihm im Fond ihres jetzt von Sarah chauffierten, luxuriösen schwarzen Jaguars die angenehme ruhige Fahrt genießend und seine Pein bemerkend – gerne an der überaus angenehm wärmenden Umhüllung ihres – nun als wunderbar weiche, edle Reisedecke dienenden – polartauglich anmutenden, blau schattierten, weiten Pelzmantels teilhaben läßt, wofür er ihr – sehr rasch in vortrefflichster Weise von jeglichem Frösteln befreit – genüßlich seufzend dankt.

Nach der Ankunft in der nächtlichen Tiefgarage des Kensington-Towers Hotels frierend Christas schwarzem Jaguar entsteigend, hüllt sich Manuel – von seiner Wohltäterin mit einem Lächeln zustimmenden Wohlwollens und stillen Amüsements bedacht – nun gänzlich in ihren beinahe bodenlangen Pelz ein, wodurch er sich selbst ein ungewöhnliches, aus Christas und Sarahs Sicht aber durchaus nicht unelegantes, interessantes Erscheinungsbild verleiht, an dem er vor Christas großem Ankleidespiegel angesichts seiner selbst ebenfalls bald sehr großen Gefallen findet und den eindrucksvollen, edlen, ihn bei jeder Bewegung sanft umschmeichelnden Pelz erst nach einigem genußvollen Umherwandern in Christas weiträumigem Penthaus von merklichem Bedauern erfüllt wieder ablegt.

Christa findet mehr denn je Gefallen an ihrem jungen, ihr in zunehmend erkennbarem, unerwarteten Maße verwandten Verehrer mit seiner leicht zu erweckenden, offenkundigen Freude an jener ihr lieben Art des gehobenen, individuellen Luxus und seinem gezeigten Willen und Mut, seine dahin gehenden Bedürfnisse ohne stete Rücksicht auf Konventionen auch auszuleben. Nach den Ereignissen des Tages eine angenehme Müdigkeit empfindend, nimmt Christa – mit ihrem honigfarbenen, seidenen Stepphausmantel in sehr angenehmer, dekorativer Weise bekleidet und für sich und Manuel je ein Glas edlen Weines bereitstellend – recht bald in ihrem komfortablen Bett Platz, auf dessen Rand sich Manuel – in ihren pelzgefütterten und -umsäumten cremefarbenen Seidenmantel eingehüllt bereits das Bild eines zweifelsohne exzentrischen, luxusliebenden und ein offenkundiges äußerstes Wohlbehagen empfindenden, reichen jungen Mannes bietend – zunächst behutsam (und ein wenig verlegen, aber von unverkennbarer Zufriedenheit erfüllt) niedersetzt, um sich von Christa betrachten zu lassen.

Manuel zuneigungsvoll und verstehend anschauend und seine aus dem dichten, weichen Pelz des breit umgeschlagenen Ärmels herausschauende Hand sanft streichelnd, mutmaßt Christa, daß in ihm – als Folge ihrer Einflußnahme – bisher möglicherweise gänzlich verborgen gebliebene oder von seiner gewiß eher konservativ geprägten Familie sorgsam unterdrückte „unmännliche“ Triebe und Neigungen Einfluß gewinnen, die sein Wesen bereichern, ihm bei mangelnder Leitung allerdings auch in empfindlicher Weise zum Nachteil gereichen könnten.

Manuel gesellt sich, von einer gemeinsam während der Nachmittagsstunden unternommenen, ausgedehnten Wanderung entlang der Kanalküste ebenfalls ermüdet, nach nicht langer Zeit zu Christa ins bequeme Bett; nahe bei Christa entspannt unter der warmen seidenen Steppdecke liegend und sie sanft berührend, beginnt er bald, in anschaulicher Weise von seiner fernen Heimat, dem zunächst eher mühevollen Aufbau seines mittlerweile durchaus einträglichen Anwaltsbüros, seiner bisher erfolglosen Suche nach einer zu ihm passenden verständnisvollen und beständigen Partnerin und seiner in sehr unangenehmer Weise folgenreichen ersten, ihn gegen seine warnenden Eltern und Freunde damals geradezu blind und taub gemacht habenden Verliebtheit in die ehemals berühmte und auch jetzt noch sehr bekannte, frühere Flamencotänzerin Juanita Fernández zu erzählen. Juanita sei während ihrer Zeit als überaus talentierte und erfolgreiche Tänzerin bereits sehr wohlhabend geworden und habe sich durch mehrere meist sehr kurze, planvoll eingegangene Ehen (mit relativ früh verstorbenen Partnern) ein auch für amerikanische Verhältnisse außergewöhnlich großes, durch geschicktes Vorgehen ihrerseits offenbar auch jetzt noch wachsendes Vermögen geschaffen.

Christa gibt Manuel zu bedenken, daß auch sein jetziges Zusammensein mit ihr noch nicht der unbedingte Beginn einer dauerhaften Verbindung sei, da er letzten Endes doch wieder in seine Heimat zurückkehren müsse, um seinen dort eingeschlagenen beruflichen Weg erfolgreich weiterzugehen; sie sei jedoch sehr gern bereit, ihm während der noch nicht absehbaren Dauer ihres Aufenthaltes in London einen größeren Teil ihrer Zeit zu widmen und sich – bei einer entsprechenden Entwicklung ihrer Beziehung zueinander – anläßlich seiner eventuellen zukünftigen Reisen nach England oder Deutschland wieder mit ihm zu treffen.

* * * * *

Zu Beginn der nunmehr dritten Woche seines Aufenthaltes in England unternehmen Frank und Helen – seiner kurzen Nachricht an Christa entsprechend – ihren ersten gemeinsamen Ausflug nach London, den sie mit dem Besuch der Nationalgalerie und – angesichts des zunehmend winterlicher anmutenden windig–kalten Herbstwetters von Kopf bis Fuß warm und komfortabel eingehüllt – einem längeren Spaziergang durch einen der großen Londoner Parks verbringen; während dieses Spaziergangs sprechen Helen und Frank auch nochmals über Franks für den Nachmittag vorgesehenes und im Restaurant des Kensington-Towers Hotels stattfinden sollendes Wiedersehen mit Christa von Drostenburg, welches Sarah seiner Bitte entsprechend für ihn mit Christa vereinbart hat:

Frank empfände Helens unmittelbare Gegenwart während seines Gesprächs mit Christa als sehr beruhigend, er kann Helen – trotz allen geäußerten Verständnisses für den Wunsch ihres Schützlings – jedoch nicht zu einer Teilnahme bewegen, die Christa gewiß als Provokation empfinden und ihm gegenüber mit vermehrter verbaler Härte quittieren würde; Frank kommt nach kurzem Nachdenken nicht umhin, Helens Ansicht beizustimmen. Nach dem Spaziergang und einer in einem von ihr zurecht bevorzugten Restaurant verbrachten, angenehmen Stunde fährt Helen Frank zum Kensington-Towers Hotel, um ihm in dessen luxuriöser, geräumiger Eingangshalle mit einem kurzen, liebevollen Händedruck Kraft für sein bevorstehendes Gespräch mit Christa einzuflößen und sodann in einem ein wenig abseits in einem weniger belebten Teil der Halle stehenden, bequemen Sessel seine Rückkehr abzuwarten.

Im Hotelrestaurant angekommen, entdeckt Frank Christa dank ihrer eindrucksvollen, eleganten Erscheinung nach einem nur kurzen Augenblick bereits an einem von ihr bevorzugten, nahe der breiten Fensterwand stehenden Tisch mit Ausblick auf einen angrenzenden kleinen Park. Der Eingangstür des Restaurants in Erwartung Franks halb zugewandt sitzend und zumeist in den Park hinaus, in gewissen regelmäßigen Abständen jedoch auch immer wieder zum Eingang des Saales schauend, bemerkt Christa Frank bereits unmittelbar nach seiner Ankunft im Restaurant; ihren ursprünglichen Reisebegleiter auf seinem Weg zu ihr aufmerksam – und eine ihn verunsichernde Gemütsruhe zeigend – betrachtend, sieht sie ihren aus seiner Nachricht gewonnen Eindruck, daß er sich in den guten Händen einer sich zuneigungsvoll seiner annehmenden Freundin befindet, bereits weitestgehend bestätigt.

Da sie sich infolge ihrer jüngsten Erlebnisse mit Manuel Fonseca selbst in sehr angenehmer Stimmung befindet und sich der Gründe der Trennung Franks von ihr bewußt ist, begrüßt Christa Frank ohne erkennbare Anzeichen eines gegen ihn oder Helen Brentwood gerichteten Zorns oder anderer tiefergehender, den Eindruck einer Begegnung zweier einander vor kurzer Zeit noch äußerst nahe stehender Menschen erweckenden Empfindungen; Frank fühlt sich durch Christas unerwarteten freundlich–sachlichen Umgang mit ihm einerseits sehr erleichtert; zugleich steigt in ihm allerdings auch der vage Verdacht, daß ihr Verhalten ein Ausdruck ihres – aus auch jetzt noch schmerzender Enttäuschung und gebliebener innerer Verletztheit erwachsenen – wortlosen Spottes sein könnte, auf.

Christa bemerkt Franks Zwiespalt; sie bemüht sich jedoch nicht, ihn von seinen – ihn nach seiner Art, sich während ihres jetzt eine Woche zurückliegenden Museumsbesuches ohne ein Wort der Erklärung seines Verhaltens still und heimlich von ihr zu trennen, aus ihrer Sicht durchaus zu Recht plagenden – Zweifeln zu befreien; statt dessen sieht sich Frank hinsichtlich Helen Brentwoods und seiner Erlebnisse mit ihr bald unverhofft in besorgniserregend effizienter (und ihm im Nachhinein beschämend mühelos erscheinender), geschickter Weise ausgefragt und seiner Geheimnisse beraubt; im Gegenzug erzählt ihm Christa – seine angesichts ihrer bewiesenen Fähigkeit, ihre Zeit auch ohne ihn sehr interessant und angenehm zu gestalten, erwachende stille Eifersucht befriedigt zur Kenntnis nehmend – nicht weniger ausführlich von ihrer gemeinsam mit Sarah unternommenen Reise nach New Romney.

Frank kehrt einerseits sehr erleichtert, andererseits aber auch ein wenig von seiner erwachten Eifersucht geplagt nach einer halben Stunde wieder zu Helen zurück, die mit ihm – angesichts seiner unerwartet guten Verfassung sichtlich beruhigt – nochmals einen (ihn nunmehr erkennbar entspannenden) Spaziergang unternimmt. Während sie Franks Wiedergabe seines Gesprächs mit Christa lauscht, bemerkt Helen ein ihn hierbei wieder überkommendes Unbehagen, als dessen Ursache sie bald den Zwiespalt zwischen seiner Erleichterung und Freude angesichts des unerwartet positiven Verlaufs seiner Aussprache mit Christa und seines nunmehrigen Zusammenseins mit Helen einerseits, und seiner dennoch erwachten uneingestandenen Eifersucht auf Manuel Fonseca andererseits erkennt – ihrem mit seinen gegensätzlichen Empfindungen hadernden Begleiter und Schützling (der sich die seines Erachtens nun notwendige, unangenehme Entscheidung bezüglich seines zukünftigen Weges zwischen Christa und Helen nur allzu gern von seiner klugen und fürsorglichen Freundin und Beschützerin abnehmen lassen würde) legt sie indessen mit sanfter Bestimmtheit nahe, sich die Frage des Maßes seiner Zugehörigkeit zu ihr oder Christa in ihrer dreier Interesse zu gegebener Zeit selbst zu beantworten!

* * * * *

In ihr Penthaus zurückgekehrt, findet Christa ihren (ihr bereits während des gestrigen Tages ein wenig verstört, und am heutigen Morgen überdies ungewohnt blaß und unkonzentriert erscheinenden) jungen Verehrer Manuel Fonseca – mit ihrem ihn vollständig und überaus warm einhüllenden, pelzgefütterten cremefarbenen Seidenmantel bekleidet und dennoch sichtlich von unerwartet aufgekommenem Schüttelfrost und nachfolgenden heftigen Fieberattacken gequält – mühsam in ihrem Schlafzimmer hin und her gehend vor.

An das Klima seiner mittelamerikanischen Heimat gewöhnt und mit der feuchten Kälte des britischen Spätherbstes noch unvertraut, hatte Manuel sich vor seiner gemeinsam mit Juanita Fernández unternommenen und von ihr aus seiner Sicht sehr kurzfristig anberaumten Englandreise nicht mehr mit angemessener Kleidung – auf deren Notwendigkeit ihn Juanita, von ihren eigenen Reisevorbereitungen zuletzt weitestgehend in Anspruch genommen, auch nicht hinwies – versehen können; nachdem er es – durch Juanita zunächst fast stets beansprucht und seine Aufmerksamkeit bald zunehmend an Christa bindend – bis zuletzt versäumte, jene Besorgung nachzuholen und infolgedessen meistens mehr oder weniger frierend im herbstlich nassen und kühlen England unterwegs war, sieht er sich jetzt von einer zunehmend schweren fiebrigen Erkältung befallen, die ihn sich bald sorgsam in Christas wärmstes Hausgewand einhüllen und hernach in zwar äußerst wohltuend gemilderter, während regelmäßig wiederkehrender Fieberschübe aber immer noch sehr unangenehmer Weise innerlich frieren läßt.

Christa nötigt ihren zitternden und infolge seiner augenblicklichen Kreislaufschwäche ein wenig taumelnden Schützling mitsamt seinem (ihn durch seine umhüllende Wärme jetzt geradezu am Leben erhaltenden) Pelz- und Seidengewand mit sanftem Zwang in ihr Bett, um sich anschließend – selbst noch mit ihrer polartauglich anmutenden, blaubraun gemusterten Pelzjacke bekleidet und eine große lederne Handtasche mit schwerer goldfarbener Kette sowie den aufgesetzten golden schimmernden Initialen „CvD“ bei sich tragend – sogleich behutsam und erkennbar besorgt neben ihm auf den Rand des breiten Bettes zu setzen. Christa legt ihre angenehm kühle rechte Hand sanft auf Manuels fiebrig heiße Stirn und nimmt mit der linken den Hörer des auf dem Nachttisch bereitstehenden Telefons ab, um ihre Freundin Sarah an Manuels Krankenlager zur rufen.

Sarah gesellt sich mit der mitgebrachten tragbaren Hotelapotheke und einem bewährten umfangreichen medizinischen Nachschlagewerk bald zu Christa und Manuel; aus ihrem – zugunsten ihrer jetzigen Tätigkeit seinerzeit in bereits recht weit fortgeschrittenem Stadium abgebrochenen – fundierten Medizinstudium einmal mehr nutzen ziehend, findet Sarah Christas Vermutung, daß Manuel von einer gewiß sehr unangenehmen, bei guter Pflege und gewissenhafter Behandlung aber keine bleibenden Schäden zurücklassenden Grippe befallen worden sei, nach einer kurzen aber gründlichen Untersuchung bestätigt. Christa läßt für sich einen bequemen Liegesessel neben das Bett stellen, um während der Nacht bei Manuel zu bleiben und ihm bei Bedarf beistehen zu können ohne sich allzusehr seinen Grippeviren auszusetzen.

Nachdem sie ihre edle Pelzjacke abgelegt und ihre Handtasche beiseite gestellt hat, nimmt Christa wieder nahe bei ihrem sie leidend und dankbar betrachtenden Pflegling Platz, um unter Zuhilfenahme ihrer jetzt auf dem Nachttisch bereitliegenden – der Statur Christas entsprechend vergleichsweise großen und schweren, beinahe maskulin wirkenden – goldenen Armbanduhr mit sanfter, sicherer Hand nochmals seinen durch seine Erkrankung bedingt verlangsamten, sie angesichts seiner augenblicklichen Verfassung aber noch nicht bedenklich stimmenden Pulsschlag zu messen.

Christas entspannende Gegenwart, ihre von tiefgehendem Einfühlungsvermögen geleiteten Bemühungen um sein bestmögliches Wohlergehen, sowie ihr ihn besonders warm und angenehm einhüllendes Pelz- und Seidengewand bessern das Befinden ihres zu Beginn noch sehr angespannten, von stetem Schüttelfrost, rasch aufeinanderfolgenden Fieberschüben sowie häufigem Husten geplagten Patienten nun in zunehmend erkennbarem Maße und lassen ihn dem nahenden Abend und der bevorstehenden Nacht mit dem Wissen, daß seine „Ärztin“ in seiner unmittelbaren Nähe bleiben wird, bald weitaus weniger beunruhigt entgegensehen.

Christa sucht und findet Manuels tief im weichen, cremefarbenen Pelz verborgen ruhende Hand, die sie sanft umfaßt, wofür er ihr – halb noch wachend, halb aber auch bereits den Beginn eines ersten wirren Traums erlebend – mit einem leisen Seufzen und einem tapfer versuchten Lächeln dankt; nachdem sie behutsam die Stirn ihres einschlafenden Patienten und Schützlings geküßt hat, zieht sich Christa – für die Nacht bereits mit ihrem ebenfalls sehr angenehm wärmenden, bodenlangen, honigfarbenen Seidensteppmantel bekleidet – mit dem medizinischen Nachschlagewerk und einem Glas guten Weines in ihren bequemen Liegesessel zurück, um sich im ansonsten abgedunkelten Schlafzimmer im Schein einer – zu Manuels Schlafstätte hin mit einem dichten Schal abgeblendeten – kleinen Kugelleuchte entspannt der gedanklichen Vorbereitung seiner weiteren Behandlung zu widmen.

Während der Nacht – von Kopfschmerzen und Durst geplagt, dank des ihn warm und sicher bedeckenden weiten, pelzgefütterten Seidenmantels jedoch von keinerlei Kälteempfindung mehr gepeinigt – einmal erwachend, empfindet Manuel den Anblick seiner nahe bei ihm im schwachen

Schein des durch einen Spalt des breiten Fenstervorhangs hereinfallenden Mondlichtes – in ihren schimmernden honigfarbenen Seidensteppmantel wie in eine kostbare Bettdecke eingehüllt – offenbar zutiefst entspannt in ihrem Sessel schlafenden Pflegerin und „Ärztin“ als sehr beruhigend und seinem eigenen erneuten Einschlafen nach einem mühsamen, aber wohltuenden Schluck auf dem Nachttisch bereitstehenden Orangensaftes und der Einnahme eines rasch und nachhaltig wirkenden Kopfschmerzmittels förderlich.

Den Vormittag des neuen Tages erlebt Manuel trotz der ihn auch jetzt noch mit einem beständigen Durstgefühl, gelegentlichem Hustenreiz, medikamentös niedergehaltenen Kopf- und Gliederschmerzen und einer gewissen Benommenheit plagenden Grippe – dank Christas sorgsamer Zuwendung im Allgemeinen und der ihn während der Nacht äußerst angenehm und zuverlässig gewärmt habenden, pelzernen „Zudecke“ im Besonderen – in bereits ein wenig gebesserter Verfassung, welche es ihm – mit Christas wärmstem Morgenmantel bekleidet im bequemen Liegesessel sitzend – immerhin ermöglicht, von ihr aufmerksam durch kleine Handreichungen unterstützt ein seinem Zustand entsprechendes, leichtes Frühstück mit einem gewissen Appetit und angedeutetem Genuß zu sich zu nehmen.

Noch während seiner nur relativ kurzen, ihn aber dennoch bald anstrengenden Mahlzeit erneut seine zu deren Beginn nur scheinbar geschwundene Schwäche und ein wieder aufkommendes inneres Kältegefühl verspürend, nimmt Manuel nach seinem Frühstück – dank Christas Hilfe wieder sicher in ihren pelzgefütterten und –umsäumten Seidenmantel eingehüllt und dessen hochgeschlagenen breiten, pelzbesetzten Kragen sorgsam mit einer Hand um seinen Hals geschlossen haltend – ihrem nächtlichen Beispiel folgend nun seinerseits im bequemen Liegesessel Platz um – zwar liegend, sich aber zumindest nicht ohne jeden Widerstand der Krankheit ergebend – ermüdet recht bald wieder einzuschlafen.

Ihren Pflegling wieder schlafend wissend, gönnt sich Christa nach ihrer teilweise durchwachten Nacht zunächst ein ausgiebiges, angenehm belebendes, warmes Duschbad, wonach sie – jetzt mit einem gleichermaßen eleganten und bequemen, blauseidenen Hausanzug bekleidet – im geräumigen Wohnzimmer ihres luxuriösen Penthauses angesichts des jenseits der breiten Fensterwand größtenteils tief unter ihr liegenden, wolkenverhangenen, vormittäglichen Londons ihr eigenes reichhaltiges Frühstück einnimmt.

In der Mittagszeit findet sich Sarah ein weiteres Mal bei ihrer Freundin ein, um sich nach dem Befinden ihres Pfleglings zu erkundigen, wobei sie ihn ruhig und offenbar entspannt in Christas Liegesessel schlafend, und Christa selbst – mit ihrem blauseidenen Hausanzug bekleidet und mit der warmen seidenen Steppdecke angesichts des aus einer tiefgrauen, geschlossenen Wolkendecke fallenden und von Windböen stoßweise gegen das ihr gegenüber gelegene breite Aussichtsfenster getriebenen, intensiven Herbstregens genußvoll bis zu ihrer Brust herauf bedeckt – nicht weniger entspannt in ihrem Bett lesend antrifft.

Christa setzt sich im Bett auf, um sich zur Begrüßung ihrer Freundin zu erheben, was ihr Sarah rasch hinzutretend jedoch mit einem behutsamen Druck ihrer Hand verwehrt, um sodann neben Christa auf dem Rande des Bettes Platz zu nehmen; Christa erwidert Sarahs Berührung, indem sie ihre Hand sanft umfaßt und beginnt, ihr vom Verlauf des gestrigen Abends und des heutigen Vormittags zu erzählen. Indem sie ihre Hand leicht auf Manuels Stirn legt und ihn aufmerksam betrachtet, gewinnt Sarah den Eindruck, daß sich seine Verfassung unter Christas Einfluß bereits rascher als erwartet gebessert hat; Christa nimmt Sarahs wortlose Bewunderung ihrer erwachten pflegerischen Fähigkeiten geschmeichelt lächelnd zur Kenntnis und führt sie in ihr Wohnzimmer, um das dort in der Zwischenzeit leise servierte Mittagsmahl wie in New Romney gemeinsam mit ihr zu genießen.

Obwohl die Geräusche der Mahlzeit und der Unterhaltung Christas mit Sarah jenseits der sorgsam geschlossenen Verbindungstür nur noch merklich gedämpft zu vernehmen sind, erwacht Manuel im wieder abgedunkelten Schlafzimmer nach einiger Zeit; nach dem tiefen Schlaf benommen und bei abklingender Medikamentenwirkung von erneut zunehmenden Kopf- und Gliederschmerzen geplagt, kann er sich jedoch nur langsam und mühevoll im Bett aufrichten, um sich – schließlich erschöpft auf dem Bettrande sitzend – angesichts seines sehr schwachen Kreislaufs während der folgenden Minuten zunächst äußerst dankbar der wohltuend durchdringenden Wärme des ihn sanft und sicher einhüllenden Pelz- und Seidenmantels hinzugeben.

Christa und Sarah betrachten ihren durch die unerwartet von ihm geöffnete Tür aus der Dunkelheit des Schlafzimmers heraustretenden Patienten angenehm überrascht und – angesichts der Tatsache, daß er sich trotz seiner, sich in unsicherem Gang und auffallender Blässe ausdrückenden, noch immer schlechten Verfassung aus seinem Bett wagt – auch nicht wenig erstaunt und bewundernd; beide befinden überdies, daß ihn Christas kostbarstes und dekorativstes Hausgewand trotz seines gegenwärtig bedauernswerten gesundheitlichen Zustands – nicht anders als ihr edler blau schattierter Pelzmantel bei ihrer gemeinsamen Ankunft im Kensington-Towers Hotel – in ansprechender unkonventioneller Weise attraktiv und eindrucksvoll erscheinen läßt, wobei Sarah auch diesmal mehr als Christa ihr wohlwollendes Amüsement zum Ausdruck bringt.

Christa unterbricht ihre Mahlzeit und erhebt sich, um Manuel, sanft stützend ihren Arm um ihn legend, zu einem dem Eßtisch zugewandten Sessel zu führen, in den er aufatmend niedersinkt; Manuel empfindet den Duft des erlesenen reichhaltigen Mittagsmahls als sehr verlockend – zugleich regt sich in ihm, durch seine schwere Erkältung bedingt, zu seinem eigenen Verdruß allerdings auch ein ausgeprägter Widerwille gegen den Anblick oder gar die Teilnahme am Genuß eines solchen Mahles, weshalb er sich, von widerstreitenden Wünschen geplagt, bald mit einem Ausdruck stiller Enttäuschung von Christa und Sarah abwendet.

Obwohl sie von Erkältungskrankheiten dank ihrer sehr guten, durch regelmäßiges und beinahe professionelles Tennisspiel gefestigten Konstitution selbst weitestgehend verschont bleibt, weiß Christa das Leid ihres Pfleglings und Schützlings nachzuempfinden: Sie erhebt sich ein zweites Mal und geht – einen Dessertteller mit einem ursprünglich als Nachtisch gedachten, zerlegten Pfirsich darauf in der linken Hand haltend – aufmunternd lächelnd zu Manuel hinüber, um sich zu ihm auf die Sessellehne zu setzen; Manuel genießt es nach anfänglichem kurzem Erstaunen durchaus, sich von seiner sanften, einfühlsamen und bei ihren Handreichungen sehr geschickten, wohl gelaunten, attraktiven „Pflegerin" mit den erfrischenden Pfirsichstücken füttern zu lassen, wodurch sie seinen Durst stillt und seine aufgekommene Mißstimmung innerhalb sehr kurzer Zeit einer gänzlich entgegengesetzten Empfindung ausgesprochener Zufriedenheit weichen läßt.

Sarah verabschiedet sich nach dem gemeinsamen Mittagsmahl, indem sie Christa einen zarten Wangenkuß gibt und sanft Manuels Schulter berührt, um sich anschließend wieder ihren beruflichen Pflichten zuzuwenden. Nachdem Sarah ihr Penthaus verlassen hat, führt Christa ihren erschöpften aber zufriedenen Patienten zu seinem komfortablen Krankenlager zurück, in dem er sich sogleich bequem einrichtet.

Da sie Manuels Verfassung wiederum bereits ein wenig gebessert findet und den Eindruck gewinnt, daß sie ihn angesichts der im Bedarfsfall leichten Erreichbarkeit Sarahs zumindest während einer halben Stunde mit gutem Gewissen allein lassen kann, faßt Christa den Entschluß, im nahegelegenen Park einen Spaziergang zu unternehmen; sie hüllt sich genußvoll in ihren jede Kälte zuverlässig abhaltenden, voluminös–eleganten, blau schattierten Pelzmantel ein und fährt in die Eingangshalle des Hotels hinab, in der sie an der Rezeption Edward begegnet, mit welchem sie ein paar freundschaftliche Worte wechselt, um sich danach – die sanfte Umschmeichelung ihres im Rhythmus ihrer Schritte hin und her schwingenden knöchellangen, edlen Pelzes auskostend und die bewundernden Blicke anderer Hotelgäste beiderlei Geschlechts genießend – dem Ausgang zuzuwenden.

Christa findet den um einen kleinen See herum angelegten, baumbestandenen Park nach den langanhaltenden und von lebhaftem, böigem Wind begleiteten Regenfällen der zurückliegenden Stunden, die die ohnedies bereits sehr kühle Herbstluft wieder beinahe winterlich kalt werden ließen, noch nahezu menschenleer vor; da sie durch ihren beinahe bodenlangen, voluminösen Pelz sicher vor Wind und Kälte geschützt ist und sich ihrer Gewohnheit entsprechend entspannt aber stetig bewegt, sieht sich Christa durch ihren halbstündigen Spaziergang geistig wie körperlich jedoch angenehm belebt und erfrischt und ihr Wohlbefinden vollends wiederhergestellt.

Auf dem Rückweg in ihr Penthaus begegnet Christas nunmehr Sarah, die sich in einem der drei Fahrstühle des Hotels bald nach der Abfahrt aus dem Erdgeschoß unerwartet zu ihr gesellt; Sarah empfindet angesichts ihrer im neuen blau schattierten Pelz mehr denn je ein eindrucksvolles Bild bietenden, und nach ihrem Spaziergang außerdem eine auffallende Frische und offensichtliche Zufriedenheit ausstrahlenden Freundin – wie schon oft seit dem endlichen inneren Eingeständnis ihrer früh erwachten und danach leise gewachsenen Sympathie für Christa – erneut ein Gefühl unbestreitbarer stiller, von Zuneigung bestimmter Bewunderung, die sie – wissend, daß eine solche Empfindung ihrer Freundin nicht verborgen bleiben kann – jedoch auch diesmal nicht mit Worten, sondern in Blicken und Gedanken ausdrückt; Christa genießt Sarahs wortlos dargebrachte Bewunderung und dankt ihr in der gleichen stillen Weise.

In ihrem Penthaus angekommen und den großen Hauptwohnraum leer vorfindend, begibt sich Christa recht bald in ihr Schlafzimmer, das durch das diffuse Licht, welches durch die geschlossene tiefgraue Wolkendecke dringt, trotz der gänzlich beiseite gezogenen Fenstervorhänge nur mit herbstlicher blaugrauer Nachmittagsdämmerung erfüllt wird, aus welcher Manuel – seiner Gesundung entgegen schlafend – indessen seinen Nutzen zieht. Christa legt ihren Pelz ab, tauscht ihren Hosenanzug gegen ihren cremefarbenen Pelz- und Seidenmantel und nimmt neben ihrem ruhig schlafenden Pflegling auf dem Rande des Bettes Platz.

Manuel Fonseca hat sich – anders als Frank Spich vor ihm – sogleich sehr gern und aus eigenstem Willen in Christas pelz-seidene Luxusfalle begeben, in welcher er sich – von seiner Grippe geplagt, aber von Christa in bester Weiser gepflegt und mit angenehmsten Dingen umgeben – mehr denn je wohl und gut aufgehoben fühlt. Obwohl sie weiß, daß er letzten Endes nach Mexiko zurückkehren muß, um dort seine Anwaltstätigkeit wieder aufzunehmen und weiter an seiner Karriere zu arbeiten, ist Christa entschlossen, Manuel – der durch seine Erkrankung vorerst in jedem Falle an sie gebunden ist und die Art und Weise ihres Umgangs mit ihm in seiner augenblicklichen Verfassung in ganz besonderem Maße genießt – auch weiterhin und mehr denn je an ihrer genußvollen, luxuriösen Lebensweise teilhaben zu lassen, um ihm einen Abschied von ihr so undenkbar wie nur möglich erscheinen zu lassen.

Christa hat mit Manuel ihrerseits einen attraktiven jungen Verehrer gefunden, der – anders als Frank – in ihrem Sinne kaum mehr der Beeinflussung bedarf und sich nach seiner zweifelsohne anregenden, aber recht anstrengenden und zuletzt (allerdings auch als Folge der Einmischung Christas) sehr unerfreulichen Zeit mit Juanita Maria Fernández dankbar und erleichtert seinem sanften „rettenden Engel" hingibt. Christa empfindet den Anblick ihres jetzt warm in ihren honigfarbenen, steppseidenen Hausmantel eingehüllt schlafenden, zufriedenen Schützlings und Patienten als sehr beruhigend und befriedigend; sie erhebt sich sehr behutsam vom Rande des Bettes und geht – das allgegenwärtige Streicheln ihres hierbei wieder sanft hin und her schwingenden, pelzgefütterten- und umsäumten, weiten, cremefarbenen Seidenmantels einmal mehr mit sinnlicher Hingabe genießend – angesichts der jenseits der Fensterwand im Licht eines winterlichen Nachmittages tief unter ihr liegenden Straßen und Häuser Westlondons langsam und entspannt im geräumigen Schlafzimmer ihres luxuriösen Penthauses hin und her, wobei sie Manuel, an seinem komfortablen Krankenlager vorübergehend, immer wieder zuneigungsvoll und zufrieden lächelnd betrachtet.

* * * * *

Manuel Fonseca erholt sich bei Christa zwischen Seide und Pelz anfänglich zwar nur langsam, dank ihrer Zuwendung und Fürsorge aber in der angenehmsten Umgebung von seiner Grippe, wobei er den ihm gebotenen, besonderen Luxus in der von Christa erwarteten Weise als Erfüllung lang gehegter, uneingestandener Wünsche erkennt – Christa weiß, daß sie mit Manuel ein in jedem Falle folgenreiches und für ihn hinsichtlich seiner Zukunft nicht ungefährliches Experiment anstellt; sie ist aber auch gewillt, Manuel als in ihrem Sinne geformten Nachfolger Franks mit den ihr gegebenen Mitteln entgegen allen Widerständen an sich zu binden.

Manuels allmähliche Gesundwerdung läßt Christa nach einiger Zeit wieder vermehrt an seine kaum vermeidbare, schließliche Heimreise nach Mexiko denken, welche seinen Abschied von ihr und – möglicherweise – seine Rückkehr zu ihrer ebenbürtigen Rivalin Juanita Maria Fernández bedeuten wird – Juanita könnte den Kampf um Manuel in jenem Falle letzten Endes doch gewinnen, während Christa nach dem Verlust Franks innerhalb weniger Wochen bereits ihre zweite schmerzende Niederlage erleben müßte. Zunächst erweist sich Manuels Gesundung und wiederkehrende Unternehmungslust für Christa jedoch vor allem als positiv:

Von seiner Grippe weitgehend geheilt, aber auch jetzt noch empfindlich und den feuchtkalten englischen Winter fürchtend, läßt sich Manuel von Christa zu gemeinsamen Ausflügen in bereits vertrauter Weise gern in einen ihrer polartauglich anmutenden, knöchellangen, edlen Pelze einhüllen, welche Manuel dank Christas Größe ebensogut wie ihr selbst passen, ihm ein ausgesprochenes Wohlgefühl vermitteln, und beide zu einem schon äußerlich nicht alltäglichen, interessanten Paar werden lassen.

In einen sichtlich kostbaren (und wunderbar warmen!), voluminösen Damen-Pelzmantel gehüllt mit seiner in gleicher Weise gekleideten Freundin Christa in einem winterlichen Park oder am nördlichen Themseufer spazierengehend, genießt Manuel die gegebene Situation einerseits immer wieder sehr, andererseits fühlt er sich durch die gelegentlichen, verwundert fragenden Blicke anderer Spaziergänger zuweilen allerdings auch ein wenig unangenehm berührt, wobei Christa auch in solchen Momenten um Manuels Sorgen weiß – sie umfaßt dann mit beruhigendem, sanftem Druck seine aus dem Ärmel des meist rotbraun gemusterten, weiten Pelzmantels herausschauende Hand, um ihn in seinem Glauben an die Richtigkeit seines Verhaltens, sowie in seinem Gefühl der Zugehörigkeit zu ihr zu bestärken.

* * * * *

Manuel Fonseca verbringt bei Christa von Drostenburg noch zwei weitere, für ihn äußerst interessante und angenehme, seiner gänzlichen Gesundwerdung förderliche, und für Christa selbst sehr befriedigende, genußvolle Wochen, an deren Ende – aus der Notwendigkeit heraus, seine Anwaltstätigkeit in Mexiko wieder aufzunehmen – trotz Christas sehr kunstvoller und beinahe erfolgreicher Bemühungen, Manuel dauerhaft an sich zu binden und seines sehnlichen Wunsches, bei ihr bleiben zu können, jedoch Manuels Heimreise steht. Nachdem sie Manuel auf dem westlich von London gelegenen Großflughafen „Heathrow“ liebevoll verabschiedet, und dem startenden Flugzeug von der Aussichtsterrasse noch bis zu dessen Verschwinden nachgeschaut hat, wird sich Christa des Umstands bewußt, daß sie mit ihm nach Frank einen ihr zuletzt sogar noch wichtigeren, zweiten jungen Verehrer nun ebenfalls verloren hat, obwohl sie in Manuels Fall alles ihr mögliche tat, um ihn zu bei sich zu behalten.

Vom kalten Winterwind, sowie einer schmerzenden Empfindung des Verlustes und eines gewissen persönlichen Versagens gleichermaßen geplagt, hüllt sich Christa – gedankenvoll langsamen Schrittes die Aussichtsterrasse verlassend – jetzt noch sorgfältiger in ihren beinahe bodenlangen, voluminösen, braunblauen Pelzmantel ein, dessen sanft und sicher einhüllender Wärme sie sich angesichts ihrer aufgekommen, unvertrauten Empfindungen des Zweifels an ihrer eigenen Lebensweise nun um so dankbarer überläßt.

Nachdem sie ihren schwarzen Jaguar in der Tiefgarage des Kensington-Towers Hotels geparkt hat, begibt sich Christa auf dem direktesten Wege in ihre Penthaus-Suite, um sich in deren geräumigem, komfortablen Schlafzimmer sogleich ihrer Straßenkleidung zu entledigen, sich genußvoll seufzend in ihren pelzgefutterten und -umsäumten, cremefarbenen Seidenmantel einzuhüllen und – ihr warmes, weites Pelz- und Seidengewand hierbei als sanft umschmeichelnde, edle Zudecke benutzend – bei entspannender Musik und sanfter Beleuchtung nahezu den ganzen verbleibenden Nachmittag in ihrem luxuriösen steppseidenen Bett zu verbringen und hier ihr Nachmittagsmahl einzunehmen. Christa verbringt die nun folgenden beiden Tage ebenfalls ausschließlich innerhalb ihrer in der obersten Etage des östlichen Hotelturms gelegenen Suite, wobei sie das Bett nur selten verläßt und stets eines ihrer besonders sanft, warm und sicher einhüllenden, seidenen oder pelzseidenen Hausgewänder trägt.

Außer ihrer vertrauten Freundin Sarah Hales, die ihr jetzt auch ihre Mahlzeiten serviert, läßt Christa während dieser Tage der Zurückgezogenheit und des stillen Nachdenkens niemanden zu sich; Sarah weiß, daß Christa entschlossen ist, ihre Psyche nach dem erwarteten, aber doch schmerzhaften Verlust Manuels aus eigener Kraft zu heilen, weshalb sie jene Trennung oder deren Folgen während ihrer Besuche auch in keiner Weise erwähnt und Christa im Rahmen des Möglichen konsequent vor äußeren Störungen ihrer Ruhe bewahrt.

Vom dritten Tage an verläßt Christa ihr Bett wieder häufiger, indem sie – in ihren beinahe bodenlangen, cremefarbenen Pelz- und Seidemantel *mit dem weit überhängenden, pelzbesetzten Kragen, den breiten, das dichte, weiche Pelzfutter zeigenden Ärmelumschlägen, den breiten Pelzsäumen und dem aus kleinen Glitzersteinen bestehenden, dezenten Palmenmuster des Rückenteils* eingehüllt – im sehr geschmackvoll im Stil der beginnenden achtziger Jahre eingerichteten Wohn- und Schlafraum ihres Penthauses umhergeht, wobei sie durch die breite Fensterwand des Wohnraums im Vorbeigehen immer wieder auf das im Regendunst zum großen Teil tief unter ihr liegende Häusermeer und die jetzt eher grau als grün erscheinenden Parks hinabblickt – dort unten hat sie mit Manuel während ihrer gemeinsamen Spaziergänge und Ausfahrten viele schöne und interessante Stunden verbracht!

Am Abend des dritten Tages nach Manuels Abreise bemerkt Sarah an ihrer Freundin Christa die Anzeichen eines plötzlichen Stimmungsumschwungs: nach der Zeit ihrer weitgehenden Zurückgezogenheit erwacht in Christa jetzt umsomehr der Wunsch, sich wieder in die Welt hinauszubegeben, wobei sie den Kontakt mit anderen Menschen aber noch so weitgehend wie möglich vermeiden möchte. Nachdem sie gemeinsam mit Sarah ihr Abendessen genossen hat, legt Christa ihren honigfarbenen, seidenen Stepphausmantel ab, bekleidet sich mit einem dunkelblauen, seidenen Hosenanzug und hüllt sich in ihren knöchellangen, weiten blauschattierten Pelzmantel ein, der mit seinen farblich mit größter Sorgfalt aufeinander abgestimmten, ausgesuchten Fellen und seinem besonders ausgewogenen Schnitt der wohl edelste und vor jeder Kälte am zuverlässigsten schützende ihrer kostbaren Pelze ist; in diesen Mantel, den sie in jenem kleinen aber feinen Geschäft in New Romney erwarb, sicher eingehüllt, geht Christa einige Male in ihrem Schlafraum hin und her, um das sanfte Schwingen des Mantels und das Streicheln der Seide einmal mehr ganz bewußt zu genießen, wonach sie – von ihrer Freundin Sarah begleitet, die sich einerseits über Christas „Rückkehr in die Welt“ freut, sie aber in anbetracht ihres noch nicht wieder ganz hergestellten seelischen Gleichgleichwichts auch mit einer gewissen Sorge aufbrechen sieht – in die Tiefgarage des Hotels hinab fährt.

Christa versteht die Sorge Sarahs, die ja ein Ausdruck ihrer Zuneigung ist, weshalb sie Sarah an der bereits geöffneten Tür ihres schwarzen Jaguars noch einmal in sehr schwesterlicher Weise in ihre Arme schließt, wobei sich ein sehr schönes Bild einer innigen Frauenfreundschaft ergibt. Nachdem sie sich von ihrer Freundin mit einer behutsamen Bewegung wieder gelöst hat, nimmt Christa – auf ihren edlen Pelz hierbei sehr sorgsam achtend – in ihrem Auto Platz, läßt den Motor an, wobei sie mit Sarah einige letzte, zuneigungsvolle Worte des Abschieds wechselt und fährt dann – ihre ihr immer noch ein wenig besorgt nachschauende Freundin im Rückspiegel noch einmal dankbar betrachtend – über die Rampe der Tiefgarage auf die am Hotel entlang führende Straße hinaus. Dank ihrer während mehrerer Aufenthalte in London und dessen Umgebung erworbenen Ortskenntnisse gelingt es Christa, im bereits merklich abflauenden abendlichen Berufsverkehr in relativ kurzer Zeit die südwestliche Peripherie Londons und bald das offene Land zu erreichen.

In ihrem Auto hält Christa eine sehr umfangreiche Musiksammlung bereit, aus der sie für ihre abendliche Ausfahrt – ihrer vor den allermeisten Menschen hinter einer eleganten Fassade der Unberührtheit und unerschütterbaren Selbstsicherheit verborgenen und fast nur für ihre vertraute Freundin Sarah erkennbaren psychischen Verfassung entsprechend – einige klassische Stücke äußerst dramatischen Charakters auswählt, welche ihr bei der Bewältigung erlittenen seelischen Schmerzes schon mehr als einmal sehr hilfreich waren. Obwohl Sarah Hales Christa von Drostenburg als unbeirrbar sichere Autofahrerin kennengelernt hat, denkt sie, noch mehr als zuvor von Sorge erfüllt, an die Dinge, die sich – bereits zahlreiche Kilometer von Kensington entfernt – nun im Auto ihrer deutschen Freundin ereignen:

Nachdem sie eine ihr wohlvertraute und zu dieser abendlichen Zeit bereits über längere Abschnitte weitgehend ungehindert mit recht hohen Geschwindigkeiten befahrbare Schnellstraße erreicht hat, legt Christa eine CD mit – im Sinne dieses Abends – besonders geeigneten Orchesterwerken in ihre Autostereoanlage ein, um ihren langen schwarzen Zwölfzylinder-Jaguar beim vollen Einsetzen der Musik auf der nach den Regenfällen des Nachmittags noch nassen, aber nicht mehr von größeren Pfützen bedeckten Fahrbahn sehr kraftvoll beschleunigen zu lassen. Die emotionsvolle klassische Musik, das schnelle, bequeme Reisen in ihrem luxuriösen Automobil und der sanft umschmeichelnde, edle, blau schattierte Pelzmantel tun das ihrige, um Christas Gefühlsleben bereits innerhalb der ersten Stunden ihres Ausflugs zunehmend zu stabilisieren und sie die darauffolgenden Stunden ihrer bis in den frühen Morgen hinein fortdauernden Fahrt durch die nächtlichen Weiten Englands schon nahezu in gewohnter, entspannter Weise genießen zu lassen.

Obwohl Sarah Christa bei ihrem gemeinsam genossenen Mittagsmahl nach der nächtlichen Englandrundreise tatsächlich bereits in spürbarer Weise von schmerzenden Empfindungen entlastet findet, bemerkt sie an ihrer Freundin in dieser Zeit als offenbare Folge des Verlustes Franks und Manuels eine nachhaltige Veränderung: gegenüber früheren Zeiten neigt Christa nun vermehrt zu gelegentlicher, stiller Nachdenklichkeit und ausgedehnten Spaziergängen in den herbstlichen Parks und Wäldern Londons und seiner Umgebung, wobei sie nicht selten relativ wenig begangene Wege wählt, um mit sich und der umgebenden Natur weitgehend allein sein zu können. Den auffallendsten Ausdruck ihrer inneren Verfassung bildet der Umstand, daß Christa den Umgang mit Männern in völliger Verkehrung ihres bisherigen Verhaltens erkennbar meidet, da sie ihr in dieser Zeit ein bisher ungekanntes Gefühl leisen Unbehagens bereiten; einen sehr kleidsamen, dekorativen Ausdruck findet Christas seelische Verfassung überdies darin, daß sie sich auch innerhalb ihres wohlklimatisierten Penthauses noch häufiger als bisher in eines ihrer besonders warm und sanft einhüllenden, edlen Gewänder (wie ihren pelzgefütterten Seidenmantel oder ihren honigfarbenen, seidenen Stepphausmantel) kleidet – ein erlesener Sinnesgenuß ohne Reue, der Christa den Verzicht auf manche, ihr jetzt sehr zweifelhaft erscheinende, frühere Vergnügungen erleichtert und ihr seelische Kraft für die unerwarteten, aber letzten Endes möglicherweise unausweichlichen Veränderungen ihrer bisherigen Lebensweise gibt.

Während dieser Tage und Wochen, in deren Verlauf sie bei ihren oft mehrstündigen Wanderungen durch winterliche Parks und Wälder in zuweilen ungewohnt selbstkritischer Weise über die Ereignisse der letzten Monate und hierbei vor allem über ihren Umgang mit Frank nachdenkt (wobei sie – in einen ihrer polartauglich anmutenden und beinahe bodenlangen, voluminösen, edlen Pelzmäntel sicher eingehüllt und ihr dunkelblondes, weich fallendes Haar nun ein wenig mehr als schulterlang tragend – auch jetzt das ansprechende Bild einer ihrer selbst, sowie ihrer Wirkung auf ihre Umwelt bewußten, selbstbestimmten, vermögenden Frau mit einer geschmackvoll zelebrierten Liebe zu gehobenem Luxus bietet) beschränkt Christa ihre näheren Kontakte zu anderen Menschen weitestgehend auf den Austausch mit ihrer vertrauten Freundin Sarah Hales, welche den teilweise tiefgreifenden Wandel der Lebensweise Christas mit schwesterlicher Anteilnahme miterlebt.

Obwohl sie in England ihre (von ihr selbst mitverschuldete) Trennung von Frank erleben mußte und es ihr nicht gelungen ist, ihren – ihr sehr lieb und wertvoll gewordenen – jungen Freund und Verehrer Manuel Fonseca dauerhaft an sich zu binden, sieht Christa von Drostenburg für sich keinen Anlaß, nach Deutschland zurückzukehren, da es ihr ihre finanziellen Verhältnisse durchaus ermöglichen, ihren Aufenthalt im luxuriösen Kensington-Towers Hotel gegebenenfalls noch um mehrere Monate zu verlängern, sie ihre heimatlichen Interessen auch aus der Ferne wahrzunehmen versteht, und sie die Gegenwart ihrer verständnisvollen Freundin Sarah Hales in ihrer augenblicklichen Gemütsverfassung mehr denn je zu schätzen weiß. Sarah Hales weiß Christa von Drostenburg – als einen der wenigen ihr wirklich nahestehenden Menschen – ihrerseits ebenfalls sehr gerne weiterhin London, weshalb die beiden Frauen – soweit es Sarahs berufliche Pflichten zulassen – einen relativ großen Teil ihrer Zeit mit gemeinsamen Unternehmungen, wie ausgedehnten Wanderungen oder abwechslungsreichen Autotouren ins Londoner Umland, verbringen.

* * * * *

Während Christas teilweisem Rückzug aus der Außenwelt bemüht sich Jonathan Rosewater einige Male, seine vertraute freundschaftliche Verbindung zur ihr in alter Weise aufleben zu lassen; da sie in dieser Zeit jedoch ganz allgemein das Bedürfnis hat, mit der Ausnahme ihrer Freundin Sarah einen gewissen Abstand zu ihren Mitmenschen zu halten und – von ihrem unausgesprochenen, aber tiefempfundenen Wunsch, Manuel wieder bei sich zu haben, einmal abgesehen – im Besonderen den Kontakt zu Männern zu vermeiden, reagiert Christa auf Jonathans gelegentliche Anrufe, indem sie ihm mit der ihm zukommenden Freundlichkeit, aber ohne jeglichen Ausdruck weitergehender Empfindungen nahelegt, den nächsten von *ihr* ausgehenden Anruf abzuwarten.

Christa überdenkt in den Wochen ihrer Zurückgezogenheit sehr oft sowohl ihren bisherigen Lebensweg, als auch die ihr gegebenen Möglichkeiten, ihr zukünftiges Leben in ihrem eigenen Sinne zu gestalten. Sich an einem klaren, kalten Wintertag für eine Fahrt zu einem weit außerhalb Londons gelegenen noblen Landrestaurant vorbereitet habend und sich abschließend – mit einem kupferfarbenen seidenen Hosenanzug bekleidet, in ihren polartauglich anmutenden, kostbaren, bodenlangen, blau schattierten Pelzmantel eingehüllt, und eine große kupferfarbene Lederhandtasche mit gleichfarbiger, metallener Umhängekette an ihrer rechten Seite tragend – sehr entspannt und zufrieden im großen Ankleidespiegel ihres geräumigen, komfortablen Schlafzimmers betrachtend, empfindet Christa ihre jetzige Lebensphase – ungeachtet ihrer Trennung von Frank und des schmerzhaften Verlustes Manuels – jedoch einmal mehr als Zeit ihrer größten psychischen und physischen Reife, weshalb sie sich auch unter dem Eindruck ihrer Erlebnisse mit Frank und Manuel nicht zu einer Veränderung ihrer ansonsten sehr angenehmen Lebensweise veranlaßt sieht.

Christa weiß, daß Jonathan Rosewater gern in einer sehr viel intimeren Beziehung zu ihr leben möchte, als es in ihrer mehrjährigen Freundschaft bisher der Fall gewesen ist. Obwohl sie Jonathan als nahestehenden Freund ihrerseits sehr schätzt und ihr Interesse an der gehobenen bildenden Kunst ebenso wie die Freude an einem genußvollen Leben mit ihm teilt, möchte Christa ihm jedoch keine Ansprüche auf eine weitergehende Einmischung in ihr Leben einräumen, wie es im Rahmen eines später möglicherweise eheähnlichen Zusammenseins durchaus geschehen könnte; Christa widerstrebt der Gedanke, daß sie von Jonathans vergleichsweise konservativ gestimmten Bekannten und Freunden nach einiger Zeit des eventuellen gemeinsamen Lebens beinahe als seine ihm zugehörige, zukünftige Ehefrau angesehen werden könnte, weshalb ihre Freundschaft mit Jonathan für sie von Beginn an eine Gratwanderung zwischen Empfindungen der Zuneigung und Sympathie sowie dem Verlangen nach konsequenter Selbstbestimmung gewesen ist – aus diesem Grund besucht Christa Jonathan auch nur selten in seinem eigenen Haus, dessen *niveauvolle Behaglichkeit* bereits einmal im wahrsten Sinne des Wortes „einschläfernd" auf sie gewirkt hatte, um als Ort ihrer Zusammenkünfte statt dessen in den allermeisten Fällen Jonathans Londoner Gemäldegalerie oder ein ihr bekanntes Restaurant zu wählen.

In seiner mexikanischen Heimat sieht sich Manuel Fonseca als Folge der geringen Entfernung zwischen ihrem Haus und seiner Wohnung sowie des ähnlichen gesellschaftlichen Umgangs sehr bald wieder mit *Juanita Maria Fernández* konfrontiert, die ihren untreu gewordenen ehemaligen Verehrer nach seiner Rückkehr aus Großbritannien mit unverhohlenem beißendem Spott empfängt, wonach Juanita Manuel – auch in der Absicht, ihn unter Ausnutzung ihrer bezwingenden erotischen Macht sowie seiner Gefühle für sie und Christa als Strafe für seine Untreue in einer für sie genußvollen Weise zu erniedrigen – jedoch sehr rasch wieder in ihren inneren Verehrerkreis aufnimmt. Manuel sieht sich nun noch mehr als in England im Spannungsfeld zwischen zwei außergewöhnlich attraktiven, erfahrenen und selbstbestimmten Frauen gefangen, die einander ebenbürtig sind, wobei die Entfernung zwischen ihm und Christa jetzt allerdings 9000 Kilometer beträgt.

Obwohl er sich nur unter dem Druck der Notwendigkeit, zu seiner heimischen Anwaltspraxis zurückzukehren, von Christa von Drostenburg getrennt hat und sie schmerzlich vermißt, ist es Manuel Fonseca nach seiner Heimkehr kaum möglich, sich dem jetzt wieder sehr wirksamen, machtvollen Einfluß Juanitas zu entziehen, die nun alle ihr gegebenen Fähigkeiten einsetzt, um Manuel erneut – und diesmal endgültig – an sich zu binden. Nach den ersten Wochen des erneuten Zusammenseins bemerkt Manuel an Juanita Maria Fernández zudem eine unerwartete allmähliche Veränderung, da sie sich im Umgang mit ihm jetzt gewisse Verhaltensweisen Christas zu eigen macht, für welche sich Manuel auch als sehr empfänglich erweist:

Während es ihr zunächst erkennbar schwerfällt, ihr sehr lebhaftes iberisches Temperament im Beisein Manuels zumindest ein wenig zu zügeln, bereitet es Juanita Maria Fernández indessen keinerlei Probleme, der in Manuel unter Christas Einfluß erwachten Freude an einem luxuriösen Leben gerecht zu werden, so daß man ihn während seiner Besuche bei Juanita zumindest an kühlen Abenden oft in edle, warm einhüllende Hausgewänder gekleidet finden kann, die – wenn sie nicht, wie nahezu alle Gegenstände in Juanitas Besitz, in unterschiedlichsten Rottönen gehalten wären – durchaus Christa von Drostenburgs Kleiderschränken entstammen könnten. Wenngleich er sich von Juanita zumindest in materieller Hinsicht jetzt nicht weniger gewissenhaft umsorgt sieht als zuvor von Christa, empfindet Manuel den ihn umgebenden Luxus, den er in seiner Zeit bei Christa als Wohltat und ungetrübten Genuß erlebt hat, während seines Zusammenseins mit Juanita Maria Fernández viel eher als Juanitas Versuch, ihn möglichst dauerhaft in einen rotgoldenen Käfig zu sperren; diese Empfindung sowie die Erinnerung an Christas Einfühlsamkeit und sanfte Wesensart sind bald nach Manuels Rückkehr zu Juanita der Anlaß zu seinem gelegentlichen Aufbegehren, durch welches sich Juanita Maria Fernández allerdings nicht nennenswert beunruhigen läßt, da sie sehr genau weiß, daß Manuel Fonseca ein Leben ohne sie selbst *oder* Christa von Drostenburg nicht lange ertragen würde, wobei sich Christa allerdings weit außerhalb der gegenwärtigen Reichweite Manuels im fernen Europa befindet.

* * * * *

Dank ihrer Wesensart gelingt es Christa nach einer gewissen Zeit, sich nicht nur äußerlich sondern auch innerlich mit Manuels Abreise als unabänderbarer Tatsache abzufinden und die Erinnerungen an Manuel an einen ihnen zukommenden Platz in ihrem Bewußtsein zu verweisen, sodaß sie ihr Leben in zunehmendem Maße nahezu wieder auf gewohnte Art führen kann, wobei Christa aus den Ereignissen der jüngsten Vergangenheit allerdings wohlweislich ihre Lehren zieht, indem sie ihre Kontakte zu männlichen Verehrern weiterhin auf ihr jetzt in sehr entspannter Weise freundschaftliches Verhältnis zu Jonathan Rosewater beschränkt, wobei Jonathan jenes freundschaftliche Verhältnis allerdings sehr gerne wieder erheblich vertiefen würde, wenn er hierbei unter den gegenwärtig gegebenen Umständen nicht ernsthaft Gefahr liefe, den Abstand zu Christa eher zu vergrößern als ihn zu verringern.

Christa hegt jetzt weniger denn je den Wunsch, dauerhaft nach Deutschland zurückzukehren, da sie hier in London ihre Freundin Sarah in unmittelbarer Nähe weiß, ihre Beziehung zu Jonathen weiterhin in bequemer Weise pflegen kann, sich in einer der interessantesten Metropolen Europas befindet, und sich in angenehm einfacher Weise mit nahezu allem, was sie benötigt oder wünscht, versorgen kann – Sarah sieht ihrerseits mit großer Freude, daß Christa damit beginnt, sich in London nahezu häuslich einzurichten, weshalb sie sie hierbei bald nach besten Kräften unterstützt.

Christa unternimmt in der jetzt beginnenden Zeit einige kurze Reisen nach Deutschland, um sich in ihrer Heimat mit verschiedenen Angelegenheiten privater und finanzieller Art zu befassen, wobei sie auf dem Rückweg auch einige weitere, besonders edle Stücke aus ihrer reichhaltigen, geschmackvollen Garderobe mit nach England nimmt; dessenungeachtet kann man sie in ihrer Penthauswohnung während dieses Winters auch weiterhin zumeist mit ihrem sanft und warm umschmeichelnd einhüllenden, cremefarbenen Seidenmantel mit dem dichten, weichen Pelzfutter, dem breiten, weit überfallenden Pelzkragen, sowie den breiten Pelzsäumen und pelzernen Ärmelumschlägen bekleidet finden, während sie außerhalb ihrer Wohnung nach wie vor mit besonderem Genuß ihren blau schattierten, knöchellangen und aus besonders weichen und dichten Fellen zusammengesetzten Pelzmantel trägt, den sie in New Romney erworben hat und zu Recht als das wirklich kostbarste Stück ihrer Sammlung wertvoller Pelze ansieht.

Christa verbringt ihre Zeit in England zumeist in einer ihr vertrauten, angenehmen Weise, indem sie besondere Theater- und Konzertaufführengen besucht, sich an Kunstausstellungen und Londons eleganten Einkaufsstraßen erfreut, und – ihrem Interesse an der Metropole London als solcher mit ihrer Vielgestaltigkeit und steten Betriebsamkeit entsprechend – häufig ausgedehnte Spaziergänge und abwechslungsreiche Stadtrundfahrten unternimmt, wobei sie gelegentlich in der Begleitung Jonathans und – soweit es deren berufliche Verpflichtungen zulassen – sehr oft gemeinsam mit ihrer Freundin Sarah unterwegs ist.

* * * * *

Ungeachtet der Vorzüge und Genüsse der Monate, die sie inzwischen bereits in London verbracht hat, findet sich Christa – nachdem einige Zeit seit ihrer unfreiwilligen Trennung sowohl von Frank als auch von Manuel vergangen ist – dennoch von einer langsam aber stetig zunehmenden Unzufriedenheit erfüllt, wobei sie diesen Gemütszustand als besonders beunruhigend empfindet, da er ihr aus ihrem bisherigen Leben nahezu unbekannt gewesen ist: Es handelt sich um eine ihr bisher fast völlig fremde Wahrnehmung und nur schwer zu definierende Empfindung eines Mangels – einer Art von Unvollständigkeit –, die Christa aufgrund ihrer Fremdheit und Unbestimmbarkeit zunehmend irritiert und – zum ersten Mal in ihrem von Selbstbestimmtheit und weitestgehender Unabhängigkeit geprägten Leben – auch sich selbst gegenüber mißtrauisch werden läßt, da sie unbewußt etwas entbehrt, was sie sich aus sich selbst heraus nicht zu verschaffen vermag!

Sarah bemerkt sehr bald die so sehr untypische, aufkommende Nervosität und allmählich wachsende Unzufriedenheit ihrer Freundin Christa, die – sich hierbei stets in einen ihrer beinahe bodenlangen, geradezu arktistauglich anmutenden und bei schnellem Gehen eindrucksvoll schwingenden Pelzmäntel einhüllend – nun wieder öfter teilweise mehrstündige, ausgedehnte Spaziergänge unternimmt und von weiten Autofahrten auf nächtlich leeren Autobahnen und Landstraßen zuweilen erst im Morgengrauen zurückkehrt.

Obwohl sowohl Christa als auch Sarah in einander die jeweils einzige wirkliche Freundin sehen und die Meinung der jeweils anderen Frau normalerweise immer gerne anhören, spürt Sarah in deutlicher Weise, daß sie gut daran tut, Christa jetzt nicht direkt auf ihren so ungewohnten Gemütszustand anzusprechen, weshalb Sarah sich darauf beschränkt, ihr mehr denn je mit kleinen Gesten und Taten der Freundschaft zur Seite zu stehen, wobei sie unangenehme Nebensächlichkeiten von ihrer Freundin fernhält und auch Jonathan einmal höflich zu verstehen gibt, daß Christa jetzt die Möglichkeit haben müßte, ganz ungestört mit sich selbst ins Reine zu kommen.

Jonathan versteht Sarahs Bestreben, ihn von Christa fernzuhalten, zunächst ebensowenig wie den Umstand, daß Christa auch ihrerseits den Kontakt zu ihm abgebrochen hat; Sarah hingegen weiß inzwischen, daß Christa den Kontakt zu Jonathen sogar in ganz besonderem Maße zu vermeiden wünscht, da sie ihn – noch unbewußt oder schon bewußt – inzwischen als einen der wichtigsten (wenn auch absolut unfreiwilligen) Auslöser ihrer inneren Konfusion wahrnimmt. In einem Teil ihrer Seele hat Christa nach Erlebnissen mit Frank und Manuel erkannt, daß sich in ihrem Leben – trotz aller Selbstbestimmtheit sowie der Möglichkeit, sich die materiellen Gegebenheiten ihrer persönlichen Umgebung in weiten Grenzen nach ihren eigenen Wünschen einzurichten – in zunehmend schwerer bestreitbarer Weise eine Leere aufgetan hat, die sie mit allen ihr bisher vertrauten Mitteln nicht zu füllen vermag.

Innerlich wehrt sich Christa mit allem Nachdruck gegen die Erkenntnis, daß ein Teil ihres bisherigen Lebens, den sie immer als sehr angenehm und vergleichsweise unkompliziert empfunden hat, im Begriff ist, zu Ende zu gehen – sie verabscheut die Vorstellung, von ihr sehr liebgewordenen Gewohnheiten und Ansichten Abschied zu nehmen, nachdem beides ihr während vieler Jahre ermöglicht hatte, gelegentlich in unangenehmer Weise fragende Stimmen aus ihrem eigenen Inneren zum Schweigen zu bringen und ungeliebte Entscheidungen in eine vermeintlich noch sehr ferne Zukunft zu schieben. Vor noch nicht allzu langer Zeit hätte Christa sich jetzt höchstwahrscheinlich mit dem Kauf eines weiteren, wunderbar warm und sanft einhüllenden Pelzmantels über ihre Verstimmung hinweggeholfen, aber sie spürt doch in frustrierender Deutlichkeit, daß mit der ehemals so zuverlässig eintretenden Wirkung ihrer altvertrauten Methoden jetzt nicht mehr zu rechnen ist.

Während sie – in ihren hierbei dramatisch hin- und herschwingenden pelz-seidenen Hausmantel eingehüllt – sehr raschen Schrittes in ihrem geräumigen Penthaus umhergeht, sieht Christa im raschen Wechsel die Bilder von Frank, Manuel und Jonathan vor sich. Ihre beiden jungen Verehrer sieht Christa dem Stand der Dinge nach ein für alle Mal als für sich selbst verloren an: Frank – dem sie während eines sehr ausgiebigen Museumsbesuchs leider zu wenig Aufmerksamkeit geschenkt hatte – hat sich seinerseits offenbar endgültig einer englischen Künstlerin angeschlossen, während sich Manuel – den Christa als Folge unveränderbarer Umstände ebenfalls aufgeben mußte – nun seinerseits wieder in Juanitas unmittelbarer Nähe in Mexiko aufhält.

Christa weiß, daß Jonathan weiterhin mit offenbar unverminderter Treue und Geduld auf sie wartet; Der Gedanke an eine weitergehende Verbindung mit Jonathen läßt bei Christa allerdings auch Empfindungen ausgeprägten Widerwillens aufkommen, denn als „Mrs Jonathan Rosewater" möchte sie sich – bei aller Sympathie für Jonathan – niemals von irgend jemandem ansehen lassen, weil ihr ein solcher Rollenwechsel immer als nahezu gleichbedeutend mit dem Beginn ihrer eigenen „Pensionierung" erscheinen würde! Ungeachtet aller gemeinsamen Interessen sowie Jonathans unbestreitbarer Lebenskultur hat Christa während der zurückliegende Jahre zu viele aufschlußreiche

Erfahrungen gesammelt, um – im Falle einer engeren und langfristigen Zweisamkeit – nicht auch bei ihm die untergründige Neigung zur allmählichen Herausbildung mancher Verhaltensweisen eines gar zu sehr von Besitzergefühlen gelenkten Quasi-Ehemannes zu erwarten.

Printed by Books on Demand GmbH, Norderstedt / Germany